WOW! tok MAP 別冊

2023最新版
東京
達人天書

別冊

撕開用，更方便！

MAP GUIDE
WOW iMEDIA

f wow.com.hk

目錄

銀座

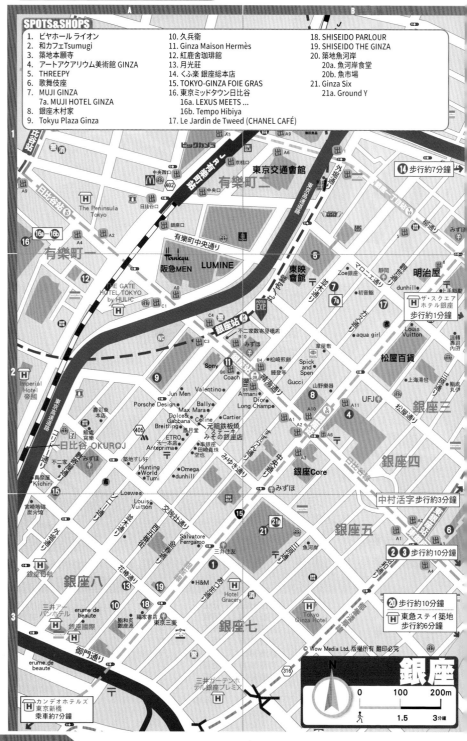

SPOTS&SHOPS

1. ビヤホール ライオン
2. 和カフェTsumugi
3. 築地本願寺
4. アートアクアリウム美術館 GINZA
5. THREEPY
6. 歌舞伎座
7. MUJI GINZA
　　7a. MUJI HOTEL GINZA
8. 銀座木村家
9. Tokyu Plaza Ginza
10. 久兵衛
11. Ginza Maison Hermès
12. 紅鹿舎珈琲館
13. 月光莊
14. くふ楽 銀座総本店
15. TOKYO-GINZA FOIE GRAS
16. 東京ミッドタウン日比谷
　　16a. LEXUS MEETS ...
　　16b. Tempo Hibiya
17. Le Jardin de Tweed (CHANEL CAFÉ)
18. SHISEIDO PARLOUR
19. SHISEIDO THE GINZA
20. 築地魚河岸
　　20a. 魚河岸食堂
　　20b. 魚市場
21. Ginza Six
　　21a. Ground Y

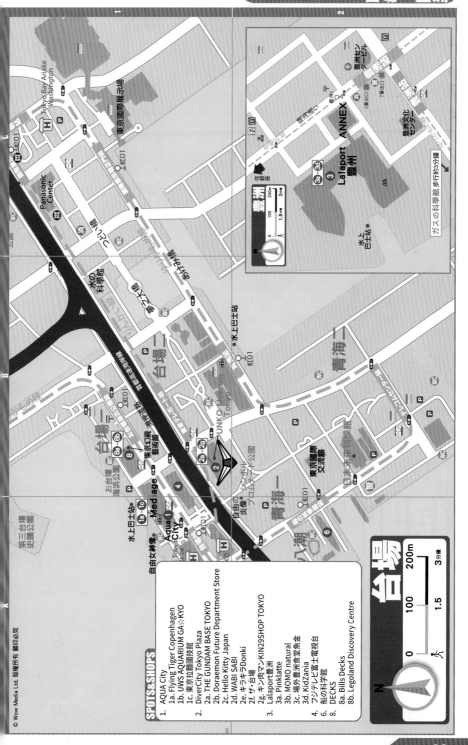

SPOTS&SHOPS

1. AQUA City
   - 1a. Flying Tiger Copenhagen
   - 1b. UWS AQUARIUM GA☆KYO
   - 1c. 東京拉麺國技館
2. DiverCity Tokyo Plaza
   - 2a. THE GUNDAM BASE TOKYO
   - 2b. Doraemon Future Department Store
   - 2c. Hello Kitty Japan
   - 2d. WABI SABI
   - 2e. キラキラDonki
   - 2f. ザ台場
   - 2g. キン肉マンKIN29SHOP TOKYO
3. Lalaport豊洲
   - 3a. Pinklatte
   - 3b. MOMO natural
   - 3c. 場外豊洲食堂魚金
   - 3d. KidZania
4. フジテレビ富士電視台
6. 船の科学館
8. DECKS
   - 8a. Bills Decks
   - 8b. Legoland Discovery Centre

台場

0   100   200m
|————|————|
0   1.5   3分

© Wow Media Ltd. 版權所有 翻印必究

豊洲市場

N

0　　200　　400m
3分鐘　　6分鐘
火　© Wow Media Ltd. 版權所有 翻印必究

SPOTS&SHOPS

U-maku・

Ariake
Arena

有明親水海
・浜公園

ON THE
CANAL

Toyosu
6-chome Park

ツクス有明国際展
マンスリーリブズ
示場EAST

首都高速10号晴海線

Kingdom

Toyosu PIT

7

P

・Tokyoto
Chuooroshiurishijo
Toyosu Market

・Nakahiko

ゆりかもめ

新豊洲Brilliaラ
ンニングスタジ
アム

P

IHI Stage
Around Tokyo

Hotel JAL City
Tokyo Toyosu

・Daiwa
Sushi

有楽川

ゆりかもめ線

484

5a

5c 5d 5f

5

5b

5e

484

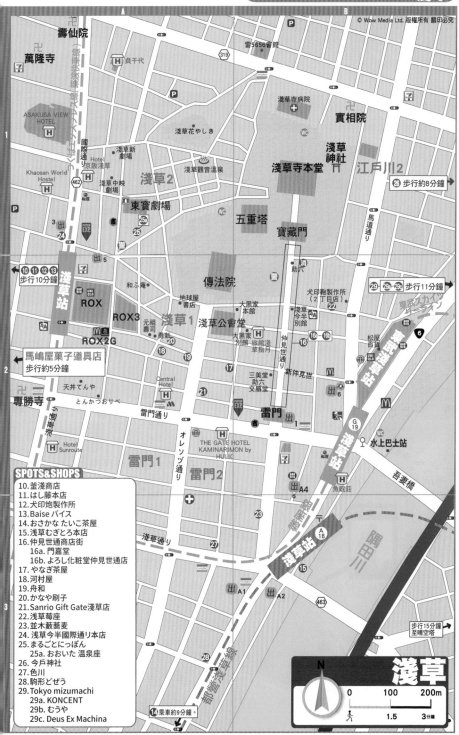

© Wow Media Ltd. 版權所有 翻印必究

SPOTS&SHOPS

- 10. 釜淺商店
- 11. はし藤本店
- 12. 犬印炮製所
- 13. Baise バイス
- 14. おさかな たいこ茶屋
- 15. 淺草むぎとろ本店
- 16. 仲見世通商店街
  - 16a. 門嘉堂
  - 16b. よろし化粧堂仲世通店
- 17. やなぎ茶屋
- 18. 河村屋
- 19. 舟和
- 20. かなや刷子
- 21. Sanrio Gift Gate淺草店
- 22. 淺草苺座
- 23. 並木藪蕎麦
- 24. 淺草今半國際通リ本店
- 25. まるごとにっぽん
  - 25a. おおいた 温泉座
- 26. 今戸神社
- 27. 色川
- 28. 駒形どぜう
- 29. Tokyo mizumachi
  - 29a. KONCENT
  - 29b. むうや
  - 29c. Deus Ex Machina

N

0 100 200m

淺草

原宿

Burberry
Bluelabel

N

0   100   200m

1.5   3分鐘

R by
45rpm

Luminox   KIKS TYO

American
Apparel   SANTASTIC

粉紅之龍

粉紅之龍

Alpha
Industries

渋谷一

SPOTS&SHOPS

1. 和カフェyusoshi 渋谷
2. 北海道めんこい鍋くまちゃん
   温泉
   2a. くまちゃん温泉 おやすみ処
3. PARCO
   3a. ナガノマケット
   3b. Nintendo
   3c. CAPCOM Store Tokyo
   3d. Bait
4. 森の図書室
5. Viron
6. ジョウモン渋谷店
7. Hailey'5 cafe渋谷店
8. 吉法師拉麵
9. ねぎし
10. 牛かつもと村 渋谷店
11. 漁十八番
12. 渋谷肉横丁
    12a. 鳥横
13. かつ吉
14. Shibuya109
    14a. Honey Cinnamon
15. 渋谷ストリーム
    15a. LEMONADE by
         Lemonica
    15b. 串亭
    15c. Craft beer tap

Nepenthes

青山

明治通り

POTER
EXP.

Rei

F
16

渋谷站

宮益坂

半蔵門線

2   2a

銀座線

Shanpia

青山

出 9

RH01
01折返
都01
深夜01

G
01

出 東口

東口巴士總站

渋谷二

SHIBUYA
SCRAMBLE
SQUARE

壽司三昧

ハチ公巴士
渋谷站站東口

六本木通り

渋谷警察署

15

15a-15c

代官山
步行15分鐘

渋谷三

13

10

© Wow Media Ltd. 版權所有 翻印必究

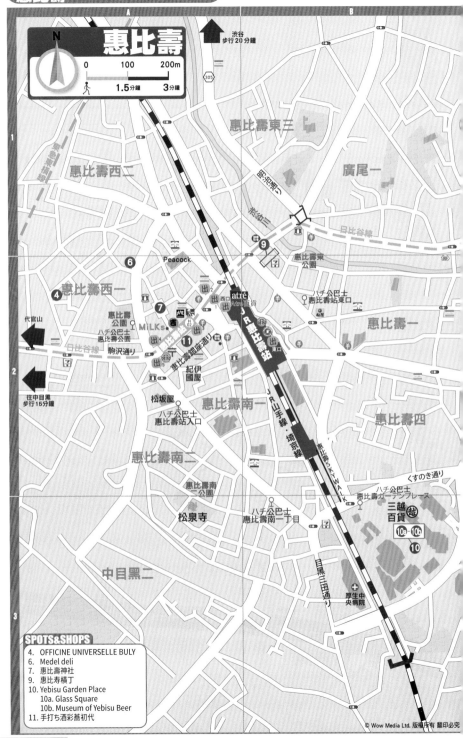

SPOTS&SHOPS

4. OFFICINE UNIVERSELLE BULY
6. Medel deli
7. 惠比壽神社
9. 惠比寿横丁
10. Yebisu Garden Place
　　10a. Glass Square
　　10b. Museum of Yebisu Beer
11. 手打ち酒彩蕎初代

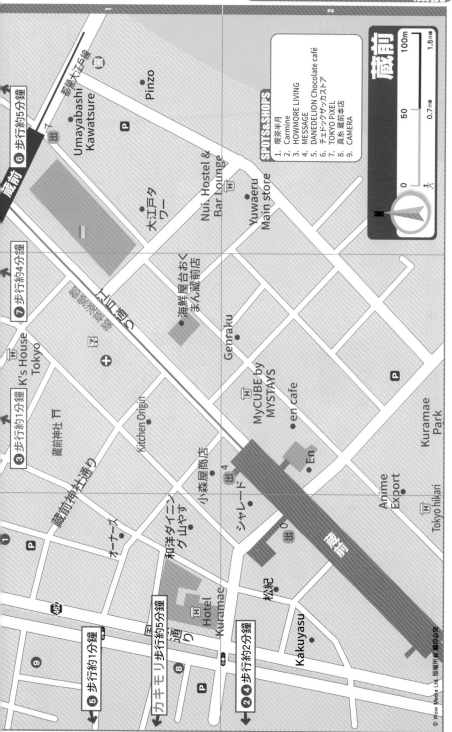

SPOTS&SHOPS
1. 喫茶半月
2. Carmine
3. HOWMORE LIVING
4. MESSAGE
5. DANEDELION Chocolate café
6. チェドッグサッカストア
7. TOKYO PiXEL
8. 真糸 蔵前本店
9. CAMERA

蔵前

N

0   50   100m

0.7分強   1.5分強

① 歩行約5分鐘
③ 歩行約1分鐘
K's House Tokyo
⑦ 歩行約4分鐘
⑥ 歩行約5分鐘

都営大江戸線
出7
Pinzo
Umayabashi Kawatsure
P

大江戸タワー

Nui. Hostel & Bar Lounge

Yuwaeru Main store

江戸通り
首都高速6号向島線

海鮮屋台おくまん蔵前店

Genraku

Kitchen Origin

蔵前神社

蔵前神社通り

小森屋商店

シャレード

出4

MyCUBE by MYSTAYS

en cafe

En

Kuramae Park

P

Anime Export

Tokyo hikari

出0

和洋ダイニング山やす

オーナーズ

Hotel Kuramae

Kuramae

国際通り

松紀

Kakuyasu

② ④ 歩行約2分鐘
⑤ 歩行約1分鐘
カキモリ 歩行約5分鐘
⑧

462
⑨
P
①
P

© Wow Media Ltd. 版権所有 翻印必究

別冊M09

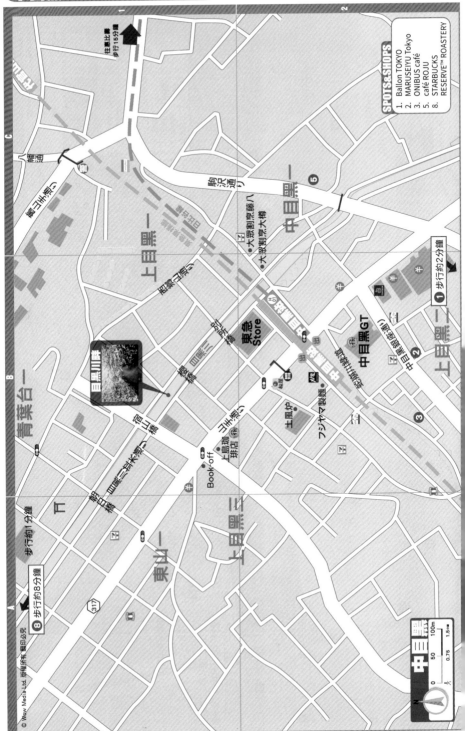

中目黑

SPOTS&SHOPS

1. Ballon TOKYO
2. MARUSEIYU Tokyo
3. ONIBUS café
5. café ROJU
8. STARBUCKS RESERVE™ ROASTERY

駒沢通り

●大衆割烹藤八
●大衆割烹大樽

上目黑一

中目黑一

三黑川畔

青葉台一

東急Store

桜橋

宿山橋

朝橋

東山一

上目黑三

上目黑三

中目黑GT

中目黑駅

土風炉
フジヤマ製麺
上島珈琲店

Book-off

步行約8分鐘

步行約1分鐘

步行約2分鐘

住藝比壽 步行15分鐘

© Wox Media Ltd. 版權所有 翻印必究

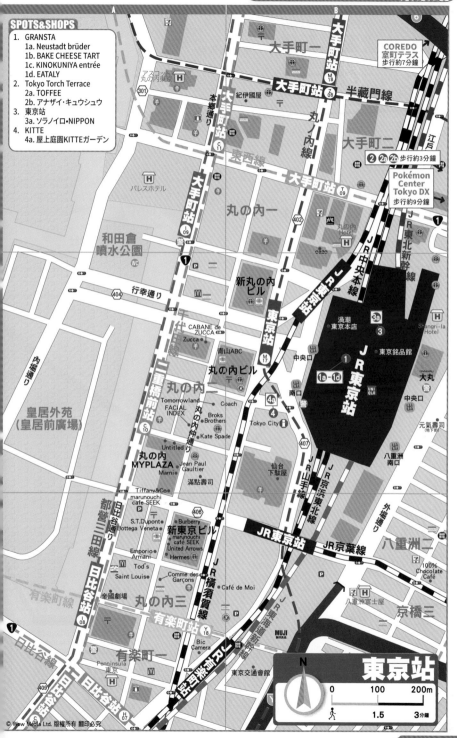

SPOTS&SHOPS

1. GRANSTA
   1a. Neustadt brüder
   1b. BAKE CHEESE TART
   1c. KINOKUNIYA entrée
   1d. EATALY
2. Tokyo Torch Terrace
   2a. TOFFEE
   2b. アナザイ・キュウシュウ
3. 東京站
   3a. ソラノイロ・NIPPON
4. KITTE
   4a. 屋上庭園KITTEガーデン

六本木

N

| 0 | 100 | 200m |

1.5分鐘　3分鐘

赤坂五

光闡山道教寺

❶ 步行約3分鐘

C 06

赤坂

赤坂七

都營大江

乃木神社

❷❸ 步行約3分鐘

菊田衣甲

赤坂六　水川神社

心臟血管研究
所附屬醫院

Ritz-Carlton

❻ 6a - 6b

赤坂九

⑨

外苑東通り

六本木通

一蘭

Hotel Ibis

The b Roppongi

Otsuna壽司

E24

壽司割烹嘉

六本木七

六本木西公園

H04

六本木三

❺

青山
ABC

六本木通り

❹

天下
一品

西麻布一

319

朝日神社

福鮨

渋88
都01
深夜01
(新橋方向)

Pintokona

Metro
Hat

西安刀
削麵

P

⑩ 直行至
西麻布
十字路口
約5分鐘

渋88
都01
深夜01
都01折返
(渋谷方向)

Cafe
Frangipani

鮨青山

RH01
工都01折返

Grand Hyatt
Tokyo

六本木Hills

RH01
工都01折返

櫻出神社

けやき坂通り(Keyakizaka Dori)

Louis
Vuitton

Le Chocolat
De

さくら坂

六本木六

六本木三

SPOTS&SHOPS

1. Flower market Tea house赤坂
2. Little Darling Coffee Roasters
3. all good flowers
4. yelo
5. Bunkitsu 文喫
6. Tokyo Midtown
   6a. 平田牧場
   6b. GARDEN
9. 國立新美術館
10. KUSHI・SOBA権八

© Wow Media Ltd. 版權所有 翻印必究

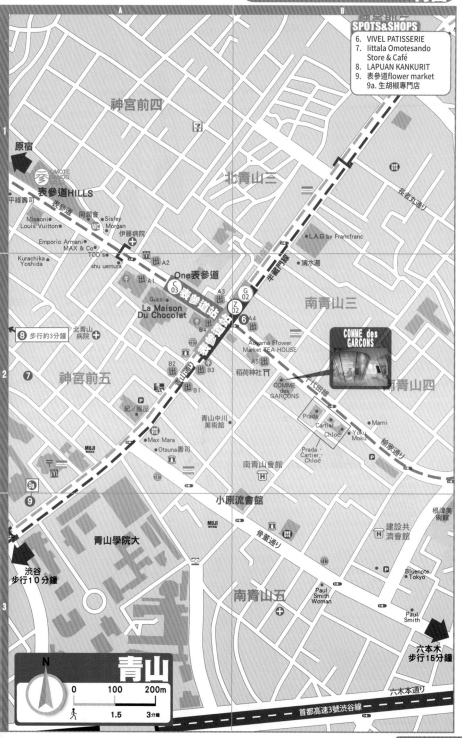

神宮前四

北青山三

1

原宿

OMOTE SANDO

表参道HILLS

平禄寿司

Missoni
Louis Vuitton
同潤會
Sisley
Morgan

伊藤病院

Emporio Armani
MAX & Co
TOD's

L.A.G by Francfranc

清水湯

Kurachika
Yoshida

shu uemura

A2

One表参道

C 03

G 02

Z D2

南青山三

Gucci

La Maison
Du Chocolat

A3

6 A4

COMME des GARÇONS

8 歩行約3分鐘

北青山病院

A1

A5

2

7 神宮前五

B2

B4

B3

Aoyama Flower
Market TEA HOUSE

稲荷神社

COMME
des
GARÇONS

南青山四

B1

Prada
Cartier
Chloé

Marni

Yoku
Moku

紀ノ國屋

青山中川
美術館

Max Mara

Otsuna寿司

Prada
Cartier
Chloé

MUJI

南青山會館

H

根津美術館

9a

南青山會館

建設共済會館

9

小原流會館

渋谷
步行10分鐘

青山學院大

骨董通り

MUJI

Bluenote
Tokyo

3

南青山五

Paul
Smith
Woman

Paul
Smith

六本木
步行15分鐘

N

青山

0   100   200m

1.5   3分鐘

六本本通り

首都高速3號渋谷線

原宿

SPOTS&SHOPS

1. With HARUJUKU
   - 1a. IKEA
   - 1b. PEANUTS Cafe SUNNY SIDE kitchen
   - 1c. UNIQLO
   - 1d. StyleHint
2. 3 coins
3. base yard tokyo
4. MFC Store
5. Fonda De La Madrugada
10. MoMa Design Store
11. MAISON ABLE Cafe Ron Ron
12. Tiffany Café
13. White atelier BY CONVERSE
14. 裏参道Garden
    - 14a. 味甘CLUB

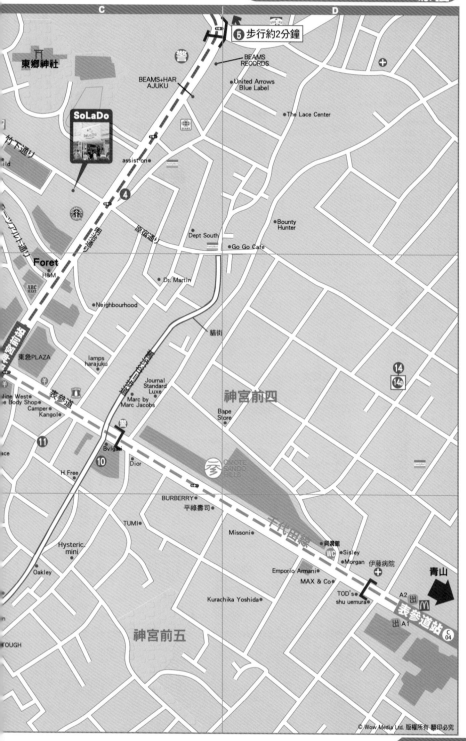

SPOTS&SHOPS

1. 巨大3D貓廣告板
2. Standard products
3. Alpen Tokyo
4. Cafe La Boheme新宿御苑
5. Mylord Mensho San Francisco
6. LUMINE
   6a. NOW ON CHEESE
   6b. Hotel Pearl 19
   6c. Mono earth
7. LUMINE EST
8. 六歌仙
9. Pomme d'Amour Tokyo
10. 草間彌生美術館
11. 鍋ぞう新宿 三丁目店
12. 新宿御苑
13. STORY STORY
14. Takanoタカノフルーツパーラー
15. Steak Le Monde新宿店
16. 八咫 新宿三丁目店
17. 雛鮨
18. 貝料理専門 はまぐり
19. Restaurant café Manna
20. 東京都廳
21. NEWoMAN
    21a. SALON adam et rope & SALON Bake & tea
    21b. Food Hall
    21c. OysterBar wharf

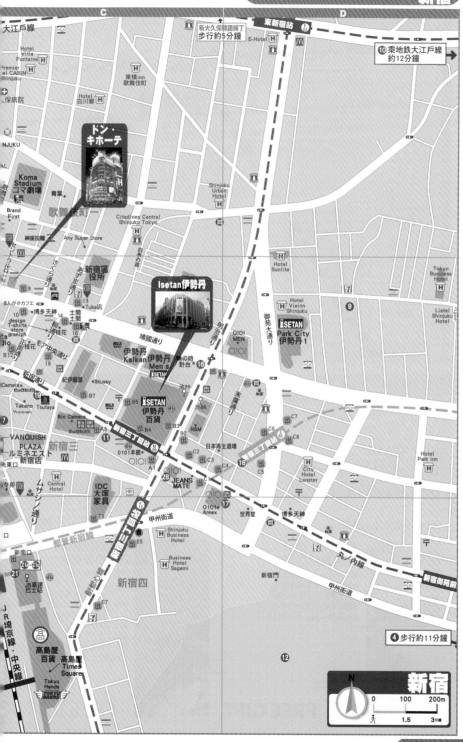

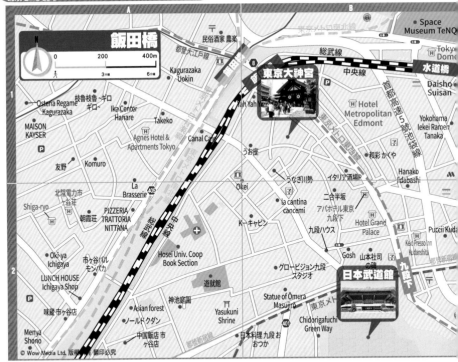

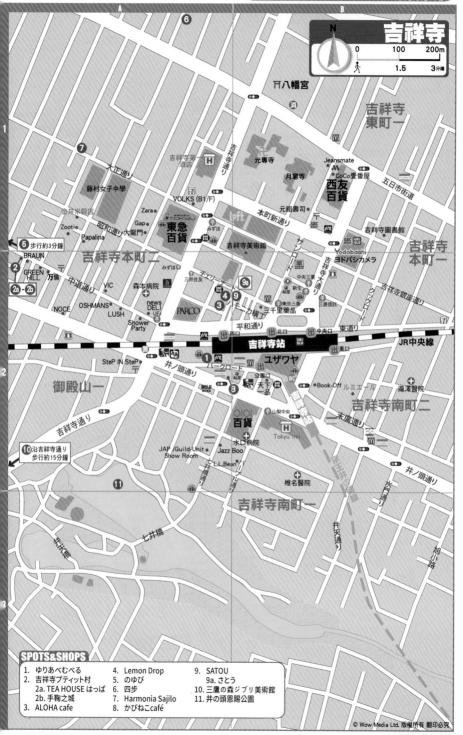

© Wow Media Ltd. 版權所有 翻印必究

SPOTS&SHOPS

1. ゆりあべむべる
2. 吉祥寺プティット村
   2a. TEA HOUSE はっぱ
   2b. 手鞠之城
3. ALOHA cafe
4. Lemon Drop
5. のゆび
6. 四歩
7. Harmonia Sajilo
8. かびねこcafé
9. SATOU
   9a. さとう
10. 三鷹の森ジブリ美術館
11. 井の頭恩賜公園

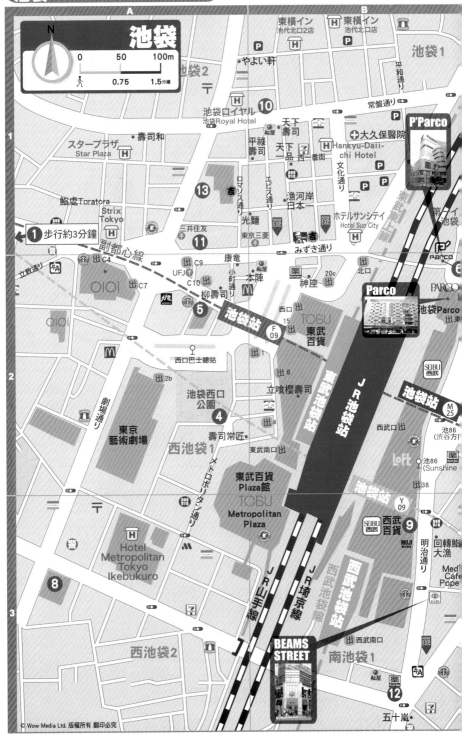

SPOTS&SHOPS

1. 鈴之木
2. Sanrio Café
   2a. 可愛餐車區
3. grand scape IKEBUKURO
   3a. Capcom café x monster hunter rise sunbreak
4. Global ring café
5. 鳴門鯛焼本舗 池袋西口店
6. EVANGELION STORE TOKYO-01
7. Sunshine City
   7a. SKY CIRCUS展望台
7b. NamjaTown
8. 池袋防災館
9. 食と緑の空中庭園
10. 玄品ふぐ
11. Kamen Rider the Diner
12. 麺創房無敵家
13. あんぷく
14. 大勝軒本店
15. WACCA IKEBUKURO
16. Ringo

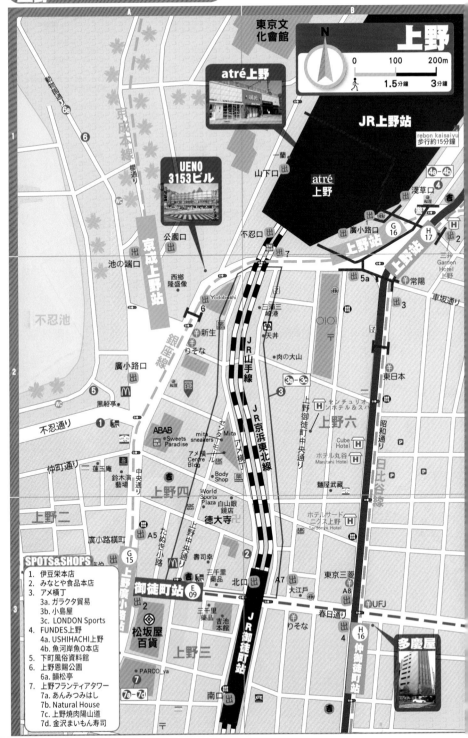

上野

JR上野站

東京文化會館

atré上野

UENO 3153ビル

SPOTS&SHOPS
1. 伊豆栄本店
2. みなとや食品本店
3. アメ横丁
   3a. ガラクタ貿易
   3b. 小島屋
   3c. LONDON Sports
4. FUNDES上野
   4a. USHIHACHI上野
   4b. 魚河岸魚O本店
5. 下町風俗資料館
6. 上野恩賜公園
   6a. 韻松亭
7. 上野フランティアタワー
   7a. あんみつみはし
   7b. Natural House
   7c. 上野焼肉陽山道
   7d. 金沢まいもん寿司

多慶屋

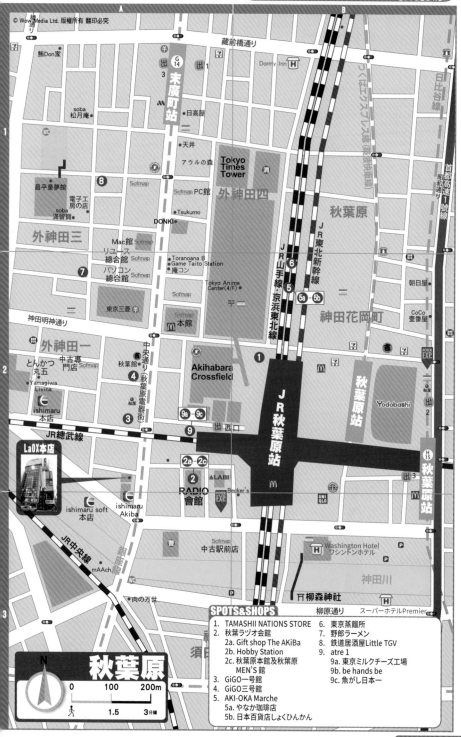

© Wow Media Ltd. 版權所有 翻印必究

SPOTS&SHOPS

1. TAMASHII NATIONS STORE
2. 秋葉ラヅオ会館
   2a. Gift shop The AKiBa
   2b. Hobby Station
   2c. 秋葉原本館及秋葉原
       MEN'S 館
3. GiGO一号館
4. GiGO三号館
5. AKI-OKA Marche
   5a. やなか珈琲店
   5b. 日本百貨店しょくひんかん
6. 東京蒸餾所
7. 野郎ラーメン
8. 鉄道居酒屋Little TGV
9. atre 1
   9a. 東京ミルクチーズ工場
   9b. be hands be
   9c. 魚がし日本一

秋葉原

N

0   100   200m

1.5   3分鐘

晴空塔

N

0　150　300m

2.5分鐘　5分鐘

SPOTS&SHOPS

30. Tokyo Sky Tree 晴空塔
　30a. 天望迴廊
　30b. SUMIDA水族館
　30c. Moomin House Café

白鬚神社

東武博物館

寺島浴場

向島百花園

和菓子司埼玉屋

向島百花会館

喫茶浮浪雲

三島屋酒店

蓮花寺

東向島珈琲店

一番東向島店

料亭花の里

長命寺

江戸木箸大黒屋

曳舟湯

藍染博物館

大国屋酒店

くすりセイジョー曳舟店

兒玉書店

漆工博物館

圓通寺

中村荘

大貫靴店

綠屋熊田酒店

haus

Tokyo
Skytree

焼肉文花苑

30

とうきょうスカイツリー站

30a 30c

押上

長屋茶房天真庵

步行至淺草約19分鐘

交番

半藏門線

北十間川

都營淺草線

序

用  去東京！

久別重逢……東京

終別可以再次踏足日本！闊別了千日的東京，在大家熟悉的新宿、渋谷、銀座等遊客區，嶄新的SHIBUYA SCRAMBLE SQUARE、宮下公園、日比谷OKUROJI……當然也有些歷練百年的老店，禁不起疫情的煎熬，唏噓地結業了……所以我們同時用「裏東京遊記」的特集來介紹一下東京鮮為人知的店家和景點，給大家看一下帶有歷史價值、不為人知而又有趣的地方！

如何可以用盡行程每分每秒？

東京好玩的地方非常多，想玩盡每分每秒也不是一件容易的事。若果懂得安排行程，要玩得盡興、順利，編排行程是最重要一環。新一年WOW達人天書為各位自遊行的朋友打開嶄新一頁。

幫你編排行程的電子旅遊書

看書前，大家先Download我們獨家的「WOW!MAP」APP，然後將書中想去的景點，用APP對準WOW MAP的QR Code「嘟一嘟」，就可將景點收藏到你的行程內。更可使用導航功能，運用交通公員、店舖資訊等等，十分方便。就算身處當地，都可以隨時check到最update資訊，十分互動。

一邊睇書，一邊編行程，超輕鬆方便！

WOW!編輯部
wowmediabooks@yahoo.com

全港首創 WOW!MAP

全港首創WOW!Map，出發前預先下載，在計劃行程時只要一掃想去景點的WOW!Map，就可以自動為你收藏景點：交通導航、店舖資訊一目了然！編排行程從此輕鬆簡單。

全港首創
WOW!MAP
1嘟 WOW!MAP 景點編排行程

 wow.com.hk
facebook.com/wow.com.hk

www.wow.com.hk

facebook.com/wow.com.hk

WOW!

最新內容

東京達人天書

★★★★

Tokyo

★ ★

Tokyo Highlight

渋谷 SP010　**特集**

SHIBUYA SKY

>> 熱爆人氣新商場、必到打卡點

渋谷 SP016　香港首推　**特集**

宮下公園

>> 是公園還是屋台？還是商場？

上野 SP038　**特集**

Rebon Kaisaiyu

傳承90年的傳統 錢湯裡的café

東京 P250

東京最新人氣酒店

入住最新、最人氣的酒店，附實地住宿報告

淺草 P110

よろし化粧堂 仲見世通店

一年365日都有不同的護膚品

千葉 SP048 **特集**

東京迪士尼樂園

>> 最人氣話題美女與野獸園區

秋葉原 P140 香港首推

TAMASHI NATIONS STORE

>> 男士們一生人必到一次的夢幻店

原宿 P156 香港首推

3coins旗艦店

>> 最新3coins旗艦店買限定商品

渋谷 P086 香港首推

めんにこ鍋くまちゃん

>> 治癒系熊寶寶泡湯火焗系列

Tokyo Highlight

銀座 P124

Tsumugi café

超人氣18品的小奢華早餐

吉祥寺 P198

吉祥寺プティット村

遊走夢幻可愛的貓貓國度

大久保 SP034 **特集**

新大久保韓國橫丁

感受當地人屋台的熱鬧氣氛

CONTENTS

東京達人天書

TOKYO

便利標貼

香港首推　WOW！搜羅第一手「最Like食買玩」！

親子　WOW！為大家推介適合一家大小前往的好地方。

好食 編者推介　稱得上美食，物有所值。

櫻花綻放之美地，叫你沉醉粉紅世界下。

紅葉份外美，小紅葉帶你到最佳賞葉處。

抵食 編者推介　好味又抵食，超值。

SNAP　要影張沙龍靚相，認住呢個標誌。

影視　帶你遊遍電影/電視劇熱點。

LET'S TRY!　親身落手落腳體驗，好玩又夠Fun！

日語　提供日語導賞

全港首創！

WOW! MAP

WOW! MAP
32

識帶路的旅遊天書

全港首創 WOW! MAP，出發前預先下載，在計劃行程時只要一掃想去景點的 WOW! MAP，就可以自動為你收藏景點：交通導航、店舖資訊一目了然！編排行程從此輕鬆簡單。

使用方法：

1. 手機下載及打開「WOW! MAP」App，登記成為會員。
2. 掃描頁底的 QR Code 時，即可看到店舖相片、資訊還有導航功能。

QR MAP
32

Download on the App Store
ANDROID APP ON Google play

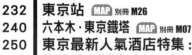
別冊
撕開用，更方便！

地圖GUIDE

精裝地圖 GUIDE，紀錄旅遊書內每一個介紹過的地方的位置，方便攜帶，一書足以走天下！

「QR碼」YouTube睇片，點此旅遊書咁簡單。

WOW! COUPON 優惠
美食、購物、遊樂優惠券！玩到邊、平到邊！

達人教室

達人教室

歷史知識，風土習俗，旅遊貼士，慳錢秘技，一網打盡。自遊達人必讀秘笈。

WOW! 送：

美食、玩樂優惠券！玩到邊、平到邊！ M18

WOW! 達人天書 2019
20% off
10% off
Free Gift

*書內所有價錢和酒店訂房，均只作參考之用。

建議行程 @ 東京

🗺 TOKYO

東京百玩不厭，怎樣可以用有限的時間，玩盡最新最有趣的景點？跟著以下行程試試看吧！

day 1

上午	香港 ➡ 成田空港
下午及晚上	渋谷SHIBUYA SCRAMBLE SQUARE
住宿	市中心酒店

下機後到酒店放下行李，到渋谷最新的商場SHIBUYA SCRAMBLE SQUARE逛逛，黃昏到SHIBUYA SKY欣賞日落景色；晚餐可到北海道めんこい鍋 くまちゃん溫泉，吃人氣的熊仔泡溫泉火鍋！

day 2

上午及中午	銀座：築地本願寺、日比谷OKUROJI
下午及晚上	銀座：THREEPY、Art Aquarium Museum
住宿	市中心酒店

早上到已預約的Tsumugi café吃18品早餐，順道參觀築地本願寺。中午到日比谷OKUROJI逛街，午餐可到燒貝あこや；下午到附近的THREEPY 逛街，黃昏到Art Aquarium Museum參觀及打卡。晚餐可到LION BAR and Restaurant。

<table>
<tr><td rowspan="3">day 3</td><td>上午及中午</td><td>蔵前</td></tr>
<tr><td>下午及晚上</td><td>淺草：雷門、仲見世通商店街</td></tr>
<tr><td>住宿</td><td>市中心酒店</td></tr>
</table>

早餐到蔵前逛街，感受小店的特色：Carmine、MESSAGE、DANEDELION Chocolate café、喫茶半月等，中午到浅草むぎとろ本店吃懷石料理；午餐後到雷門、仲見世通商店街，逛逛門嘉堂、かなや刷子……又或到やなぎ茶屋吃個抹茶甜品，晚餐可到淺草今半吃和牛。

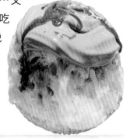

<table>
<tr><td rowspan="2">day 4</td><td>上午及中午</td><td>上野：アメ横丁、韻松亭</td></tr>
<tr><td>下午</td><td>乘飛機回港</td></tr>
</table>

早上check out後拿行李到上野站，放行李於locker後，到アメ横丁逛街，午餐於韻松亭吃傳統的日式料理。下午乘飛機回港。

一年番幾次鄉下，想要試試新玩意？參考一下這個特別的行程，好好感受東京的另一面！

5日4夜

趣遊東京

day 1		
上午	香港 ➡ 成田 / 羽田空港	
下午及晚上	涉谷宮下公園	
住宿	市中心酒店	

下機後到酒店放下行李，到涉谷最新的宮下公園逛行，晚餐可到涉谷橫丁，感受一下當地人的屋台氣氛。

day 2		
上午及下午	台場：Divercity、AQUA City	
晚上	台場：豐洲Lalaport	
住宿	市中心酒店	

早餐後到台場的Divercity，可到哆啦A夢未來百貨店、便便博物館、キラキラDonki等……然後到美食廣場吃午餐；下午則到附近的AQUA City逛街，晚餐可到五樓的東京拉麵國技館吃人氣拉麵。

<table>
<tr><td rowspan="4">day
3</td><td>早上及中午</td><td>中目黑、惠比壽</td></tr>
<tr><td>下午</td><td>六本木</td></tr>
<tr><td>晚上</td><td>上野</td></tr>
<tr><td>住宿</td><td>市中心酒店</td></tr>
</table>

早餐後到吉祥寺的吉祥寺プティット村參觀，可以到村內的手鞠之城和貓貓玩樂、打卡，午餐則到café 四步；下午到周邊的Harmonia Sajilo逛逛、到Lemon Drop吃甜品或さとう吃炸牛肉餅，順道逛商店街，晚餐則到ゆりあべむべる，感受昭和的氣氛。

<table>
<tr><td rowspan="3">day
4</td><td>早上及中午</td><td colspan="2">中目黑、惠比壽</td></tr>
<tr><td>下午</td><td colspan="2">てんしばi:na</td></tr>
<tr><td>晚上</td><td>上野   住宿</td><td>市中心酒店</td></tr>
</table>

早餐後到中目黑的ONIBUS café喝咖啡，欣賞周邊風景，然後到附近逛逛：MARUSEIYU Tokyo、OFFICINE UNIVERSELLE BULY等，中午到六本木的Little Darling Coffee Roasters吃午餐及休息一下。晚上到上野的USHIHACHI上野吃和牛烤肉。

<table>
<tr><td rowspan="2">day
5</td><td>上午及中午</td><td>池袋</td></tr>
<tr><td>下午</td><td>乘飛機回港</td></tr>
</table>

早上check out後拿行李到池袋站，放行李於locker後，到Grandscape shopping mall 或附近逛街，午餐於油そば鈴之木吃美味的沾醬麵。下午乘飛機回港。

話題商場
必逛 2022
人気モール

東京日新月異，大家闊別千日的東京帶點陌生，又帶點期待，對嗎？看完以下幾個新商場，真的急不及待想出發吧！

1
渋谷最新人氣地標

渋谷 | 香港首推

SHIBUYA SCRAMBLE SQUARE

photo by @SHIBUYA SCRAMBLE SQUARE

這個於2019年11月開業的渋谷スクランブルスクエア絕對是渋谷區最新的人氣地標，推介各遊人到來。有別於其他商場的大型連鎖店，場內有各式各樣的日系文創小雜貨、家庭用品、自家品牌服飾，當然還有那位於頂樓的SHIBUYA SKY，可以飽覽東京市中心的繁華夜景、東京鐵塔、晴空塔，晴天時更可以遠眺富士山呢！

↑ 場內的裝修優雅 又時尚，難怪可以吸引年輕人到來

MAP 別冊 M07 C-3

地 東京都渋谷区渋谷2-24-12
時 10:00-21:00 (各店不同)
休 各店不同
網 www.shibuya-scramble-square.com
電 (81)03-4221-4280
交 JR渋谷站東口直達樓上

SKY EDGE日間風景

1a
360度的都心夜景

SHIBUYA SKY (展望設施)
(14F、45F-天台)

這個令一眾遊人趨之若鶩的SHIBUYA SKY展望設施位於45樓，客人可於商場的14樓乘SKY GATE電梯到45樓。SKY EDGE四面都是落地玻璃，360度零死角的被繁華的市景包圍，黃昏前後到來剛好欣賞到都心的日景和夜景交替的時刻。重點推介就是那玻璃角落，站在那裡拍照就可以拍到絕美的都心美景！

photo by @SHIBUYA SCRAMBLE SQUARE

WOW! MAP
1

渋谷的都心景觀

這個完美角度是打卡必到點

↑由入口到天台那段路程也很有驚喜

遊人沿著扶手電梯上到天台的展望空間SKY STAGE後，就可以看到壯觀的都心景色，這裡的空間感更強，站在角落處俯瞰，就有如懸浮在半空中一樣，放眼盡是周邊廣闊的城市景致；參觀過後大家可以沿著回程路線到46樓的室內展望回廊SKY GALLERY，在這裡也可看到熱鬧的城市景色，然後會經過「Paradise Lounge」，再到紀念品店SHIBUYA SKY SOUVENIR SHOP，順道可以買點手信呢！

←最後當然是再上一層到SKY EDGE

▶ ▶ ▶
▶ ▶ ▶
▶ ▶ ▶

時 10:00-22:30(21:20)
金 18歲以上¥2,000、中學生¥1,400、小學生¥900、3-5歲¥500
網 www.shibuya-scramble-square.com/sky/
註 網上訂票會有大約10%折扣，太多人時會有人數限制

↑因為沒有進場時限，遊人都會揀選一個舒適的位置來坐坐

↑日落之時旁邊的hammock都很受遊人歡迎

↑遊人可以乘扶手電梯到天台SKY EDGE

甜品控必到

CARAT Tokyu Food show Edge (B2-1F)

位於商場入口處的甜品街，各位喜歡甜品的朋友定必要逛逛。這裡結集了大大小小三十間菓子店；有西洋菓子、和式菓子、麵包等，不少更是人氣店家！

時 10:00-21:00
休 各店不同

還有各樣的散件裝小蛋糕

↑蛋糕都是用上合時的水果 ¥3,888

店內可看到師傅即席整蛋糕

i 立體造型蛋糕

Atelier Anniversary

這間專營紀念蛋糕的人氣店家，其店內可以訂造生日蛋糕、結婚蛋糕、畢業蛋糕等，其立體造型的蛋糕很受客人歡迎；此外店內的洋菓子外型精緻，用上合時的水果，當然大家也可以買些小蛋糕回酒店享用。

時 10:00-21:00
電 (81)03-6427-5114

12個裝的小蛋糕 ¥3,456

ii 法式甜品店

EN VEDETTE

這間一直在tabelog人氣高企的法式甜品店，店主森先生除了曾在法國習廚外，還得過不少甜點大賞呢！店內售賣的洋菓子色彩繽紛，包裝精美，很適合買作手信。

←渋谷店限定的禮盒曲 ¥1,728

↑渋谷店限定的千層蛋糕 ¥346

時 10:00-21:00
電 (81)03-6450-6755

人氣的法式長包 ¥195

→法式蛋撻 ¥270

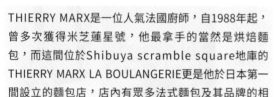

以THIERRY MARX輪廓而做的麵包禮盒 ¥1,650

iii **法國名牌麵包店**

THIERRY MARX LA BOULANGERIE

THIERRY MARX是一位人氣法國廚師，自1988年起，曾多次獲得米芝蓮星號，他最拿手的當然是烘焙麵包，而這間位於Shibuya scramble square地庫的THIERRY MARX LA BOULANGERIE更是他於日本第一間設立的麵包店，店內有眾多法式麵包及其品牌的相關產品。

時 10:00-21:00
網 thierrymarxbakery.jp
電 (81)03-6450-5641

渋谷限定 Pie & Dip 連啤酒套裝 ¥1,941

←渋谷限定的禮盒 ¥3,299

iv **除了麵包，還有**

↑有很多不同味道的醬料連麵包條禮盒裝

Coneri

大家都會喜歡吃麵包，可是不同的麵包配搭不同的醬料，味道可以完全不同啊！這間店家可以找到各式各樣的醬料：鮮果醬、配有香料的醬、蘑菇醬，就連野菜醬都有，當然也有適合配麵包的酒類，店內的禮盒裝也很適合作禮物呢！

時 10:00-21:00
網 coneri.jp
電 (81)03-3498-2345

這樓層集中了衣飾及小雜貨

←Pickles the frogs cross over kitamura motomachi的限定品手巾

↓青蛙系列包包 ¥38,000

1c 個性化的 服飾配件

+Q Goods (5F)

遊人若果想買點特別設計的服飾、包包、首飾或是小型家品雜貨等,可以到5樓的+Q Goods來逛逛,這裡有定期營業的店家,也有不定期出店的pop up店,由時裝到家品都必定令大家有驚喜!

時 10:00-21:00
休 各店不同

也有不定期的pop up店

↑Pop up店有可愛的 kitamura motomachi品牌的熊仔

↓→Panni的環保袋,比一般的質地堅韌、不易破 ¥2,750

各百款不同款式的包包,大部份都是市面少見的

↑最新出的旋轉木馬造型的手袋 ¥4,950

↑民族風的刺繡手袋 ¥4,950

i 配件及包包編

BALL&CHAIN

位於場內中央的是主要售賣女士最愛的包包、來自英國的品牌店家BALL & CHAIN:手挽袋、環保袋、絲質造的、布造的、民族風、可愛卡通造型等,款式齊備,色彩繽紛,售價也親民;另一邊也有品牌的包包,不論上班或逛街也很好配搭。

時 10:00-21:00
網 ball-chain.com

ii　**融合藝術和生活**

LAMMFROMM

日本有名的現代藝術家奈良美智、草間彌生等大家都熟悉吧！這店販賣的生活小物、裝飾、公仔都出自她們手筆，除了衣飾外，也有很多家居的小擺設：毛公仔、坐墊、手巾、小枱燈等，不只造型可愛，也有不少很有趣的句子，可以添加生活的趣味呢！

玻璃瓶 ¥1,100

←→ 草間彌生南瓜小擺設 ¥24,200

時 10:00-21:00
電 (81)03-5454-0450

↑ 草間彌生系列的TEE ¥4,840起

→ 一人限購一盞的座枱燈 ¥176,000

↓ PupKing公仔 ¥3,520起

頂層的宮下公園除了有大草地及休憩地方外，也設有滑板場、攀岩和沙場(付費)

←公園旁有美食車

2

不是公園的公園

渋谷 香港首推

宮下公園 △

剛於2020年暑假新開幕的宮下公園MIYASHITA PARK是一座複合型的商業設施，所以別被它的名字騙到呀！這個公園結集了購物、美食和休閒於一身，四層高的樓層最頂樓是可供休憩及玩樂的公園。全個商場主要為三部份：渋谷區立宮下公園、shopping及美食為主的RAYARD MIYASHITA PARK、以及sequence MIYASHITA PARK酒店。商場為開放式，遊人一邊逛行，可以一邊享受太陽光和微風，頂樓的大片草地更是很受小朋友歡迎。

內裡的裝修也給人悠閒的感覺

← 室內到處都很有空間感

↓ 南區 3 樓設有Food Hall，可以找到各國美食

宮下公園的設計有如一個半開放的商場

MAP 別冊 M06 B-2

地 東京都渋谷区神宮前6-20-10
時 11:00-21:00、餐廳11:00-23:00(各店略有不同)
休 各店不同
網 www.miyashita-park.tokyo
電 (81)03-6712-5291
交 JR渋谷站步行約5分鐘；或東京Metro明治神宮前下車，步行約7分鐘

店內的貨品有別於一般的土產店

↑片卡超crossover 香蕉奈奈 ¥600

2a **限量版的手信**
////////////////////////////////////

The Shibuya Souvenir Store

想要買一些特別版、限量版的手信給朋友？來這店家就對了！這店以渋谷為主題，售賣一些帶有渋谷色彩的手信及紀念品：和菓子、雜貨、文具、零食及酒品等，不少都是和藝術家合作、帶有渋谷獨有文化、特色的產品。

←渋谷站前狗狗像作背景的包包
¥1,540

↓SNAP出品，印有SHIBUYA的Cap帽
¥3,300

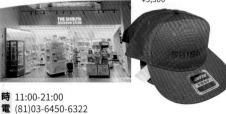

↑零食和和菓子都包裝精美

←很有渋谷街持色的手繪紀念品

時 11:00-21:00
電 (81)03-6450-6322

The Editorial

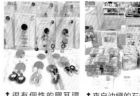

↑很有個性的膠耳環 ↑來自沖繩的石鹼
¥4,950

HIPPO品牌毛巾 ¥1,870

←可以驅蚊的月桃香
¥1,650

2b 質感小物 南區

The Editorial (2F)

走在店裡就像走進一本生活雜誌當中，大部份的貨品都是經過編輯精心挑選一般：手霜、毛巾、沐浴用品、衣飾、耳環、香薰等，隨著季節的變化，店內的貨品也會變得不一樣，所以每次走進店內都會有不一樣的驚喜！

時 11:00-21:00
電 (81)03-6427-3260

↑店內除了黑膠唱片外，還有很多關於音樂的產品

會有不定期的pop up角落，介紹不同年代的歌手及樂隊

過千張黑膠唱片，國內及海外的都有

2c 中古黑膠唱片 南區

FACE RECORDS (3F)

這間在渋谷已有25年歷史的黑膠唱片店，可以說是在區內的老店。店內的黑膠唱片及相關雜貨，主要來自美國紐約及在日本國內收集所得，在現今世代，可以看到黑膠唱片店，可以說是非常難得呢！

時 11:00-21:00
網 www.facerecords.com/shop/index.php
電 (81)03-6427-3260

店內的文具不但適合學生，就算上班一族也十分捧場

←小學生用的收納小袋

↓小收納袋 ¥580

↑有一整套的文具售賣，十分貼心

→Nahe系列的文件袋

←日本製小收納包 ¥1,100

2d 文具控至愛 南區

HIGHTIDE (2F)

這個在福岡創立的文具品牌，可以說是文具控的至愛，其設計的文具及精品不只外型美觀精緻，也十分具備功能性。記帳簿、原子筆、筆袋、卡片盒以至電腦包包等，都有獨特的風格，其日常生活的小物，搞鬼又有趣，令人愛不釋手！

時 11:00-21:00
電 (81)03-6450-6203

↑店內還有可愛的飾物

→深紅真皮包包 ¥34,650

←設計特別的男裝襯衣 ¥19,800

↓卡奇色漆皮皮鞋 ¥6,820

店內有男女裝的波鞋及皮鞋

2e 民族特色 南區

Cloudy (2F)

店家的創辦人銅冶先生特意將非洲的一些特別的民族特色圖案和現代的設計結合，創造出自家的品牌；他的廠房設立於非洲，為貧窮的居民提供工作，而商店的部份收益更會捐到NGO幫助有需要的人士，可謂十分有意義。

時 11:00-21:00
網 cloudy-tokyo.com
電 (81)03-6450-5110

▶ ▶ ▶
▶ ▶ ▶

橫丁內結集了19間不同地方的食店

↑屋台的形式十分有趣

↓就算是午餐時份，也有不少客人到來

2f 全國美食 南區

渋谷橫丁 (1F)

RAYARD MIYASHITA PARK南區的渋谷橫丁，內裡的裝修有點像屋台，每到周末或黃昏就會熱鬧非常，這裡匯集了全日本各地的特色美食，約有19間個性迴異的食店，由北海道到沖繩的人氣菜色的應有盡有，店員都很熱情，客人多是附近的上班族，用餐的氣氛十分輕鬆，而且大部份店家的餐牌都附有圖片，就算是外國遊客到來也沒有問題。

時 11:00-23:00(部份店家營業至凌晨05:00)
休 各店不同
網 shibuya-yokocho.com

↑南蠻海老刺身
¥599、黑hoppy
¥300、焼けい
ねぎ¥199

→hoppy是昔日一種便宜的酒精飲料，帶有麥芽的味道

店內的巨型壁畫很有昔日的感覺

i 特色壁畫

北陸食市

被店內巨型的富士山壁畫所吸引，而且店內可以吃有富山、能登、新潟等地方的代表菜式：夢幻的貴價高級黑喉魚、富山的炸白蝦、新潟的甜蝦等。當天點了一客南蠻蝦刺身，大蝦不但蝦頭有膏、肉質鮮嫩，再來一串雞串燒、配著帶有昭和味道的hoppy麥芽酒來喝，真的很搭配呢！

時 11:00-23:00
電 (81)03-6712-5689

店內乾淨明亮，座位也舒適

ii 四國直送食材

四國食市

說起四國，很多遊人都會想起德島拉麵吧！其實除了拉麵，店內還有很多新鮮的四國美食：高知的鰹魚料理、香川的讚岐烏冬、骨付炸雞、高知屋台餃子等。午餐來了一客愛媛有名的穴子丼，穴子烤得焦香，淋上特製的醬汁，和著飽滿的白飯吃，十分滋味！

↑穴子めし丼 ¥1,299

↑午餐過後仍有
不少客人到來

→餐牌內有圖
畫，遊人可放
心點餐

時 11:00-23:00
電 (81)03-6427-1499

外觀的高架橋已有過百年歷史

3　**高架橋下的秘密商場**　銀座

//////////////////////////////////////

日比谷 OKUROJ

近年有不少新的商場於高架橋下開發，而這個位於日比谷、有超過百年歷史的紅磚高架橋下的日比谷OKUROJI也於2020年新開幕。全長約300尺的建築空間，約有40多間店店家進駐：日系雜貨、手信店、衣飾店、餐廳、甜品店、café等等…足夠大家逛上大半天。

↑雖然位於高架橋下，可是入口也非常明亮整潔

↑場內的拱門空間很有特色

周末或假期會有不定期的小型市集攤位

MAP 別冊 M02 A-2

地 東京都千代田区内幸町1丁目7-1
時 10:00-20:00(各店不同)
休 各店不同
網 www.jrtk.jp/hibiya-okuroji
交 東京Metro日比谷站A13出口，步行
　　約6分鐘；或東京Metro銀座站C2
　　出口，步行約6分鐘

WOW! MAP
3

色彩繽紛的傘子

→店內可以製訂自己喜歡的傘子

3a **職人手工傘**

TOKYO NOBLE (G02)

傘子不論晴天或是雨天也用得上。這間專門售賣職人手工傘的店家有數百款不同款色的傘子，全是由工匠精心的一針一線縫合而成。若果你想訂製一把獨一無二的傘子，也只需要30分鐘左右就完成了！

↑蔬菜造型的傘子¥4,950

時 11:00-19:00
休 不定休
網 www.tokyo-noble.com
電 (81)03-6811-2222

↑純米吟釀 ¥1,518

→打ち豆の炊き込みご飯 ¥540

←酒袋 ¥1,936

→清酒面膜 ¥1,320/套

↓店內設有角打ち

店內有如一個小型的新潟縣博物館

3b **新潟職人手工藝**

NIIGATA 100 (H05)

這間專營售賣新潟縣物產的店家，店名的意思是希望新潟縣內的手工藝和傳統都可以傳承一百年。店內可以買到新潟各式各樣的手工藝品：優質的餐具、烹調用品、手工製夾萬……最出名的當然是縣內生產的新潟米，有小包裝的，買作手信也不錯啊！店內設有角打ち(站著飲酒)，客人可以買完清酒後，店員可以幫忙倒酒，讓客人即場享用。

時 11:00-20:00、角打ち13:00-19:30(L.O.19:00)
休 星期一
網 niigata100.com
電 (81)070-7363-6226

店內的男裝鞋款也有來自意大利的
UNION IMPERIAL品牌

↑UNION IMPERIA日本製
防水皮鞋 ¥57,200

↑70年代發售至
今，一直人氣高企
的黑色皮鞋 ¥30,800
→PANTHER DERA
黑色波鞋 ¥14,800

3c 型格男裝鞋

Panther/
UNION IMPERIA (G05)

日本製造就是質素的保証，對吧！Panther這品牌，於
1964年在東京舉行奧運會時誕生的，它的鞋子，不論皮
鞋、靴子或是波鞋都是日本製造的，款式新潮、質料舒
適，男士們上班或是逛行也很好配搭。

時 11:00-20:00
休 不定休
電 (81)03-6550-9992

↑刺身定食 ¥1,500
定食的海鮮丼會包了五種刺身，師傅會
視乎當天的食材而定

坐在吧枱前可看到師傅起刀落的刀工

3d 人氣午餐

貝あこや (G25)

這間人氣的食店未到午餐時份已出現人龍。傳統木色的基調
配上簡約的裝修，明亮舒適。店家主要提供秋田縣產的食
材，有海鮮丼、燒魚定食等。當天點了一客刺身定食，大大
碗的刺身有吞拿魚、鰤魚、三文魚籽、飛魚籽和帶子，吞拿
魚味鮮，厚切的帶子則甘鮮爽滑，午市的定食，客人可以嚐
到土鍋炊的湯，熱騰騰的很鮮味，好一頓滿足的午餐。

時 11:00-15:00、17:00-23:00
(L.O.22:00)、星期六、日及
假期 11:00-23:00(L.O.22:00)
網 www.tako2020.co.jp
電 (81)03-6205-8085

數百款的青森產食材和零食

↑ 食堂可吃到新鮮的海鮮餐

→海膽鹽 ¥900

←限定酒品：菊駒特別純米 ¥650

3e **東北物產 酒と鄉土料理**

八戶酒場8 BASE (H09)

真的估不到在東京都可以買到東北縣青森的手信！八戶是位於青森東南部的臨海城市，其盛產的海鮮是日本有名的。店內的海鮮相關產品應有盡有，同時也可以買到青森出產的煎餅、調味料、白米等。店內附設食堂，可以食到鮮味的海鮮丼！

→青天の霹靂米真空包裝 ¥620

↑零食的包裝精美小巧，很適合買作手信

時 11:00-20:00
休 不定休
電 (81)03-6550-9992

↑ 衣飾的圖案每件也略有不同
↓ 設有藍染的體驗

↑ 小錢包 ¥1,980

3f **藍染體驗**

水野染工場 (G04)

藍染是天然染色的一種，有別於人工製的顏料，職人透過不同的藍染方法：紮染、夾纈、蠟染、型糊染等傳統技術，染製出獨一無二的圖案，店內可以買藍染的TEE、手巾、頸巾和口罩等，有時間的話，還可以預約體驗藍染的工作坊。

時 10:30-19:00
休 不定休
網 www.hanten.tokyo
電 (81)03-6807-3901

商場的四周有很多休憩的空間

4 穿梭古今的商場 **日本橋** **香港首推**

COREDO 室町テラス

位於日本橋的COREDO是一個令遊人可體驗古今日本的商場。這個商場的概念是將傳統日本的優統手工藝、職人手作和獨特的文化傳承下去，所以場內除了有妝物、衣飾、餐廳和手信外，還有很多售陶瓷、醬油、和服和刀具的店家，令大家可以多一點了解日本的傳統。

MAP 別冊 M11 B-1

地 東京都中央区日本橋室町3丁目2-1
時 10:00-21:00、餐廳11:00-23:00(各店略有不同)
休 各店不同
網 mitsui-shopping-park.com/urban/muromachi/storeguide/index.html
電 (81)03-3272-4801
交 東京Metro銀座線三越前站A6出口，步行約2分鐘；或JR新日本橋站步行約2分鐘

店內有介紹各種香草茶的功效

↑水果茶禮盒包 ¥2,955

→26茶 ¥891

↓包裝精美的香草茶包，買作手信也不錯

售賣的產品都很天然健康

4a 九州的美味

南阿蘇Tea House (1F)

九州的南阿蘇地區是種植茶葉、香草的好地方，南阿蘇山的地區沒有環境污染、日差較其他地方大，其出產的茶葉、香草帶有獨特的香氣、味道甘甜。店內有各種的水果茶、不同功效的香草茶，其中最受歡迎的是26TEA，它由26種不同的香草、野草、水果葉和穀物混合而成，對身體十分有益。

時 10:00-21:00
網 kumamotokeiwa.com/read/tempo
電 (81)03-6665-0092

各式和樣的配飾也很講究

↑ 不少客人都會到來訂製衣飾

↑ 不少布料都是自家設計的

4b 傳統和服之美

菱屋カレンブロッソ (1F)

說起日本的傳統又怎能沒有和服呢？這間歷史悠久的和服老店在日本橋是十分有名的。菱屋有很多自創的獨家設計和服：Rimpa銀箔系列、結合西式及和式的設計，方便穿著等優點，當然還有很多配飾，客人還可以訂製喜歡的木屐。

←很有日系風格的布袋
¥10,780

↓ 柔軟舒適的片貝木綿屐 ¥16,940

時 10:00-21:00
休 不定休
網 www.calenblosso.com
電 (81)03-5542-1411

↑令人愛不釋手的水果茶

↑ 就連罐頭的種類也令人覺得賞心悅目

簡約的裝修令人逛得輕鬆

4c 日系生活雜貨

85発酵する暮らし (1F)

一個有趣的店名，賣的就是和生活有關的日系小雜貨、生活小物和精品等：色彩繽紛的布袋、設計獨特的頭飾、耳環、手作的調味料、天然的護膚品……喜歡為平凡生活帶點驚喜的朋友可以到來逛逛。

↑手作味噌
¥1,803

↓Mate-mono的手挽袋
¥4,400

時 11:00-21:00
休 不定休
網 85life.jp/shop-2
電 (81)03-6452-3385

除了食品外，還有手工藝的專區

↑店內會隨季節推出不同的人氣產品

4d 銀包失守地

日本百貨 (1F)

這間很有日本昭和年代雜貨店影子的店，商品就像大家小時候的集體回憶呢。這裏可以找到日本國內各縣有名的物產、手信，無論是沖繩或是北海道的人氣產品：酒品、調味料、駄菓子、麵品等等… 都是兒時的集體回憶呢！

時 11:00-20:00
網 www.nippon-dept.jp/shop/
　　pages/shop_nihonbashi.aspx
電 (81)03-6281-8997

↑也有少量衣飾售賣

↑伊豆產的燻鹽 ¥600

←江戶時代的布公仔 ¥7,700

→香薰禮盒 ¥2,950

↑整個櫃子都是新出的季節食品

熊仔蛋糕禮盒 ¥1,286

→十勝產的天然蜂蜜 ¥605

店內設有少量座位，客人可以即席享用甜品

4e 北海道的小確幸

可愛的熊仔蛋糕 ¥238

美瑛 (1F)

對北海道有獨特鍾愛的朋友們來這店就對了！店內有各式各樣的美瑛食品：麵包、甜點、曲奇、蛋糕，全部都是用美瑛的食材來製造，有不少更包裝精緻，很適合買作手信。

時 07:30-21:00
休 不定休
網 www.laterre.com/fermebiei/
　　access.html
電 (81)03-6265-1700

吧枱位置的座位設有叉電位

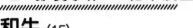
↑店內以自助形式,客人要先到櫃位點餐

4f 即製手作A5和牛漢堡
//

和牛 (1F)

逛到累又想簡簡單單吃一餐的朋友,可以來這間和牛漢堡店,店內的手作漢堡味道絕對好過連鎖的漢堡包店。當天選了一客ザ和牛漢堡,它用上100% A5的高級和牛,即叫即製,肉厚之餘帶有牛油香,配上煎香的洋蔥和酸酸的青瓜,味道一讚!

時 11:00-22:00(L.O.21:30)
休 不定休
網 heijoen.co.jp/store/
wagyuburger-coredo
電 (81)03-6665-6929

ザ・和牛バーガー(小)
¥1,080

↑令客人眼花撩亂的朱古力品種

→忌廉泡芙
¥495

↓東京店限定的
「滿月の塩」
¥1,944

→於2018年朱古力
大賽中得最高分、
來自秘魯的
NATIVO BLANCO
¥1,620

除了包裝朱古力外,也有朱古力相關的甜品

4g 來自世界有名的朱古力
//

green bean to bar CHOCOLATE (1F)

朱古力對女孩們總有一種不可抗拒的魅力。店家的名字「green bean to bar」的意思,就是由可可豆的進貨到烘焙等製作過程,全都由朱古力師傅一手包辦,朱古力的可可豆嚴選自哥倫比亞、巴西、越南等地,各有不同的甜度和特色,加上很有匠心的包裝,所以很受遊人歡迎。

時 10:00-22:00
網 greenchocolate.jp
電 (81)03-5542-1785

180度的城市景觀

5 東急Plaza 的變奏 渋谷 香港首推

Shibuya Fukuras △△

位於渋谷站玄關口的Shibuya Fukuras於2019年12月開幕以來一直人氣不斷,場內有全新面貌的東急PLAZA登場,而這棟複合性的商業設施更包括了觀光中心、機場巴士轉運站,不論羽田空港或是成田空港,遊人都可以乘高速巴士直達;而最令人期待的是為於18樓的屋頂空中花園,客人可以一邊淺嚐美酒,一邊欣賞繁華的夜景。

↑空中花園環境寬敞,也是喝酒談心的好地方

↑↓位於3樓的111有不定期展覽,遊人有時間可以去欣賞一下

MAP 別冊 M06 B-3

地 東京都渋谷区道玄坂1-2-3
時 10:00-21:00(各店不同)
休 各店不同
網 www.shibuya-fukuras.jp
電 (81)03-3464-8109
交 JR渋谷站步行約1分鐘;或東京
　 Metro渋谷站步行約3分鐘

以全新面貌進駐的東急PLAZA

WOW! MAP
5

counter處有三位Pepper協助客人點餐

5a　AI時代來臨

Pepper parlor (5F) ▵

這間餐廳的賣點就是主要由AI負責餐廳的運作：機械人Pepper，可以和大家傾談、玩遊戲；Servi就負責出餐及收集碗碟；較小型WHIZ則負責清潔地面。甫走進店內，客人先在counter和Pepper點餐，然後由另一個Pepper帶大家到座位等待，不久Servi就會把餐點送到客人手上。若果一人或是和小朋友到來的話，不妨請Pepper到桌子旁和大家玩玩遊戲，享受一頓愉快的餐點吧！

↑不少客人都會和Pepper傾計

→客人可以依指令和Pepper玩遊戲和對答

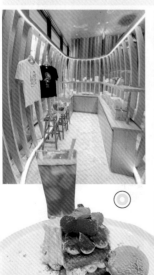

↑Servi會把餐點送到枱前
←店前有一小部屋，可以買到自家品牌的紀念品

由於有不少機械人走動，店內空間寬敞

水果Tiramisu連飲品 ¥980

時 11:00-22:00(L.O.21:00)
休 以商場為準
網 pepperparlor.com
電 (81)03-5422-3988

店內有很多設計獨特的精品和衣飾

5b 結合潮流和傳統文化

BEAMS JAPAN (2F)

喜歡BEAMS的朋友，除了它的設計和品牌外，當然最欣賞的是它將傳統的日本文化不知不覺的融入會到潮流當中，店內的格仔櫃，每一格就是一個縣的人氣產品，很有心思，不少的設計都隱藏了魔鬼的細節，令人會心微笑，店內的衣飾鞋履，還有生活小物、精品等，一邊逛，一邊都令人十分驚喜！

↑愛知縣的招財貓 ¥5,720

↑富士山造型的杯 ¥770起

↑男裝褲和內褲都有大個BEAMS logo

時 11:00-20:00
網 www.beams.co.jp/special/
beams_japan
電 (81)03-5422-3974

↑←童裝捧球公仔TEE ¥2000

店內有過百款刀具及廚具用品

5c 現代五金店

日本橋木屋 (3F)

↓ 不定期有不同的餐具售賣

日本橋木屋店以刀具起家，其售賣的商品主要是菜刀、指甲鉗、各種用途的剪刀等五金的工具；店內的刀具全是出自職人之手，由一般家庭用的菜刀到專家的切肉、切魚刀都有，喜歡烹調的朋友來到定必目不暇給。

時 11:00-20:00
網 www.kiya-hamono.co.jp
電 (81)03-6712-7785

↑ 各款木製的手錶也很時尚

↑ 最受客人歡迎的產品就是這個木製名片盒 ¥4,840

→ 可以自訂的鎖匙扣，約30分鐘可自取 ¥6,320

店內的裝修也是簡約、自然為主

5d 北歐風雜貨

Hacoa (3F)

喜歡北歐自然風格的朋友定必要到這店逛逛，店內的生活小物多以原木來生產，配合日本傳統的工藝技術，由職人製作出簡約、原創的北歐風生活小物和日系雜貨，如：電話套、手工名片盒、原木鏡面時鐘、木系手錶、印鑑盒等，令人愛不釋手。

時 11:00-20:00
電 (81)03-6712-7785

東京遊記

「東京」一個既熟悉又陌生的名字，當旅行時看到的盡是整潔有序的繁華都市、一張張親切笑臉的背後，作為遊客的大家又知道多少不為人知的東京呢？裏東京就是讓大家去體驗一下和平常不一樣的東京：獨特的地方、有趣的玩味、隱藏的秘地……感受東京的另一面！

① 感受一下韓國的魅力吧！

香港首推

新大久保韓國橫丁

東京既然是國際的大都市，當然會有多元的文化，要感受最hit最人氣的韓流，就要來大久保走一趟了！這個剛於2021年年尾開幕的新大久保韓國橫丁，絕對不會令大家失望。這裡可以吃到比韓國更地道的韓式美食，十數間的韓國食肆：泡菜、餃子當然不在話下，還有懷舊的韓式烤肉、冷凍的五花肉、醬油蟹、芝士火鍋等，場內就像一個熱鬧的夜市，周末到來就可以體驗到那熱鬧且地道的韓式風味！

MAP 別冊 M17 C-1

地 東京都新宿区大久保2丁目19-1 セントラル大久保1F、2F
時 11:30-23:30(各店不同)
休 各店不同　網 www.jdrex.jp
電 (81)03-6205-9405(第一食堂)
註 可網上預約；每枱都會有付費小吃約¥300，客人可保留單據到別家出示，就不用再付費
交 JR新大久保站步行約6分鐘

▲就連地下的指示也寫上韓文

▲來這裡的客人有韓國人、也有日本人、有不少都會說英文呢！

▶正門口會有各食店的指示圖及介紹，客人可以先看看才決定

WOW! MAP
1

熱鬧的氣氛就像日本的屋台

周末的氣氛很好

1a **地道海鮮燒烤** ○

海鮮ポチャヨスバンバダ

這間是人氣的韓式海鮮店家，菜單有地道的韓國海鮮：海蝦料理、醬油蟹、韓式燒酒等，不少海鮮都是可以讓客人自己現烤的，隨自己的喜好生一點、熟一點也可以。當天點了大隻的網燒海蝦，味道鮮甜且蝦頭帶有蝦膏，而另一款蟹味噌，香滑甘味的蟹膏配上味噌，滋味濃郁，再吃一啖辛口的泡菜，十分醒胃。

✕

▲店員只幫忙set爐，客人要靠自己燒烤技術了

右：えび網燒き ¥1,280
左：蟹味噌 ¥780

▲店家的裝修有如海邊的屋台

時 11:30-05:00(L.O.04:00)
電 (81)03-6205-5175

▶炭火燒烤得更焦香

店內裝修保留了昔日的氣氛

▲除了韓式美食，也有日本傳統的關東煮

▶ 豚肉ミニキンパ
¥780

1b 簡單的美味飯捲 ⭕

チュンヒャンジョン

這間位於正門口第一間的店家是主打韓式的懷舊小食，賣相一點也不花巧，帶點媽媽的手作味道，也有點像家庭式的料理、又有點像學校的飯堂。端上一客豚肉紫菜飯捲，中間的肉碎入味，帶點鹹香，外層的紫菜則鬆脆帶芝麻油的香味，是簡單的美味！

時 11:30-23:00
電 (81)03-6205-9910

後記： 大久保可以說是東京都內的「韓流聖地」，在街上閒逛就有如到了韓國旅行一樣；K-POP的飾品、最潮最人氣的韓星海報、貼紙、最新的韓劇、各式各樣的韓式護膚品、調味料、地道韓式炸雞、小吃等都可以找到，遊人如果同樣鍾情K-POP韓流的話，定必到來好好感受一下！

▼ 又點少得韓國的護膚品

▼▲不少店家都有韓星的相關產品

▲BTS crossover
LINE friends的
BT21護手霜 ¥990

②

× ──【日本百年最古老模具店】

馬嶋屋菓子道具店 ○

二戰結束後，西洋麵包、蛋糕等烘焙業在日本開始流行起來，馬嶋屋在那時售家用型的小型菓子模具：曲奇、蛋糕、和菓子等，單是餅乾模型已有千多款，特別的是店內的木模是由大原仁先生這位手工藝人所製作，他在這店已工作超過60年，製作過無數的木製模具。店內也有售賣各式圖案的燒印，讓大家在完成品上蓋上自己獨有的圖形，這裡不管你是糕點達人還是初心者，都定必吸引到大家逛上一兩個小時！

▲店內展示出大原仁職人製作的上千個木模具

◀鐵樓梯的牆也掛滿各式的模具，儼如一個小型的模具博物館

▼就連洋菓子的模具也十分齊全，花型冬甩模 ¥462

▲過千款燒印，客人也可以按自己喜好來訂造

(MAP) 別冊 M05 A-2

地　東京都台東區西淺草2-5-4
時　09:30-17:30、星期日10:0017:00
休　假期、年末年始、不定休
網　majimaya.com
電　(81)03-3844-3850
交　東京Metro田原町站步行約5分鐘

澡堂內是負責改建錢湯的公司YAMAMURA的辦公室

③ × 「浴」後重生 香港首推

rebon Kaisaiyu

這間充滿下町感覺的「快哉湯」原址是一間超過90年歷史的錢湯，它保留了昔日大眾澡堂的裝修：玄關前的格仔鞋櫃、安插在男女生入口中間的收費枱「番台」、挑高的木格天花板、巨大的壁畫和磚瓦的浴池等等⋯⋯都似在訴說著歷代的故事。店內的人氣咖喱飯，用上多種香料煮成的野菜咖喱，咖喱味道濃厚且每種香料帶豐富的口感，微辣也開胃。

▶ 香るスパイスのゴロゴロ野菜カレ一連飲品￥1,280

▲進入café前要先在玄關脫下鞋子

○ ▶ 鞋櫃鎖匙

▼開放式的廚房傳承了錢湯的設計

吃飽後走進澡堂參觀，現今的澡堂成了負責改建錢湯的公司YAMAMURA的辦公室。客人推門進去後可安靜地參觀，欣賞昔日的壁畫，看看過往的歷史建築，沉浸在那片古老的回憶。

▲內裡有一台烘豆機
▼客人可爬上番台，體驗一下做掌櫃的視野

▲座位區也用上昔日的脫衣籃作客人擺放手袋的地方

▲磚瓦的浴池

café也有售賣特色精品

(MAP) 別冊 M22 B-1

地　東京都台東区下谷2-17-11
時　11:30-19:00；星期六、日及
　　假日11:00-19:00
休　不定休
網　www.rebon.jp
電　(81)03-5808-9044
交　東京Metro入谷站步行約5分鐘

澡堂內是負責改建錢湯的公司YAMAMURA的辦公室

④

見証不同的文字時代

× **中村活字** ○

創業於1910年，經歷過百年的風雨的中村活字，實在是見証了不同時代的印刷技術。百多年前的銀座曾是印刷產業的重要地區，不少的報社、鑄字店及印刷工場也在此經營，可惜隨著日轉星移，中村活字已是區內碩果僅存的活版印刷店家。

▲▼客人可以看到帶有歷史的活字版

◀ 至今中村先生還會接客人的凸版印刷小生意

排列整齊的活版印刷字模

店內兩旁放滿滿櫃的活版字模：英文、漢字、平假名等，當然還有不少古董的印刷機。雖然現今的印刷品已大部份由機器代替了人手的活字印刷術，可是仍有不少客人會親自到來印名片、請柬和明信片等，聽著中村先生娓娓道來，真心希望這門日久式微的工藝可以得以傳承下去。

▲店內保留了手動的凸版印刷機

▼不少的日本電影也曾以中村活字作故事背景

▶ 中村活字曾和UNIQLO合作推出特色的環保袋

▲有不少媒體也曾介紹過這間歷史悠久的店家

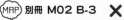

MAP 別冊 M02 B-3

地 東京都中央区銀座2丁目13番地7号
時 08:30-17:00
休 星期六、日及假期
網 nakamura-katsuji.com
電 (81)03-3541-6563
交 東京Metro東銀座站步行約3分鐘

WOW! MAP

SP041

4

75年歷史的米店

金井米穀店

傳統的米店在香港、台灣已經買少見少，日本亦然。
這間位於吉祥寺的金井米穀店，開業於二戰後的
1948年，已經歷了70多個寒暑，店內保留了昔日的
簡約裝修，牆邊放著一個個巨型的米袋，裝著不同縣
市產的特別培植米，客人可依自己想要的重量來購
買，另一邊則有不同的佃煮或配菜，讓客人可以買來
配白飯吃。特別的是店家會依不同種類的米，配搭各
樣的餡料，建議大家怎樣製作美味的飯團。

(MAP) 別冊 M19 A-1

地 東京都武藏野市吉祥寺本町2-26-9
時 09:00-19:00、星期六09:00-18:00、假期09:00-17:00
休 星期日
網 www.kanai-come.com
電 (81)0422-22-5439
交 JR吉祥寺北口步行約5分鐘

▲有別於超市的包裝米，店家的米可以按客人要求
的重量來購買

▶小包的米也可買作手信
2kg ￥1,192

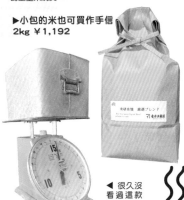

◀ 很久沒
看過這款
懷舊的磅

不同米的種子可以讓客人買回去自家種植

⑥

冰火交會的秘密café

× ルミエール ○

來Cafe Lumiere的目的大概只有一個！就是點那個會著火的刨冰–『燃えるかき氷』。這間還未廣為外國遊人所知的café就是以這個燃えるかき氷最為人氣。店內的裝修充滿昭和年代的氣氛，鮮紅的皮沙發配上木調的椅子，帶點懷舊的感覺。那客火焰刨冰甫來到那滿滿的蛋白忌廉帶著焦黃，店員會淋上冧酒再用火槍在客人面前打火，那個漲卜卜的刨冰瞬間佈滿火焰，有如燃燒中的雪山一樣，剎是震撼！

◀ 過千款燒印，客人也可以按自己喜好來訂造

▲ 燃えるかき ¥1,300

▲ 店員會先淋上冧酒

▲ 火熄了後，可按自己喜好淋上果醬

客人全以本地人為主

(MAP) 別冊 M19 B-2

地	東京都武藏野市吉祥寺南町1-2-2 東山ビル 4F
時	12:00-20:00、星期六、日及假期 11:00-20:00(L.O.為關門前30分鐘)
休	不定休
網	select-type.com/rsv/?id=9d7_ AprLlsA&c_id=155485
電	(81)0422-48-2121
交	JR吉祥寺北口步行約1分鐘

WOW! MAP

6

這裡對於文具控來說，絕對是一個寶藏

手寫文字的溫度

× カキモリ 。

在現今科技發達的年代，你有多久未拿起過筆寫字？店家的理念是要將書寫的喜樂傳播給不同的人。有各式各樣的珍奇文具：客製的調配墨水、客人自製的筆記簿、日式的信箋、自家原創的墨水、墨水鋼筆等，手工精緻，令人愛不惜手，最特別的還是大家可以在店內自製一本獨一無二的筆記簿，由封面、紙張選擇等到釘裝都充滿樂趣。走進這間名為「カキモリ」的文具老店，你會找到一份久違了的喜悅感！

▲▼對於各種筆的特徵的介紹

▲店中央放置了大型的切紙機

▼1950年開始發售的PELIKAN德國產墨水筆 ￥38,500

▲▶ 客人可按自己喜好調配墨水

自製筆記簿流程

來這店家當然最特別的就是可以自己製作一本獨一無二的筆記簿！於店家的右方有一角落是專門給客人製作自己喜歡的筆記簿的：

費作費用：¥300(材料則按客人所揀選來決定，大約¥800-900起) 所需時間：30分鐘左右

第一步：
拿起一個小盤子，先揀選想要的封面及封底，有不同的花紋、紙質可揀選，就連皮革面、布面、羊皮等也有。

第二步：
選擇內頁的紙張，有不同的質地，也有單行、空白等，然後決定厚度

第四步：
如果想獨特一點的話，更可燙上自己的名字或喜歡的句子呢！

第三步：
揀選書邊的釘裝書環，也可隨意配上書帶或書扣掛

(MAP) 別冊 M09 A-1

地 東京都台東区三筋1-6-2 1F
時 12:00-18:00、星期六、日及假期11:00-18:00
休 星期一
網 kakimori.com
電 (81)050-1744-8546
交 東京Metro藏前站步行約7分鐘

有人進入後並鎖門，就會立即變成實色

▲雖是公廁內裡卻十分乾淨

⑧ 變色透明公廁

代々木深町小公園

「來瘋狂影廁所吧！」說出來真的有點變態，可是又有點搞鬼！這個由名設計師坂茂又一設計的透明洗手間在無人使用時，大家都可以透過三面的玻璃把室內看得一清二楚，可是當有人進入並鎖上門後，原來透明的玻璃會立即變成不透光的實色，這個將高科技融入到建築上的發明，真的令人佩服！

▲平時無人進入時是半透明的

地 東京都渋谷区富ヶ谷1-54-1
網 www.city.shibuya.tokyo.jp/
shisetsu/koen/kuritsu/park_
yyogifukamachi.html
交 東京Metro代々木公園站3號出口，步行約1分鐘

▲zone L為草地及有小朋友遊玩的地方

地 東京都大田区羽田空港1-1-4
時 10:00-18:00(各店不同)
休 各店不同
網 haneda-innovation-city.com
電 (81)03-5744-1650
註 足湯要自備毛巾
交 羽田空港站乘東京Monorail於天空橋站下車，步行約1分鐘

邊泡足湯邊看飛機升降是很特別的體驗

香港首推

⑨ 一邊泡腳一邊看飛機的絕密地

天空橋innovation city

Innovation city距離羽田空港約5分鐘的單軌電車車程便可以到達。位於zone E區域是一個展望足湯，免費開放給遊人，坐在這裡可以看到飛機升降，是一個拍攝飛機的絕佳之地。

WOW! MAP
8　　9

⑩

× **重新認識** ○

東京站

東京車站自1914年啟用以來，
一直都是日本全國的交通樞紐，
百多年來除了見証了日本的興
衰，同時也是日本重要文化財
產。其建築由辰野金吾先生所設
計，而他同時也設計了台灣的總
統府、台中車站等……不說不
知，東京車站也隱藏了很多不為
遊人所知的冷知識！

 別冊 **M11 B-2**

地址 東京都千代田区丸の內1-9
網 www.tokyoinfo.com
交 JR東京站

▲冷知識二：車站前這個是供皇家馬車和轎車進入的專用入口，也是皇室成員專用的出入口

◀冷知識三：丸之站天井的圓頂上有12生肖中的其8個生肖，各自位於其傳統上所屬的方位

▶冷知識四：同一個圓頂的八角形角都有八隻海鷹，其意思是象徵著活力和希望

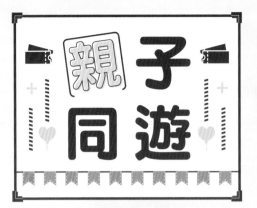

親子同遊

別以為來東京是大人專享的福利啊！其實這裡有很多適合親子同遊的設施，最為人所熟悉的當然是東京的迪士尼樂園，園內各式各樣新主題及機動遊戲外，也有明星們的巡遊及煙花，真的令大小朋友都想一去再去……除此以外，市內還有不少可以即日來回的有趣玩樂設施，讓我帶大家看看吧！

來東京必遊
Tokyo Disneyland Resort

講起東京的迪士尼沒有可能有未聽過吧！這個位於東京都旁千葉縣的Tokyo Disneyland Resort包括了Tokyo Disneyland及Tokyo Disney Sea兩部份，自開幕至今一直人氣高企。

交通資料

Tokyo Disneyland

Tokyo Disneyland共有七大區域，三十多款遊樂設施：夢幻樂園、卡通城、明日樂園、西部樂園、動物天地、探險樂園、世界市集。而最人氣的當然是最新開、位於夢幻樂園旁的New Fantasyland園區的《美女與野獸》！

地　千葉縣浦安市舞浜1-1
時　通常是09:00-21:00，但因應假期而改變，建議先上官網查詢。
網　www.tokyodisneyresort.jp
電　(81)057-000-8632
交　從東京站乘京葉線東行至舞浜站下車

WOW! MAP
東京迪士尼

《美女與野獸》

遊人進入園區後，會先經過女主角Belle居住的村莊，這時大家可以會看到Belle爸爸Morris的小屋、根據動畫打造的鄉村風商店、Gaston的酒館餐廳和森林劇院。當然還有必玩的「美女與野獸 魔法物語」遊戲，觀眾可於約30公尺高的粉紅夢幻城堡中、坐在咖啡杯內，欣賞電影故事中經典的場景，充滿童心！

↑遠看已看到那夢幻般的城堡

↑魔法物語坐既咖啡杯

↑城堡內的晚餐場景十分夢幻

↑園內的環境全以《美女與野獸》的故事背景來建造

↑城堡內的擺設和裝修都美倫美奐

↑園內到處都是打卡點

除此之外，還有以下新項目登場呢：

💬 夢幻樂園

樂園首座室內的表演劇場《夢幻樂園森林劇院》會上演「米奇魔法音樂世界」的音樂劇。

💬 卡通城

而喜歡米妮的朋友也要留意啊！因為園內推出了《米妮風格工作室》，遊人可以和米妮見面和拍照呢！

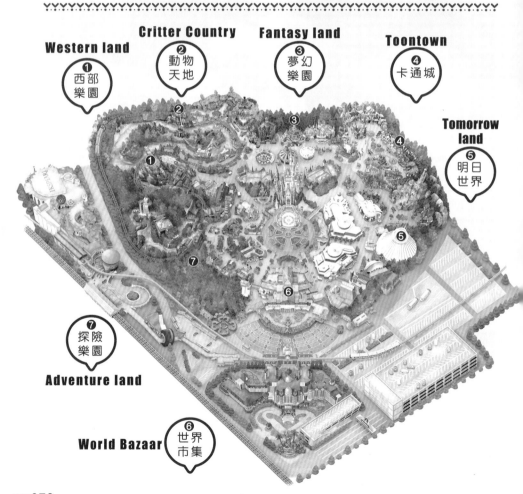

Western land
① 西部樂園

Critter Country
② 動物天地

Fantasy land
③ 夢幻樂園

Toontown
④ 卡通城

Tomorrow land
⑤ 明日世界

Adventure land
⑦ 探險樂園

World Bazaar
⑥ 世界市集

Tokyo Disney Sea

Tokyo Disney Sea於2001年9月落成，樂園以七個獨特主題的海港區組成：發現港、美國海濱、失落三角洲、神秘島、地中海海灣、美人魚礁湖和阿拉丁世界。四周洋溢著歐陸小鎮的異國風情，有不少打卡位都令人有如置身歐洲的錯覺。

園區在2019年新增了《翱翔：夢幻奇航》和《幻境頌歌》兩個最新體驗。

💬《翱翔：夢幻奇航》

是一個可以讓遊人坐著的夢想飛行器，來一趟難忘的環遊世界。這個體驗除了有視覺上的震撼外，也有加上獨特的氣味，令大家仿如身歷其境一樣！

💬《Believe! Sea of Dreams》

這個於2022年11月上映的Believe! Sea of Dreams是迪士尼史上史無前例的新式表演Show，表演用上大型光雕投影技術配合水上的船隻表演，在敞大的空間令觀眾感受精彩絕倫的視覺享受。

❶ 發現港
Port Discovery

以未來世界的港口為背景，設有遊樂設施動感電影氣象控中心「風暴騎士」和「水上逗趣船」，還有往返美國海濱的高架海洋電氣車。

❷ 失落河三角洲
Lost River Delta

❸ 美人魚礁湖
Mermaid Lagoon

❹ 美國海濱
American Waterfront

重現 20 世紀初期美國的海港，還集合了最多間餐廳的海港，絕對是遊人必到重點大區域。

❺ 阿拉伯海岸
Arabian Coast

來到《阿拉丁》世界，區內中東色彩濃烈，充滿圓尖頂拉丁風情的建築物。

❻ 地中海港灣
Mediterranean Harbor

一踏進DisneySEA首先來到帶有南歐海港風情的地中海港灣。

≪ ❼神秘島
Mysterious Island

神秘島上彌漫著詭異的氣氛，加上普羅米修士火山不定時爆發，令人又驚又喜。

大家若果想爭取每分每秒來瘋玩，
大可以參考以下遊玩攻略：

1　為了節省步行時間，付費乘坐位於Tokyo Disneyland內的單軌列車是園內最佳的移動方法。單軌電車的迪士尼度假區線包了東京迪士尼樂園站、東京迪士尼海洋站、海濱站及度假區總站，而度假區總站是最近JR舞濱站的。

2　而在Tokyo Disney Sea園內則可以活用迪士尼海洋電氣鐵路和迪士尼海洋渡輪的航線來縮減步行的時間。

3　以往的FastPast系統已取消，最新的的Standby Pass(主要用作預約用、免費、人數太多時會只開放給有預約的客人)、Entry Request及Disney Premier Access(¥2,000、可選擇指定設施進行單次快速通關)，三款都要透過官方的Tokyo Disney Resort App取得。

4　園內的部份遊戲會設有一個叫「單人騎士」的通道是專門給一個人到園內遊玩的客人而設的，假若你是和一班朋友同來，但是又沒有要求坐在一起的話，也可以使用，既是免費，又可以大大縮減排隊時間。

5　出發前務必到官網查詢開園時間，遊行時間、煙花表演、入場人數，還有那項設施是在維修中等等是十分重要的。

必買手信：

Tokyo Disneyland

↑女兒節版米奇米妮公仔 ¥4,400
日本限定的女兒節公仔，極具紀念價值！

↑怪獸公司安全帽 ¥1,950
戴上怪獸公司的安全帽，你也是員工之一啦！

→迪士尼角色的爆谷 ¥2,400-2,600
購自Disneyland園內爆谷車

↑訂製刻名皮革手帶 ¥1,200
將彼此的名字刻在皮手帶上，留住在這裏的美好回憶吧。

TOKYO DisneySEA

←小魚仙攬枕 ¥4,500
與小魚仙一起進入甜美的夢鄉！

↑神燈咖喱壺 ¥2,600
擦擦神燈可以許願嗎？

↑StellaLou x Duffy收納包 ¥2,300
Duffy在東京迪士尼海洋的郵輪前，與正在努力練舞的Stella Lou相遇，並成為好朋友。

↑米奇雪糕夾心餅 ¥310
購自小攤位

霓紅燈下的便便場景

香港首推

真有這樣可愛的便便嗎？

UNKO Museum Tokyo (2F)

這間首次登陸東京台場的便便博物館絕對是親子同樂的地方！平時小朋友一講到「便便」，大人就會雛起眉頭，避而不談。可是來到這裡，大家大可以放低成見，一齊玩過夠、講個夠！場內有拍照區、遊戲區、創意區等等，職員會同大家拍照、互動玩遊戲，各式各樣的便便裝飾、手信定必令大家大呼過癮呢！

↑場內的佈置帶點夢幻

→UNKO MART放了各樣便便的陳列品，像一間便利店

↑→小朋友在便便池玩過不亦樂乎

進場之後，職員會邀請大家一齊坐在馬桶上，做出一個便便時的表情，瞬間屬於自己顏色的便便就會跌出，給大家帶回家做手信；而另一個打卡位就是便便守護神的房間 UNBERTO Room，門口是一個巨型馬桶，聽聞這房間和神秘的宇宙相連，可令各位便便暢通啊！

↑ 場內有大量的打卡位
→ 大家都好努力咁便便

←MY UNKO Maker是一個和職員互動的遊戲

↓ 色彩繽紛的便便甜品店

MAP 別冊 **M03 B-1**

地　東京都江東區青海1-1-10

時　11:00-20:00、假日10:00-21:00(最後入場為關門前1小時)

金　中學生以上¥1,800、小學生¥1,000、小學生以下免費

網　unkomuseum.com/en/tokyo

交　ゆりかもめ線台場站下車，步行經富士電視台旁，約8分鐘; りんかい線東京テレポート站下車，步行約5分鐘

便便手信店

位於博物館隔鄰的手信店是免費的，遊人參觀完博物館大可以把眾多造型可愛的便便手信帶回家。店內用上色彩繽紛的背景，把店家打造成一個猶如玩具屋般，貨品的包裝及外型很是討好：便便戒指、便便守護神布袋、便便曲奇等……買給朋友做手信定必很有紀念價值。

→ **DO THE DOO COOKIE** ¥1,200

↓店內有如一個便便工場

←便便棉花糖¥750

↑ 便便造型的帽子¥2,800　　↑ 各款有趣的衣飾

店內的裝置十分有趣

昔日蒸氣火車的車卡

鐵道迷必到

東武博物館

東武博物館是於1989年為紀念東武鐵道成立90周年而創立的，館內展出了昔日行駛的列車：蒸氣機關車、1720系列的豪華浪漫列車、像貓鬍子的5700型號列車等，最受小朋友歡迎的當然是各樣的體驗！大小朋友都可以坐上駕駛席，模擬駕駛列車的情況，一邊駕駛，一邊看到行駛中的風景，同時也可以自行控制速度和煞車，刹是有趣！

↑模擬駕駛體驗是最受小朋友歡迎的免費項目

↓館中央有一個巨型的東鐵模型

↑→另一個模擬駕駛是考大家停站時的距離感

←館內設有手信店，可買到東鐵的文具及精品

MAP 別冊 M24 B-1

地 東京都墨田区東向島4-28-16

時 10:00-16:30(最後入館16:00)

休 星期一、12月29日至1月3日

網 www.tobu.co.jp/museum

電 (81) 03-3614-8811

交 東武鐵路東向島站下車，步行約1分鐘

WOW! MAP
東武博物館

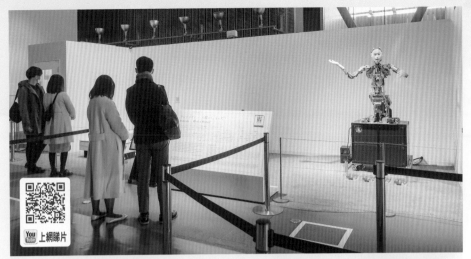

預知未來科技
日本科學未來館

既然稱得上「科學未來館」，首推當然是在電視上看過無數次卻始終沒有看見過真身的日本機械人，在日本科學未來館會有機械人跟小孩互動的環節。另外，太空艙參觀或許不算有新意，可是看看太空人如何看雜誌的確有趣。還有還有，是2050年生活方式的模擬遊戲……忽然回過頭想一想，眼前的這一切，其實都是日本人對未來生活的刻劃和期盼。

↑未來宇宙的體驗遊戲

↑館內有很多體驗，大小朋友都可以從遊戲中了解大自然和科技

MAP 別冊 **M03 B-2**

地　東京都江東区青海2-3-6

時　10:00-17:00（最後入場時間為閉館前30分鐘）

休　星期二及12月28日至1月1日（有臨時閉館日，故建議前往前先往官網確定）

金　¥630(18歲以下¥210)

網　www.miraikan.jst.go.jp/zh

電　(81)03-3570-9151

交　ゆりかもめ線至船の科學館站步行約8分鐘

↑介紹由過去到未來的計算方法

→不論面部表情或是動作，像真度極似人的機械人

日本科学未來館

WOW! MAP

SP**057**

儀表版、座位、周邊風景，全都十分真實

+ 一人有一個飛行夢想 +

Luxury Flight

大家坐飛機坐得多，自己駕駛飛機又試過未？這間位於羽田空港的Luxury Flight是一間提供模擬飛行體驗的店家，店內除了有各式和飛機有關的紀念品外，最特別的就是不同的機型及航線給客人體驗一下駕駛飛機的樂趣，當然也有專為小朋友而設的飛行航道。當天選擇了一個在羽田空港升降的體驗，由啟動引擎、起飛、平衡、降落等步驟全都一一感受到，而最難忘的當然是由機司位置飽覽周邊一望無際的景色！

↑儀表版有雷達，同時可看到風速、氣壓、距離及速度等
←等候期間大家可以穿上機司服拍照
↓店內有很多旅行相關的用品及紀念品

↓駕駛期間要保持機身的平衡也有十分重要

WOW! MAP
Luxury Flight

地　東京都大田区羽田空港3-3-2 第一旅客ターミナルビル5F
時　10:00-20:00
金　15分鐘 ¥3,300起
網　737flight.com/access/689
電　(81)080-7560-1817
註　可網上預約；建議年齡8歲以上
交　東京單軌電車羽田空港第一航廈站下車，步行約5分鐘

丸之內線為全日本第三條開通的地下鐵線

全亞洲首輛地下鐵
東京地鐵博物館

大家知不知道全亞洲第一架地下鐵列車是於1927年在日本開通的，那時的地鐵只有2.2公里，行駛於東京上野至淺草之間，而大家到這個博物館就可以看到這輛充滿歷史價值的地下鐵。館內還保留了不少昔日的車廂，遊人可以隨意進內參觀，來一趟充滿昭和味道的地鐵旅程吧！

↑充滿昭和味道的車廂

←1001號列車就是全亞洲首輛地下鐵

↓可認識東京都內的地下鐵路線

←大小朋友都可體驗模擬駕駛

地　東京都江戸川区東葛西六丁目3番1号
時　10:00-17:00(最後入場16:30)
休　星期一、12月30至1月3日
金　大人¥220、4歲至中學生¥100
網　www.chikahaku.jp
電　(81)03-3878-5011
交　東京Metro葛西站步行約1分鐘

WOW! MAP

東京地鐵博物館

SP**059**

也有適合一家大細參與的遊戲

認識煤氣
ガスの科學館

大家對於煤氣的認識可能止於煮食方面吧！來一趟這個位於豐洲的煤氣科學館，大家可以了解到煤氣的產生、用途及其重要性。從各式各樣的有趣模型、體驗，可以理解到煤氣在生活及工作上有什麼作用、昔日的人們用什麼能源呢？地震或自然災害發生時，要有什麼防災意識呢……都可以在這裡找到答案。

↑煤氣當然也會用在煮食方面
←比較利用不同能源時，污染物的排放量
↓遊人可以體驗一下坐輪椅時的不便

館內的遊戲很適合小朋友參與

MAP 別冊 **M03 C-2**

地　東京都江東區豐洲6-1-1
時　10:30-17:00(最後入場16:30)
休　星期日、年末年始、不定休
網　www.gas-kagakukan.com
電　(81)03-3534-1111
交　東京Metro豐洲站7號出口，步行約6分鐘

WOW! MAP
ガスの科学館

與獅子近距離接觸
多摩動物公園

佔地53公頃的多摩動物園，絕對是親親小動物的好地方。事關園內有最著名的獅子列車，讓遊人可以直闖獅子們的家中參觀，車外還會掛著一些食物，吸引著大貓的注意，呼喚著牠們到車來，相隔著玻璃，讓參觀的遊人感到又驚又喜。除了驚險的非洲區外，園內的紅毛猩猩也是園內的大明星。想一睹牠們的風采，就不能錯過了。

↑看到門外的大象，就知道來到了多摩動物園。

↑園區非常大，需要很多的體力，所以要準備充足的水份。

地	東京都日野市程久保7-1-1
時	09:30-17:00 (售票時間16:00止)
休	星期三及年末年始
金	成人¥600，中學生¥200，65歲以上¥300，兒童免費
網	www.tokyo-zoo.net/zoo
電	(81)042-591-1611
交	京王線多摩動物公園駅下車，步行約2分鐘

有獨木橋，考驗小朋友的平衡力。

帶著小孩去放電
京王あそびの森 HUGHUG

位於日野市的京王あそびの森 HUGHUG，於2018年3月開幕，這裡設有不同的區域：大型的繩網、波波池、小火車、還有一個小型的攀石場，適合6個月至12歲的小朋友在這裡盡情「放電」。

←餐廳內有不同的用餐空間，而且餐廳對小朋友很友善，歡迎小朋友周圍走來走去。

↓ハグハグのき：一個高12米、闊15米的大型繩網，是日本最大的繩網。

↑父母可以拍下小朋友成長的時刻，大人也可以一同乘坐。坐小火車要另外收費，大小同價¥300

→HUGHUG Cafe有令人捨不得吃下肚的兒童餐點，造型都非常可愛。

地　東京都日野市程久保3-36-60

時　09:30-17:30 (最後入場時間17:00)

休　星期三、年末年始

金　成人¥700、小童¥600 (30分鐘，每延長15分鐘¥200) (星期一至五設有小童全日通行證¥1400) 小火車另外收費¥300(大小同價)

網　www.keio-hughug.jp

電　(81)042-591-8989

註　父母必需與小童一同進場，大人不能單獨進場

交　京王線多摩動物公園站下車，步行約1分鐘

WOW! MAP
京王あそびの森

設有室外展區，展示不同的型號的火車，遊人可以登上火車拍照。

鐵路迷的天堂
京王れーるランド

想不想體驗當一位車長？來京王れーるラン
ド就可以了，這個鐵道樂園有不同的區域，
在體驗的區域中，小朋友可以穿上車長的制
服，一嘗駕駛列車的滋味，還有很多不同的
列車模型給入場人士觀賞。而在戶外的地
方，更設有不同型號列車的實體，供一眾鐵
路迷來朝聖，鐵路迷的你就不要錯過了。

↑ 在室外設有小火車的體
驗，大人和小朋友都可以坐
在上面，繞著這個戶外的展
區繞一圈。

←家長可以陪
同子女一同體
驗。

↓ 小朋友在波
波池玩得很高
興。

→雖然只是電動，但小朋友
都很投入運轉體驗，從旁還
有真正的火車車長指導。

地 東京都日野市程久保3-36-39
時 9:30-17:30(最後入場時間17:00)
休 星期三和1月1日
金 三歲以上¥310
網 www.keio-rail-land.jp
電 (81)042-593-3526
交 京王線多摩動物公園站下車，
　　步行1分鐘

WOW! MAP

京王れーるランド

SP063

↑ 與 Kitty 見面相信是不少粉絲們的心願

夢幻Hello Kitty城堡

Sanrio Puroland

Sanrio Puroland是日本首個全天候室內主題樂園，外型設計以城堡作為主題，進入園內彷彿來到了色彩繽紛的夢幻世界，Sanrio Town共分五大主題區：「Lady Kitty House」、「My meroad drive」、「Twinkling Tour」及「Character Food Court」都是常設主題區，佈景都非常精緻。小朋友和女生一定會流連忘返，別忘了為手機/相機充足電啊！

↑ 由藝術家吉田ユ二設計的梳化，華麗精美。

← Kitty 粉絲必到 Kitty House 參觀淑女 Kitty 的家。

↓ Kitty 的床上設有互動小遊戲，小朋友玩得不亦樂乎。

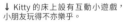

地 東京都多摩市落合1-31

時 10:00-17:00（每個月開放時間有所不同，請參考官網）

休 不定休（請參閱官網時間表）

金 平日大人￥3,300、小童￥2,500
假日大人￥3,800、小童￥2,700
午後票（平日14:00後、假日15:00後）
大人￥2,200、小童￥2,000

網 cn.puroland.jp

電 (81)042-339-1111

交 京王線、小田急線或多摩都市單軌電車「多摩中心站」下車步行5分鐘。

交通資料

WOW! MAP
Sanrio Puroland

Melody 火車號緩緩地向Melody 家 Maryland 進發，帶你探訪 Melody，再暢遊草莓田和捉迷藏森林。

↑ 走進夢星雲鄉探訪 Kiki 和 Lala

↓ Miracle Gift Parade 大遊行絕對是 Sanrio Puroland 的重頭戲。

↑ 玩累了可到場內的 Food Court 進餐，桌椅均採用粉紅色，緊貼夢幻主題。

→ Melody 40 周年限定咖喱飯 ¥1,400

其他的小精靈陪著訓練員吃飯

把皮卡丘吃下肚
Pokémon Café

各位精靈訓練員，捉小精靈捉到累了嗎？想小精靈陪你吃飯嗎？那就可以到這間Pokémon Café，一進門就可以 看到不同的小精靈，他們還坐到桌上陪你吃飯。而餐點都是小精靈的造型，靚到不捨得吃，幸運的話，侍應生造型的皮卡丘還會出來跟大家見面，就連小編也忍不住大叫「可愛い」。但是想吃也不容易，因為餐廳是採取上網預約制，想吃就要提早預約！

↑用iPad點餐，並設有不同的語言，當中有中文顯示，不用擔心看不懂。

←店員超甜美的笑容，還會和你一同玩遊戲。

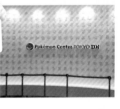

Pokémon Center TOKYO DX

↑ カビゴンもおなかいっぱい!!ハンバーグドリア ¥1598(税込)

←小朋友圍著皮卡丘拍照，可見比卡超受歡迎的程度。

↑ ミミッキュのチョコバナナクレープ ¥1598(税込)

MAP 別冊 **M11 B-1**

地　東京都中央區日本橋2-11-2
　　日本橋高島屋 S.C.東館 5F

時　10:30-22:00(餐點L.O.21:00)(飲品L.O.21:30)

休　星期日、年末年始、不定休

網　www.pokemoncenter-online.com/cafe

電　(81)03-3534-1111

註　Pokémon Café只提供網上預約

交　從JR「東京站」八重洲北口步行5分鐘
　　東京Metro 銀座線、東西線「日本橋站」B2出口

WOW! MAP
Pokémon Café

新宿
Shinjuku

必見！
4D立體廣告板

新宿、涉谷和池袋是東京三大副都心，新宿站的西口是各大新商場的集中地，而喜歡夜生活的朋友，就必定要到歌舞技町見識一下夜夜笙歌的節奏，這裡對遊人來說可以說是東京的縮影。

往來新宿交通

上野站	JR山手線	神田	JR中央線 約24分鐘 ¥200		
羽田空港	京急空港線快特 約16分鐘 ¥300	品川站	JR山手線 約21分鐘 ¥200		新宿站
成田空港	JR特急成田エクスプレス 約1小時20分鐘 指定席 ¥3,250				

1 忍不住駐足
巨大3D貓廣告板

香港首推

早前常被朋友洗版的新宿3D立體貓貓廣告板，今次終於可以親眼看到，這個廣告版就在新宿車站東口廣場的「クロス新宿ビジョン」，每相隔十數分鐘就會出現一次巨型的立體廣告，其具大的迫力吸引了不少遊人駐足觀看。

MAP 別冊 **M16 B-2**

地址 新宿区新宿3-23－18
註 每期的廣告略有不同
交 新宿站東口對面

↑傳統手工藝的陶瓷餐具 ¥300起

↑收納的籃子選擇多且比市面便宜

↑手工職人做的飯勺 ¥300
→設計新潮的環保袋 ¥300
↓店內裝修的格調也不似300円店吧！

香薰和木製的餐具也是人氣產品

香港首推

2 平民版MUJI
Standard products

位於新宿這間Standard products是DIASO旗下的新品牌，這店甫於2021年10月開幕時就引來了大批人潮，商品的概念就是要「最好」，所以貨品的設計、質素都有別於原本的一百円店，可是超過七成的貨品價格卻只要300円！而且有部份的品牌更是本店優先販賣：Stack餐具、有機毛巾、關市名產的刀等等，各位定必要到來逛逛。

MAP 別冊 **M16 B-2**

地 東京都新宿区新宿3-24-3新宿アルタ 1F
時 11:00-20:30
網 standardproducts.jp
交 JR新宿站東口步行約1分鐘

戶外活動的樓層可以說是最人氣的

③ 史上最大旗艦店
Alpen Tokyo

剛於2022年4月開幕的Alpen Tokyo是日本史上最大型的運動店，全間共十層，每層都售賣不同種類的運動用品，由足球、籃球、哥爾夫球到乒乓球等，超過240個品牌，其中最吸引還有位於4樓和5樓的戶外活動貨品，有多達8萬樣的行山、露營等用品供選擇，絕對是只有在這裡才可以找到。

↑每個樓層賣的運動用品也不同，大家可先看電梯旁的示引

→限定版
¥12,100

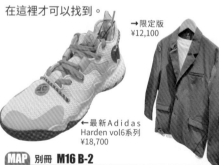

←最新Adidas
Harden vol6系列
¥18,700

眾多的露營用品香港是很難找到的

↑少不了RODMAN人氣籃球戰衣 ¥18,700

←大量不同品牌的爬山鞋

MAP 別冊 **M16 B-2**

地 東京都新宿区新宿 3-23－7 ユニカビルB2F-8F
時 11:00-22:00、星期六、日及假期 10:00-22:00
網 store.alpen-group.jp/alpentokyo/CSfTokyoTop.jsp
電 (81)03-5312-7682
交 JR新宿站東口步行約2分鐘

WOW! MAP

3

坐在角落細看那優雅的裝修也是一種享受

電影
《你的名字》

④ 「你的名字」電影取材地

Cafe La Boheme 新宿御苑

想感受一下意大利的浪漫情懷，來這裡就對了！走進店門，就看到落地玻璃外的陽光映照著室內的綠化小樹，挑高的天花吊著復古的吊燈，還有那抹有空間瀰漫的悠閒恬靜，選了一個靠近窗邊的位置，店家送上自製的芒果蛋糕，微酸的味道搭上鮮甜的忌廉，就是那抹淡淡的水果甜味，令人感受到幸福的味道。

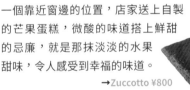
→Zuccotto ¥800

↑一道玻璃劃分開熱鬧的馬路和悠閒的café

MAP 別冊 **M17 D-3**

地　東京都新宿区新宿1-1-7 コスモ新宿御苑ビル 1F・2F
時　11:30-23:30、星期六、日及假期11:00-23:30(L.O.22:30)
網　boheme.jp/shinjuku-gyoen/
電　(81)050-5444-5123
交　東京Metro新宿御苑前站步行約3分鐘

大家有看到那位在場景中出現的侍應嗎？

WOW! MAP

若不想等位，建議一開店即來

→麵條較粗，所以吸收湯底後吃更美味

⑤ 米芝蓮推介必吃

Mylord Mensho San Francisco

好食 編者推介

一聽到三藩市就以為是洋食？其實它是日本拉麵「麵屋庄野」在海外的支店，因為獨特的湯底在美國三藩市爆紅，更在2017及2018年獲得三藩市的米芝蓮美食推介！ 其中它的抹茶雞白湯拉麵，簡直打破大家對味道的認知，湯底順滑帶有抹茶香，令人一吃上癮！而一款極上和牛擔擔麵，湯底香濃帶微辣，和牛入口即化，帶有油脂香，也絕對值得一試！

→ご褒美限定極上和牛担々麵　¥2,000

↑和牛ローストビーフのせ抹茶鶏白湯ラーメン ¥1,100

MAP 別冊 **M16 B-2**

地 東京都新宿区西新宿ミロード
時 1-1-3-7F
網 11:00-22:00(L.O.21:40)
電 menya-shono.com/menshosf
交 (81)03-6304-5120
JR新宿站南口步行約1分鐘

除了吧枱，店內只有少量三人座位

WOW! MAP

5

071

場內有很多新開的店家

LUMINE 1

⑥ 掃貨至晚上10時
LUMINE

百貨店LUMINE新宿店分1和2兩部分，網羅了大量人氣品牌，是年青上班族的購物熱點。LUMINE 1店B2的The Kitchen餐廳街早上8時便開始營業，不妨在此吃早餐後再開始掃貨之旅。

MAP 別冊 **M16 B-3**

LUMINE 1
地 東京都新宿区西新宿1-1-5
LUMINE 2
地 東京都新宿区新宿3-38-2
時 11:00-21:00 (各店略有不同)
休 不定休
網 www.lumine.ne.jp
交 新宿站步行約1分鐘

LUMINE 2

店內的產品包裝很用心，買作手信也很得體

↑↓芝士曲奇 ¥864

香港首推

⑥a 芝士迷必吃 NOW ON CHEESE (1F)

甫經過店門已被它可愛鮮艷的裝修吸引，店內選用優質的芝士製造出餅乾、點心、雪糕等等，全都帶有濃郁的芝士味道，其中一款芝士黑胡椒餅乾更是十分人氣，不少遊人都會買來做手信呢！

時 11:00-21:30、星期六、日及假期 10:30-21:30
網 nowoncheese.jp
電 (81)0120-810-426

↑新宿店限定的果仁芝士夾心餅 ¥394

款式及顏色也給人朝氣感

↑除了衣飾還
有小家品

→青綠色單肩包
¥12,000

6b 別以為是酒店啊！

Hotel Pearl 19 (Lumine 2-4F)

如果只看店名可能以為是一間酒店吧！其實它是一間來自東京
橫濱的潮流男女服飾店，店內有各式各
樣男女服飾：鞋履、包包、休閒服
等，帶有點街頭潮流的味道，用色
及剪裁也十分年輕有活力。

→帆布鞋 ¥7,700

時 11:00-21:00
網 www.pearl19.com
電 (81)03-6302-0705

↑質地柔軟的睡衣 ¥16,500

→和白茶洗面泡 ¥1,980

店內除了衣飾也有護膚用品和香薰

6c 環保先行 **Mono earth** (Lumine 2-4F)

這間以環保概念而生的服飾店絕對是一間很愛惜大自然的店
舖，店內的衣飾、護膚品等大都用上有機的原材料，不只對
eco-friendly，而且對人的皮膚負擔也減到最低，其衣物的質
感柔軟，穿著舒適。

時 11:00-21:00
網 monoearth.jp

渋谷

蔵前・淺草・晴空塔

銀座

神戸牛鐵板燒元祖
元祖鉄板焼ステーキ
みその 新宿店

神戶店總店早在1945年創業，鐵板燒牛排專門店提供神戶牛、高級和牛、龍蝦及鮑魚等海鮮可供選擇。店內亦提供酒類及日本酒，讓客人可盡情享受奢華的時光。

→鮑魚（200g～400g）
需要預訂 時價

↑神戶牛A餐 ¥24,000（連稅¥26,400）
神戶牛排 150g、燒野菜 5 款、沙律、甜品

MAP 別冊 **M16 A-2**

地 東京都新宿区西新宿2-6-1 新宿住友ビル51F

時 午餐11:30 -14:30 (Last order 13:30)；晚餐17:00 - 22:00 (Last order 21:00)

網 misono.org

電 (81)03-3344-6351

註 17：00後會收取每枱1,000円附加費及10%服務費

交 JR新宿駅 西口 步行約10分鐘；地下鉄都営大江戶線都庁前駅 步行約5分鐘；地下鉄丸之内線西新宿駅 步行約10分鐘

WOW! MAP

ステーキみその

7 掃貨必到
LUMINE EST

MY CITY經過一輪翻新後，正式易名為LUMINE EST，就連人氣漫畫《City Hunter》續篇的Angel Heart都以此作背景。LUMINE EST與新宿站東口連結，7至8樓meshi mase餐廳區，有日式料理、和風西餐、韓國及中華料理等，B2樓集合了多家寵物精品店，同層的食品部有新宿區內最多洋菓子及手信發售。

MAP 別冊 **M17 C-2**

地 東京都新宿区新宿3-38-1
時 商場:星期一至五11:00-21:00；星期六、日及假期10:30-21:00；
　餐廳:星期一至五11:00-21:00；星期六、日及假期11:00-22:00
休 不定休　網 www.lumine.ne.jp/est
交 新宿站步行約1分鐘

用炭火慢烤和牛，逼出牛油香味。

→ 5吋長的鮮甜大蝦比手指還要粗，肉質彈牙爽脆；肉質豐厚的帝王蟹腳是最受歡迎的海鮮單品。

8 豪歎和牛帝王蟹河豚
六歌仙

六歌仙曾在日本朝日電視台「通が選んだ食べ放題ベスト100」節目中被選為全國燒肉第一名。六歌仙的食材上乘，選用來自日本各地的黑毛和牛，每日新鮮直達。除了和牛，還有帝王蟹、河豚、大蝦和扇貝等高級海鮮任食。六歌仙放題以牛肉的等級作為區分，最平的雪の宴是普通和牛，而最貴的松阪の宴是松阪牛和上等和牛。

↑六歌仙設有不同類型座位，符合客人的不同需要。

MAP 別冊 **M16 B-2**

地 東京都新宿区西新宿1-3-1サンフラワービル6F/7F(大ガード交差点角)
時 11:00-23:00(L.O.22:30)
休 年始　金 雪の宴 ￥8,250(税込) 限時90分鐘
網 www.rokkasen.co.jp
電 (81)03-3348-8676
交 JR新宿站西出口步行約2分鐘

WOW! MAP

7　8

新宿

渋谷

蔵前・淺草・晴空塔

銀座

店內的裝潢帶有童話的色彩

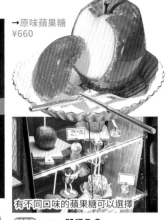
→原味蘋果糖
¥660

有不同口味的蘋果糖可以選擇

⑨ 日本祭典必見的「紅寶石」
Pomme d'Amour Tokyo

有留意日本祭典的朋友，對這個蘋果糖一定絕不陌生。Pomme d'Amour Tokyo隱藏在新宿的小巷之內，推開大門，雖然沒有祭典的氣氛，但也蓋不住這「紅寶石」的光芒。店家特製的蘋果糖用上新鮮的蘋果，配上外層薄薄的糖漿。脆脆的糖漿與爽脆多汁的蘋果結合，這顆「紅寶石」更吸引。店內除了原味的蘋果糖之外，還有肉桂、可可、季節限定的口味，讓人品嚐到「紅寶石」不同的滋味。

MAP 別冊 **M17 D-2**

地 東京都新宿区新宿5-9-12 KＩビル2F
時 13:00-20:00
網 www.pommedamourtokyo.com
電 (81)03-6380-1194
交 新宿三丁目步行約6分鐘

⑩ 最新打卡熱點
草間彌生美術館

各位草間彌生的粉絲有福了，她在東京開設了全球首間的美術館。美術館是一座有六層高的白色建築物，正門有黑白大波點的落地玻璃。這裡除了普通展廳外，還設有體驗式裝置藝術、資料閱覽空間及戶外的展示空間。另外，這個博物館也有販賣限定商品，粉絲們記緊不要錯過。不過想進去參觀也不是容易的事，事關美術館採取的是網上預約制，每天只有四個入場時間，而參觀的人最多也只可以停留90分鐘，想去參觀的朋友，記得提早上網去預約。

草間彌生美術館

↑美術館內展出大量草間彌生的作品

戶外空間亦設有作品展覽

設有紀念品，草間彌生的粉絲可以買回家留念。

美術館正門可見草間彌生專用的波點做落地大玻璃，很有標誌性。

MAP 別冊 **M17 D-1**

地 東京都新宿区弁天町107
時 11:00-17:30 (入館時間為11:00、12:00、13:00、14:00、15:00、16:00)
休 星期一至星期三
金 大人¥1,100，小學生至高中生¥600
網 yayoikusamamuseum.jp
註 需網上預約
交 都營地下鉄大江戸線牛込柳町駅步行6分鐘 / 東京メトロ東西線「早稲田駅」步行約7分鐘

WOW! MAP

⑪ 大眾火鍋放題

鍋ぞう新宿 三丁目店

日式牛肉火鍋Shabu Shabu及Sukiyaki任食放題
每位¥3,850，加上野菜、白飯及飲料只不過二百
元港幣，湯底有壽喜燒、涮涮鍋、豆乳鍋、泡菜
鍋及鹽味豚骨鍋，醬汁香濃，挑戰你的食量。

↑經常爆場！可預早取票再逛街。

←湯底上桌沒有配料，趕快去按個人喜好取配料做湯底吧！

MAP 別冊 M17 C-2

地 東京都新宿区新宿3-30-11新宿高野第二ビル8F
時 星期一至五:午餐11:30-15:00(L.O.14:30)；
　晚餐:7:00-22:30(L.O.2:00)
　星期六、日及假期11:30-22:30(L.O.22:00)
金 ¥3,000起　網 www.nabe-zo.com
電 (81)050-3032-2126

在賞花高峰期，遊人多到可填滿整個草地。

櫻花季節整個新宿御苑都被染成粉紅色，十分浪漫。

⑫ 賞櫻勝地
📷 SNAP　親子

新宿御苑

以往由JR新宿站步行到這裡需要15分鐘，但
由新宿三丁目站步行則只需5分鐘。這裡原是
皇室御用的庭園，面積約五萬平方米，有日式
及法式花園等不同設計。花園內種植了很多不
同種類的植物，單是櫻花樹便有1,500株，每
年4月都會吸引成千上萬的遊人前來賞櫻，秋
天亦有紅葉飛舞。

MAP 別冊 M17 D-2

地 東京都新宿区內藤町11
時 1月10日至3月14日
　09:00-16:00
休 星期一及12月29日至1月3日
金 大人¥500、中小學生
　¥250、幼兒免費
網 fng.or.jp/shinjuku
交 新宿三丁目站步行約5分鐘

11　12

WOW! MAP

新宿

門口有黑兵迎接大家，歡迎拍照！

↑ Star Wars x Marvel 專區雖然面積不大，但商品種類繁多。

↑ Café 內附有落地玻璃窗，不但採光十足，還有新宿街頭靚景。

→ Star Wars BB-8 不倒翁 ¥4,860

⑬ 書店×雜貨×café
STORY STORY

位於新宿小田急百貨10樓的STORY STORY，齊集書店、café、童玩和雜貨於一身，前半部是雜貨店，由精美實用的日常用品以至得意可愛的小雜貨都一應俱全，後半部則是友隣堂書店，除了書籍，還有大量日本流行雜貨，就算不暗日文的遊人都一樣可以逛得開心。

MAP 別冊 **M16 B-2**

地 東京都新宿区西新宿1-1-3 小田急百貨店新宿店 本館10F
時 10:00-21:00
網 www.yurindo.co.jp/storystory/
電 (81)03-6911-0321
交 JR新宿駅西口即達

有4種回味的雪糕和雪芭供應。

吧台整齊地排著各式各樣的甜品和水果，refill速度快。

設有沙律吧及漬物。

↓店內的人氣食物

⑭ 人氣票選no.1甜食放題
Takanoタカノフルーツパーラー

Takano有多款時令水果，包括奇異果、西柚、靜岡產的士多啤梨、富有柿、蘋果、愛媛柑，就連矜貴的高野哈密瓜都任你食。還有甜品和鹹食任君選擇。食物新鮮美味，品質有保證，難怪被東京女性票選為最愛甜品buffet第一名，放題經常排隊一小時以上，可說是魅力沒法擋！

MAP 別冊 **M17 C-2**

地 東京都新宿区新宿3-26-11 5F
時 11:00-20:00 (L.O.19:30)
網 takano.jp
電 (81)03-5368-5147
交 JR新宿站東口步行約1分鐘

WOW! MAP

13　14

← 煙肉菲力扒ヒレステーキ
¥1,450/110g
菲力牛扒外層包著煙肉燒，牛味雖
不及西冷和肉眼扒濃，但肉質更軟
腍，而且略帶煙肉香，十分惹味。

15 物超所值美味牛扒
Steak Le Monde 新宿店

獲得日本網友一致好評的Steak Le Monde，
窄長的店面只能容納10位客人，雖然坐位稱
不上舒適，但門前總是排著長長的人龍，平日
基本都要排隊半小時才能用餐。店內精選來自
美國、西班牙和智利等地的優質牛肉，提供サ
ーロイン(西冷扒)、リブロースステーキ(肉眼
扒)、ヒレステーキ(菲力扒)三種不同口感的牛
扒，午市套餐一千多円就有交易，價錢貼地親
民，牛扒質素卻毫不馬虎，肉嫩多汁，牛味香
濃，配上一碗香軟白飯，非常滿足！

↑西冷扒 サーロイン
¥1,300/150g
西冷牛扒油脂較多，肉質柔
嫩，配上特製醬汁及牛油，
份外美味。

廚師即場製造 · 保證新鮮

在門外排隊時 · 店員會先為大家點餐

MAP 別冊 **M16 B-3**

地 東京都新宿区西新宿1-16-11 1F
時 11:00-15:00；17:00-21:30
休 星期日
電 (81)03-3343-7728
交 JR新宿站西口步行約5分鐘

一邊望著車水馬龍的繁華街道，一邊飲米酒感覺份外寫意。

16 立飲純米酒酒吧
八咫 新宿三丁目店

八咫是一間只供應純米酒的立飲酒吧，有30多種由米與米麴釀製
而成的純米酒品選擇，只要付￥2,000就可以任飲1小時，如果想
淺嚐亦可以付￥500單點一杯，另有十一種佐酒小食，一律都是
￥500，十分抵食！

店員經驗豐富，可以用簡單英文交談，
樂意為大家推介酒品。

MAP 別冊 **M17 C-2**

地 東京都新宿区新宿三丁目14-22
時 小川ビル10F
星期二至五15:00-23:00(L.O
22:30)、星期六日及公眾假期
14:00-22:30(L.O22:00)
網 junmaishu.net
電 (81)03-5341-4365
交 東京メトロ新宿三丁目駅步行約3分鐘

↑ Creamy Cream
Cheese With Wasabi
￥500 適合配任何類型米酒

→二兎米酒果味香
濃，容易入口略帶
甜味，適合女士們。
隆酒味香純，但後
勁比較強。

15 16

新宿

↑專業的壽司職人為客人精心炮製每件壽司。

⑰ 海膽拖羅鰻魚壽司任食

雛鮨

雛鮨是高級壽司放題，隨著季節變化而引入時令食材，以60種材料製作不同種類的壽司、軍艦和手卷，當中少不了海膽、中Toro、海鰻、干貝等熱門食材。雛脂採用即叫即製的職人手握壽司，務求為客人提供最新鮮的壽司。必食海膽壽司、特長魚鰻壽司和中拖羅壽司，肥美鮮甜，食多幾碟就已回本。

←雛鮨壽司種類多，可多試不同口味的壽司手卷。

環境明亮舒適，讓人放鬆心情，慢慢品嚐美味壽司。

HINA-SUSHI
雛鮨

MAP 別冊 M17 D-3

地	東京都新宿區新宿3-1-26 8F (0101 ANNEX內)
時	午餐：11:00-17:00；晚餐：星期一至五17:00-23:00(L.O.22:15)、星期日及假期17:00-22:30(L.O.21:45)
金	男性¥4,719起、女性¥3,949起、小童¥2,180起 (限時120分鐘)
電	(81)03-5367-3705
交	地下鉄丸ノ內線西新宿站步行約3分鐘

渋谷

蔵前・浅草・晴空塔

好食
編者推介

↑老舖保留了昭和時期的格居，窄長的一樓只有吧枱坐位，師傅經常與客人交談，氣氛熟絡。

↑みそ玉焼き¥1,850、梅酒 ¥600
みそ玉焼き是味噌蛋煮牡蠣貝肉，散發著陣陣味噌香氣，味道不太鹹。

↓北寄貝ウニ焼き ¥1,950

⑱ 貝料海鮮居酒屋

貝料理專門 はまぐり

店面低調，但店內卻經常高朋滿坐，吸引不少當地食饕慕名而來。はまぐり提供以貝類海產為主的料理，不說不知原來常見的貝類多達25種，師傅以刺身、燒烤、煮物、炸物和漬物的方式烹調，種類選擇甚多。推介北寄貝ウニ焼き，彈牙鮮甜的北寄貝舖上濃厚creamy的海膽，啖啖鮮味，十分滿足！

みそ玉焼き上枱後，店員才開始煮，大約3分鐘就完成。

MAP 別冊 M17 D-2

地	東京都新宿区新宿3-8-4
時	17:00-23:00(L.O.22:00)
休	星期日及公眾假期
電	(81)03-3354-9018
交	東京メトロ新宿三丁目駅步行約1分鐘

WOW! MAP

17　　18

銀座

19 日本第一間印度咖喱店
Restaurant café Manna

中村屋在1901年創業時只是一間小小的麵包店，後來生意越做越大，除了麵包店，亦開始製造及售賣菓子，於1927年更開始涉足飲食界，Manna就是其中的一間餐廳。當年在機緣際遇之下，第一代老闆認識了印度獨立運動家Rash Behari Bose，得到傳授正宗印度的製作秘方後，自此80多年以來都提供著正宗的印度咖喱，是日本第一間印度咖喱店。試一口這裡的咖喱，會發覺口感不像日式咖喱般濃稠，而且因為加了大量香料的關係，味道非常香濃！

↑ 純印度式咖喱 ¥1,870
在昭和2年就已經登上店內人氣之首的位置，可想而知味道有多正宗！

MAP 別冊 **M17 C-2**

地 東京都新宿区新宿三丁目26番13号新宿中村屋ビル 地下2階
時 星期一至四、日及假期11:00-21:00；星期五、六及假期前夕11:00-22:00(L.O.21:30)
休 1月1日
網 www.nakamuraya.co.jp/manna
電 (81)03-5362-7501
交 JR新宿站步行約2分鐘；地下鐵丸ノ內線新宿站A6出口直達

---

20 欣賞東京夜景
東京都廳

SNAP

↑晴空塔建成後，東京都廳的夜景就更加獨一無二了。

↑東京都廳是政府辦公室，也是觀看東京夜景的絕佳地點。

有時，真的不得不欣賞日本人對國家美麗事物的珍惜，例如，璀璨的東京夜景。除了東京鐵塔、晴空塔可俯瞰東京夜景外，近在新宿，也有一個東京都廳可以觀看東京夜景。如果人在新宿卻不想只是血拼始血拼了，不妨找個天清氣朗的黃昏，悠然地登上東京都廳，在202米高的觀景台，花一會時間宏觀地看看新宿。

MAP 別冊 **M16 A-3**

地 東京都新宿区西新宿2-8-1
時 09:30-23:00(最後入場為閉館30分鐘前)；南展望室目前因裝修工作關閉
休 南展望室：09:30-21:30 每月第一及第三個星期二；北展望室：vaccination centre 暫時關閉
網 www.yokoso.metro.tokyo.jp
電 (81)03-5320-7890
註 不准使用三腳架拍照
交 都營大江戶線都廳前站A2步行約3分鐘

也有售賣小小紀念品的地方

19　　20

WOW! MAP

㉑ 優質日系服飾品牌
NEWoMAN

顧名思義NEWoMAN是主攻女性市場，走高檔的輕熟女路線，當中8成店舖更是首次進駐新宿，除了不少優質日系服飾品牌，貪靚女士亦不可錯過，日本天然有機的護膚化妝品店ComseKitchenNaturopathy和THREE，此外，還有齊集不同類型美食的food hall由早上營業至深夜，就算逛到深夜也不怕肚餓！

MAP 別冊 **M17 C-3**

- 地 東京都新宿区新宿4-1-6
- 時 1F-7F星期一至六 11:00-21:00；星期日及假期11:00-20:30
- 網 www.newoman.jp
- 電 (81)03-3352-1120　交 JR新宿站直達

店內有售法國茶和日本傳統工藝茶具

←粉綠色散錢包 ¥5,000

↓日本傳統工藝南部鉄器茶壺 ¥14,040

㉑a 服飾雜貨 ＋ 精緻甜品
SALON adam et rope & SALON Bake & tea [3F]

SALON品牌一向注重飲食文化與生活品味，位於NEWoMAN的分店，將食物與服飾雜貨結合在一起，以店中店的形式，空間感大樓底又高，環境舒適好逛。SALON adam et rope主打剪裁俐落的女裝服飾，強調簡約優雅的風格，還精選了不少時尚配件。服飾以外，同時兼賣家品雜貨、法國茶葉和果醬等。逛完街不妨來到SALON Bake & tea歎下午茶，店內提供賣相味道同樣吸引的精緻甜品。

→aumoniere Praise ¥1,300

- 時 11:00-21:30(星期日至20:00)
- 網 salon.adametrope.com
- 電 (81)03-6380-1750

WOW! MAP
21

每間餐廳的環境裝潢都各具特色

↓ Food Hall 雖然在 NEWoMan 內，但與商場不相連，擁有獨立出入口。

21b 全天候覓食地 Food Hall (2F)

NEWoMan內的美食區共有5間餐廳，全部都是初次於新宿登場，包括輕井澤著麵包店「ベーカリー&レストラン沢村」、生蠔海鮮吧「OysterBar wharf」、職人壽司店「SUSHI TOKYO TEN」、傳統bar & restaurant「SALON BUTCHER&BEER」及型格西餐廳「tavern on S <és>」，選擇多元化，而且幾乎全天侯營業。

🕐 07:00-23:00

↑ 炊飯飯粒充滿生蠔的鮮味

牡蠣の鉄鍋ではん御膳 ¥1,870

21c 鮮味日本蠔料理 OysterBar wharf (2F)

OysterBar wharf是來自新加坡的人氣生蠔吧，店內嚴選當地時令食材，並採用日本各縣市所產的新鮮生蠔，包括佐賀縣有明海、香川縣白方、兵庫縣坂越灣等地，生蠔新鮮肥美，價錢合理，一隻生蠔¥539。另有豐富的酒品供應。推介牡蠣の鉄鍋ではん御膳，套餐包括了生蠔炊飯、炸生蠔、芝士焗生蠔和檸檬醬汁蒸生蠔，非常豐富。

🕐 11:00 - 23:00　🌐 www.opefac.com/store/wharf
📞 (81)03-3351-7788

渋谷

Shibuya

必見！
SHIBUYA SCRAMBLE SQUARE

渋谷是東京都內最潮的年輕人必到之地之一，區內有新建的SHIBUYA SCRAMBLE SQUARE、Shibuya Fukuras、宮下公園，還有改裝後的PARCO商場，而小街中也很容易找到一些人氣非常的食店、設計別幟一格的店家，是遊人例必朝聖的掃貨重鎮。

往來渋谷交通

池袋站	JR山手線 約15分鐘 ¥170	渋谷站
新宿站	JR山手線 約6分鐘 ¥160	

客人只要倚著背後的咕啞就很舒適

香港首推

① 窩在這裡放鬆吧！
和カフェ yusoshi 渋谷

這間位於東武酒店地庫的和式café可以說是打破一般人對café的印象，因為店內的座位是以一大片的白色坐墊為主，客人就在門口脫下鞋子，舒適地坐在軟棉棉的墊子上，輕鬆地交談、看書、放空就好了！一個人發呆，喝一口士多啤梨忌廉梳打，一邊呷著淡淡的士多啤梨味的梳打水，一邊想著下次旅行的目的地……

→あかいろクリームソーダ　¥870

↑清水是自助形式

店內有八成的坐席都是白色的坐墊為主

MAP 別冊 **M06 B-1**

地　東京都渋谷区宇田川町3-1 渋谷
　　東武ホテルB1F
時　11:00-21:00(L.O.20:00)、
　　星期六、日及假期15:00-
　　22:30(L.O.21:30)
休　年末年始
網　www.dd-holdings.jp/shops/
　　yusoshi/shibuya#/
電　(81)03-5428-1765
話　可網上預約
交　JR渋谷站步行約10分鐘

WOW! MAP

1

部份坐位更有毛毛熊陪坐

② 超萌熊仔泡溫泉的火鍋

北海道めんこい鍋
くまちゃん溫泉

香港
首推

這間可以說是渋谷區內最人氣的火窩店,是各位打卡必到的餐廳。店內的火窩湯底是用上可愛的熊寶寶形狀,不同顏色的熊寶寶代表不同味道的湯底,配以蔬菜、肉類、麵食或餃子等。客人點餐後,店員就會送上一隻坐在窩上的熊寶寶,開火後,可愛的熊寶寶就像泡在熱騰騰的溫泉中,看著它漸漸融化變小的身型,有點捨不得呢!

←調味料是自助形式

↓特選めんこいセット
¥2,980

↑餐廳的裝修令客人感覺有如坐在森林中用餐一般

↑冒煙後客人可隨自己喜歡加入食材

MAP 別冊 **M07 C-2**

地 東京都渋谷区渋谷1丁目8-10 2F
時 11:00-15:00、17:00-22:00(L.O.
　 為關門前1小時)
休 不定休
網 kumachan.kawaiishop.jp
電 (81)03-6427-1613
註 建議網上預約
交 東京Metro渋谷站明治通り口出
　 口步行約3分鐘

客人先在小屋點餐，然後揀選自己喜愛的座位

2a 來陪熊仔坐一會吧！
くまちゃん温泉 おやすみ処 [1F]

大家如果吃過火窩還意猶未盡的話，大可以走到樓下的café繼續和萌萌熊打卡。店內打造成童話故事中的森林小屋般，有自成一角的卡位、也有鞦韆的座位、也有如露營般的座席，點了一客くまちゃん温泉クリームソーダ，內裡有不同味道的果汁可以揀選，再配以一個香濃的北海道牛奶3.6做的軟雪糕，看著眼前的熊寶寶裝飾，甜甜的牛奶雪糕在口中融化，真的瞬間療癒了！

↑熊寶寶杯墊 ¥180
→くまちゃん温泉クリームソーダ ¥980

↑↓也有不少精品及紀念品售賣

也有適合一班朋友的座席

café內的座位有多款選擇，全都令人十分放鬆

時 11:00-19:00
休 不定休

087

MAP 別冊 **M06 B-2**

地 東京都渋谷区宇田川町15－1
時 11:00-20:00、餐廳11:30-23:00
休 各店不同、1月1日
網 shibuya.parco.jp
電 (81)03-3464-5111
交 JR渋谷站八公口步行約10分鐘

③ 全新面目 PARCO 香港首推

經過三年休業整頓的時間，位於渋谷的PARCO商場以全新的面目登場；商場除了有潮流衣飾、日系名牌、雜貨及生活用品外，最令人期待的當然是位於6樓的CYBERSPACE SHIBUYA、它配合了ACG的新潮流，和不同的遊戲品牌合作：任天堂、Pokemon、Jump Shop等在此駐場，人氣高企，吸引了一班年青的遊戲迷。

↑陳列架上有自嘲熊的插畫手稿

↑不同表情的自嘲熊公仔

店內有不少限定品

③a 人氣插畫卡通自嘲熊
ナガノマケット [5F]

這隻常出現在手機貼紙上的可愛自嘲熊，簡單勾畫出來的形象，不只表情可愛，其創作的相關精品也十分受歡迎：餐具、文具、鎖匙扣、環保袋等，不少限定品更是甫上架就已被搶購一空，各位粉絲要買的話，不妨到這實體店碰碰運氣吧！

↓自嘲熊限定版環保袋
¥1,980

→自嘲熊TEE
¥2,970

時 11:00-20:00
網 nagano-info.jp/tenpo_nm/shibuya
電 (81)080-7094-5633

店內有巨型Mario，不少都是限定品

3b 買到破產系列 **Nintendo** (6F)

這間是任天堂日本首間的官方直營店，可想而知內裡的貨品款式極多，甫開張之時更誇張得要抽籤才可以進店！店內可以找到四大人氣的遊戲區：《Super Mario》、《動物森林會》、《Splatoon系列》及《薩爾達傳說》，當然最人氣的還是超級馬利奧吧！店內還可以找到Nintendo Tokyo特別的限定品和獨家產品，很適合作手信，要找到心頭好的話，大家真的要花點時間慢慢逛啊！

→筒仔Mario ¥7,150

↑星之卡比坐墊 ¥6,380

←↓《薩爾達傳說》的衣飾，領呔¥4,620

時 10:00-21:00
電 (81)03-6712-7155

089

精品和文具都齊備

街頭霸王的非賣品模型

3c 機迷必到

CAPCOM Store Tokyo (6F)

喜歡打機的朋友一定對CAPCOM很熟悉吧！店內主要售賣Monster Hunter、Biohazard和Street Fighter的相關文具、精品、模型等，當然還有限定品，加上有指定打卡位，吸引各位機迷到來；最特別的是店內會不定期舉行各式的體驗活動呢！

時 10:00-21:00
網 www.capcom.co.jp/amusement/
　　capcomstore/index.html
電 (81)03-6455-0420

除了暴力熊，也買到Air Jordan波鞋

↑小飛俠阿童木波鞋
¥22,000

←暴力熊crossover
超人¥63,800

↓不同造型的暴力熊

3d 美國潮流店 Bait (5F)

這間首次於日本插旗的BAIT，是一間來自美國加州的潮店。店內可以買到各式造型的暴力熊、小飛俠阿木童、原子小金剛等模型公仔、精品等；它同時亦是Marvel Studios、Air Jordan、Air Force 1、NIKE、STUSSY等品牌的限定商品店。

→門口有巨型小飛俠坐陣

自家品牌TEE ¥6,050

時 10:00-21:00
網 baitme.jp/blog/store/shibuya-parco/
電 (81)03-6809-0867

café內充滿書卷氣息

↑店內有日本文學、兒童繪本、雜誌等

4 讓自己沉殿一下的秘密基地
森の図書室

香港首推

在涉谷租金高昂的地段竟然找到一個寬敞自在的圖書室真令人有點意外！這間森之圖書館是日本首間以集資成功而營運的私人圖書館，客人可以在館內自由閱讀喜愛的書籍，找一個舒適的角落盡情放空，而特別的是圖書室內餐點的名字是取自文學作品內的名稱呢！

↑進店時，客人先在counter先揀選逗留的時間

MAP 別冊 **M06 B-2**

地 東京都涉谷区宇田川町23-3 渋谷第一勧銀ビル 8F
時 09:00-22:45
休 不定休
金 ¥1,000/小時起包特定飲品放題
網 morinotosyoshitsu.com/
電 (81)03-6455-0629
交 東京Metro渋谷站A3出口步行約1分鐘

5 手工甜品麵包
Viron

以手工取勝的Viron由海外學成歸來的富永芳和打理，他善於利用麵粉及材料的特點，創製出不同口味的精緻甜點。

MAP 別冊 **M06 A-2**

地 東京都渋谷区宇田川町33-8
時 09:00-22:00 電 (81)03-5458-1770
交 JR渋谷站步行5分鐘

←奶油草莓FRAISIER ￥630
香濃奶油內排著滿滿的草莓，新鮮香甜。

4

5

WOW! MAP

食客可以坐在料理枱前，看著食材烤熟。

↑博多串燒8串盛 ¥1780

MAP 別冊 **M06 A-3**

地 東京都渋谷区道玄坂2-19-2 ムル
時 ギービル2階3階
網 17:30-00:00 (食物L.O.23:00，
電 飲品L.O23:15)
交 teyandei.com/?page_id=21
 (81)03-6416-1633
JR渋谷站步行約5分鐘

⑥ CP值極高串燒店
ジョウモン渋谷店
好食 編者推介

隱藏在大廈內的ジョウモン，牆外沒有招牌，要花上一陣子才能找到。晚上來的時候，店內已塞滿用餐的食客。這間居酒屋有兩層，第一層是料理台，坐位的前方放著不同種類的串燒，師傅烤的時候香氣四溢，讓食客垂涎三尺。為了多品嚐幾款美食，點了博多串燒8串盛，¥1780就有8款不同的串燒，而串燒的供應是按照當天食材做配搭。這次就有黑豚、雞肉串、和牛串及野菜肉卷串等等，每一串都有滿滿的肉汁，非常好吃！

↑每個房間都有獨立門鎖，需要用IC卡開門，遊人可以安心在內休息。
↓遊人先在自動販賣機申辦做會員。

有不少當地人也會在CAFÉ消磨時間

⑦ 凌晨到埗福音
Hailey'5 cafe渋谷店

為節省時間，有不少的遊人都會選擇在凌晨到達東京，但如果多訂一晚酒店的話就不划算，而Hailey'5 café正正可以滿足凌晨到埗東京的自遊人。遊人先在門外的自動販賣機申辦做會員，並購買需要的時間就可以入內。店內明亮乾淨，除了有不同的書籍、少不了的WIFI和飲品外，還提供不同房型供遊人休息，方便遊人又足電再出發。

MAP 別冊 **M06 A-2**

地 東京都渋谷区 宇田川町13-11 KN渋谷1 7/F
時 24小時營業 金 ¥500起/每小時
網 www.hailey5cafe.com/shop/渋谷店 電 (81)03-3563-1982
註 第一次光顧需申辦會員卡及繳交¥100 交 JR渋谷站步行約6分鐘

WOW! MAP

6   7

↑店內坐位不多，但感覺舒適。

←開放式廚房的設計，可以欣賞到廚師甩麵的技術。

→雞清湯 青
¥1,100

⑧ 藍色雞湯 吉法師拉麵

抵食 編者推介

來到日本，拉麵是必食美食之一，這次介紹的不是一般的拉麵，而是用藍色雞湯做湯底的拉麵。奉上拉麵時，那如湖水般的湯底有如夢幻一樣，呷一啖湯，鮮雞味從口內散發出來，味道清爽；染上藍色的拉麵口感偏硬，並附有雞胸肉及溫泉蛋。店內除了藍色的湯頭外，還有紅色的湯頭，喜歡嚐鮮的遊人不能錯過。

MAP 別冊 M06 B-1

地 東京都渋谷区神南1-11-5
　 ダイネス壱番館渋谷102
時 12:00-15:00，18:00-21:00
休 星期三
網 www.kipposhi.tokyo
電 (81)03-6658-8802
交 JR渋谷站步行約6分鐘

坐在吧枱前，看著廚師把牛舌燒得焦香。

↑トリプルミックス¥1,100
一份套餐包含牛舌、麥飯、山藥泥、漬物及牛肉湯

⑨ 不能錯過的炭烤牛舌 ねぎし

抵食 編者推介

愛吃牛舌的朋友，絕對不能錯過這家店。同樣是炭燒牛舌為賣點，不同的是這家店更設有白舌，白舌是位於舌頭的後半段，口感比較柔軟、味道更有鮮味，而厚片的白舌，更能感受到牛舌經炭燒後所散發的香氣，更能細嚐牛舌的美味。開放式的廚房，一邊看著廚師把牛舌揮動，把它燒熟並保留肉汁，另一邊則不停的傳出香氣，不禁令人食指大動。

MAP 別冊 M06 A-3

地 東京都渋谷区道玄坂2-29-8
　 道玄坂センタービルB1
時 11:00-22:30 (L.O.22:00)
網 www.negishi.co.jp
電 (81)03-3770-0227
交 JR渋谷站，沿道玄坂直行約5分鐘

8　　9

WOW! MAP

店內只有窄長的吧枱坐位，只能容納10位客人。

↑酥脆的外層包著粉嫩的牛肉，嚼落有肉香，而且完全不油膩，出乎意料地美味。

← 每個客人都有一個陶板爐，可以將炸牛肉放上去輕輕一烤。

⑩ 令人喜出望外炸牛排

牛かつもと村 渋谷店

東京最近吹起一股炸牛扒熱潮，牛かつ もと村就是其中一間炸牛排人氣食店，要將牛扒炸得好比起豬難度更高，時間火候控制不好容易造成肉質太韌，店家以60秒時間炸好一塊牛排，令其保持外脆內嫩的半生熟狀態，口感極佳有點像牛肉刺身。

→ 炸牛扒定食 牛かつ麦飯セット ¥1,400/130g（税込）

MAP 別冊 M07 C-3

地 東京都渋谷区渋谷3-18-10 大野
時 ビル2号館 B1F
網 10:00-23:00(L.O.22:00)
電 gyukatsu-metomura.com
交 (81)03-3797-3735
JR渋谷站東口步行約4分鐘

十八番盛り ¥2,500(2人份)

⑪ 鮮美海鮮居酒屋 抵食 編者推介

漁十八番

涉谷超夯海鮮居酒屋漁十八番，以平價與鮮度取勝，每日於漁市場嚴選新鮮海產，再因應時令食材而更變每日推介菜單，務求為食客提供最鮮最美味的刺身料理。必食推介十八番盛り，由店家挑選10款當季海鮮製成肥美又鮮甜刺身，令人一試便愛上。還有大人氣的こぼれ寿司，用鮮度100%的海膽、蟹肉、吞拿魚腩、魚子鋪在青瓜卷上，食材多到滿瀉，新鮮又好食，大推！

↑ こぼれ寿司 ¥1,500

MAP 別冊 M06 B-3

地 東京都渋谷区道玄坂2-6-12
時 道玄坂トロワー2F
星期一至五11:30-14:30(L.O.14:00)、
17:00-23:30(L.O.23:00)；
星期六日及公眾假期
17:00-23:30(L.o.23:00)
電 (81)03-6808-5175
交 JR渋谷駅步行約3分鐘

WOW! MAP

10   11

12 食肉獸最愛
渋谷肉横丁

常去東京的你，對横丁絕不陌生，横丁可以讓遊人體驗日本當地的文化。在渋谷區就有一個肉横丁，在這裡聚集了不少的居酒屋，大大話話也有約25家的店。說明是肉横丁，當然是以肉類為主，由燒肉串到以肉做壽司，各種不同的肉料理都可以在這裡找到。這裡也吸引了很多日本年青人或上班族，在這裡小酌一杯。遊人就算到深夜，也能在這裡體驗一下日本居酒屋的熱鬧氣氛。

↑超有氣氛

↑日本人在下班後喜歡和朋友去居酒屋暢飲一番。

MAP 別冊 **M06 A-2**

地 東京都渋谷区宇田川町13-8 ちとせ会館2F&3F
時 各餐廳不同
休 不定休
網 nikuyokocho.jp
交 JR渋谷站步行約6分鐘

↑美女來到居酒屋也大口喝酒和吃串燒。

→つくぬ¥230(上) ぬぎま¥250(下)

時 星期一至四16:00-深夜；星期五至六16:00-02:30；星期日15:00-深夜
電 (81)03-6427-8609

↑來到居酒屋當然要大口喝酒，才能盡興。

12a 人氣燒雞店 鳥横

來到居酒屋又怎能不叫一份串燒來吃，以新鮮、肉質鮮美的雞肉為主打，吃盡雞的每一個部位。就連雞頸，都能夠在這裡吸引著萬千食客。另一個萬人迷雞肉串，牠的外層燒至金黃色的串燒，帶著一點點的焦香，吃下去卻充滿肉汁，雞肉的鮮嫩，足以看出廚師的功力。

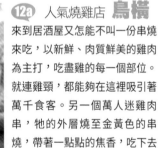

↑日本的居酒屋很多時候都會在坐下的時候，就會送上前菜，這是要收費。這次的前菜味道不錯，很適合下酒。

WOW! MAP

12

新宿

渋谷

藏前・淺草・晴空塔

銀座

←揚げ物盛
り合わせ(梅)
¥4,600(2人份)
一行多人亦可以點
炸物拼盤

**⑬ 半世紀豬排老店
かつ吉**

好食
編者推介

擁有50多年歷史的炸豬排專門店かつ吉，傳統日式老店的懷舊
環境，加上大量骨董擺設點綴，復古風味十足，かつ吉精心挑
選肉質纖維分佈均勻的高級国産銘柄豚，用100%植物油低溫
油炸，小心處理，鎖住肉汁，剛炸好的厚切豬排，外層鬆脆無
比內層肉嫩多汁，可能是最好食的日式炸豬排之一。

MAP 別冊 **M07 C-3**

地 東京都渋谷区渋谷3-9-10 KDC渋
 谷ビルB1
時 星期一至五11:00-15:00、
 17:00-22:00(L.O.21:10)；星期六
 11:00-22:00(LUNCH L.O.15:00、
 DINNERL.O.21:10)；星期日及假期
 11:00-21:30(LUNCH L.O.15:00、
 DINNERL.O.20:40)
網 www.bodaijyu.co.jp
電 (81)050-3134-5712
交 JR渋谷站步行約4分鐘

**⑭ 日本流行指標
Shibuya109**

到SHIBUYA109走一圈，就會知道日本最近流
行什麼。SHIBUYA109是渋谷的象徵，也代
表東京流行文化的地方。商場的變化很大，
有很多新晉的本土牌子，同時也有不少舊店
無聲無色地消失，只有最潮最新的店才能在
SHIBUYA109屹
立。最殘酷的
109，卻同時是
最潮流的109。

MAP 別冊 **M06 B-2**

地 東京都渋谷区道玄坂2-29-1
時 10:00-21:00 休 1月1日
網 www.shibuya109.jp
電 (81)03-3477-5111
交 JR渋谷站ハチ公口對面

⑭ₐ Honey Cinnamon ⑺F⑺

大走甜美日系風格的Honey Cinnamon，找
來名古屋人氣女團SKE48成員平松可奈子作為
品牌模特兒，完美演繹夢幻少女的感覺。以熊
仔、兔仔等可愛圖案加上
糖果色系的服飾設計，青
春無敵。

→毛毛球厚底高跟鞋
¥10,800

↑店員親切友善
又可愛滿分

☎ (81)03-3477-5009

MAP 別冊 **M07 C-3**

地 東京都渋谷区渋谷3-21-3
時 星期一至五 11:00-01:00；星期
六 11:00-22:00；星期日 11:00-
21:00 (各店略有不同)
網 shibuyastream.jp
電 (81)05-7005-0428
交 渋谷駅步行約2分鐘

⑮ 最新潮食商場
渋谷ストリーム

渋谷Stream是當地人的餐飲熱點。商場內有不少特色的食肆，外國料理。而且Shibuya Stream依靠在渋谷川而建，綠化了旁邊的步道，為人來人往的渋谷加添幾分悠閒的氣色。

↑ ORIGINAL(R) ¥430
檸檬汁的味道清香，
不會太酸。

→ 店員指檸檬
沙冰味道比較濃
郁，而檸檬汁的
味道較淡。

店內的位置不多，是客人必搶的打卡位。

時 11:30-19:00
網 www.lemonade-by-lemonica.com
電 (81)03-6427-3588

⑮a 打卡檸檬汁
LEMONADE by Lemonica (1F)

LEMONADE by Lemonica主打檸檬汁，店家以特別的方法調製檸檬汁，使檸檬汁不會太酸帶點微甜，喝入口有清新的感覺。檸檬梳打及檸檬沙冰也是店內人氣之選。不過要說到最吸引人的就是店內的「打卡牆」，以霓虹燈拼出了店名，非常搶眼；而坐位改成了鞦韆，是客人必搶的打卡位置。

WOW! MAP

坐在吧枱前欣賞廚師的手藝

↑鮮蝦炸串建議加上小許鹽作調味，鮮蝦的鮮味在口腔內散發出來。

←廚師會向客人建議不同的食材配搭不同的醬料。

15h 炸串 Omakase 串亭 (3F)

這家的炸串店吃過一次以後就令人念念不忘了，串亭的點餐方式分為套餐及Omakase，這次就嘗試了Omakase，價錢不貴，一串¥330。店內使用的是葵花籽油，健康又能減輕身體的負擔，炸串的炸粉很薄，口感酥脆，但又能保持食材本身的鮮味，廚師在上桌前會介紹用不同的醬料配合炸串，使炸串變得更美味。

時 11:30-15:00(L.O.14:30)；
17:00-22:00(L.O.21:00)
網 www.real-taste.net
電 (81)03-6427-6694

酒吧內有超過45種來自世界各地的啤酒

店員熟讀每一款的啤酒

15c 「CHILL」勻全世界

Craft beer tap (3F)

位於三樓的Craft beer tap，聚集了來自世界各地的精釀啤酒，餐廳提供超過45種啤酒及生啤酒。點了一杯來自英國的生啤酒，麥味較重，口感順滑，能夠品嚐到烘焙麥芽的香氣及啤酒花的甘味，深受女仕們的歡迎。

→Cropton
Black out ¥900

吸引不少當地人光顧

時 11:00-15:00（L.O Food 14:00/
Drink 14:30）；17:00-23:00
（L.O Food 22:00/Drink 22:30）
網 www.zato.co.jp/restaurant/
craftbeertap
(81)03-6427-5768

蔵前・晴空塔・淺草區
Kuramae・Tokyo Sky Tree・Asakusa

必見！晴空塔

淺草是東京一個充滿傳統庶民味道的地區，而自從數年前周邊的晴空塔開業後，就將這區注入了新元素；而夾雜在它們之間的蔵前和合羽橋則隱藏了不少有趣的小店，這區絕對是一個穿越今昔的旅遊地。

往來蔵前・晴空塔・淺草交通

池袋站	→	JR山手線 約15分鐘 ¥170	上野站	→	東京メトロ銀座線 約5分鐘 ¥170	淺草站	→	東武スカイツリーライン 約3分鐘 ¥150	東京Skytree站
新宿站	→	都営新宿線 約8分鐘 ¥220	九段下站	→	東京メトロ半蔵門線 約8分鐘 ¥200				押上站
	→	JR中央線快速 約12分鐘 ¥170	神田站	→	東京メトロ銀座線 約10分鐘 ¥170				淺草站
成田空港	→	京成成田スカイアクセス線アクセス特急 約1小時 ¥1,310							

099

客人都只是喁喁細語，環境謐靜

① 大人限定的優雅
喫茶半月

這間大人限定的喫茶店絕對是推介大家必到的。一樓是售賣菓子的店家菓子屋 シノノメ，而二樓則是喫茶半月。店內裝修優雅，帶點古典的味道，木系的色調加上寬敞的空間，還有那充滿儀式感的吧枱和復古的高櫃，點一客鐵觀音意式奶凍，再呷一口咖啡，細味這浪漫的謐靜時光。

→Earl Grey茶 ¥500、鉄觀音のパンナコッタ ¥550

↑café的空間感很強，為每枱客人保留了空間

←微甜的鐵觀音奶凍帶點茶香

MAP 別冊 **M09 A-1**

地 東京都台東区蔵前4丁目31-11 2F
時 12:00-19:00(L.O.18:30)
休 星期三、不定休
網 hangetsuroastery.stores.jp
註 不可帶小朋友入座
交 東京Metro蔵前站步行約3分鐘

←一樓是菓子屋 シノノメ

WOW! MAP
1

↑客人可即場揀選不同的配飾來改裝

→手袋由可洗的皮來製造 ¥5,500

↑動物系列的銀包款式

MAP 別冊 **M09 A-2**

地	東京都台東区三筋1-15-8
時	12:00-17:00
休	不定休
網	carmine.co.jp
電	(81)03-6662-8754
交	東京Metro蔵前站步行約7分鐘

② 小物控必到
Carmine

這間位於蔵前的店家主打自家設計的配飾：皮製的散銀包、漆皮的名信片夾子、波點系列的銀包、色彩繽紛girly的手提包包、水墨畫系的包包等，不同的款式都是由中村小姐和伊藤小姐設計，全都是日本製造，部份貨品還可以根據客人喜好來製訂呢！

↑長型動物皮革銀包 ¥24,200

③ 健康生活雜貨
HOWMORE LIVING

↑木調的裝修貼近大自然

←自家研發的米糠護理系列

→針織上衣 ¥6,900

MAP 別冊 **M09 B-1**

地	東京都台東区蔵前3-22-7
時	11:00-19:00
休	不定休
電	(81)03-5846-9797
交	都營大江戶線蔵前站A6出口步行約1分鐘

聽聞這間店的主人是台灣人，店家特別注重健康生活，所以在日本、台灣等地找不同的有機產品來售賣：有機的肥皂、米糠造的精華油、對小朋友無害、蔬菜做的蠟筆等，大部份都是自家品牌，喜歡健康生活的朋友推介一到。

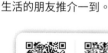

WOW! MAP

2　　3

新宿

渋谷

店內的背包有多款顏色

↑有少量卡片套、銀包等選擇

↑銀包的拉鏈扣可自選顏色

④ 老牌大翻身
MESSAGE

1947年創立至今已超過70多年歷史，別以為店舖歷史悠久定必設計帶點老套！Message的背包、銀包、手袋以至公事包，全都設計新穎、顏色耐看、用上上質的牛皮來製作，加上其計算過重量來分散對肩脊的負荷，絕對是潮流手工之作。

→綠色皮革背包 ¥44,000

MAP 別冊 M09 A-2

地 東京都台東區藏前4-24-2
時 11:00-17:00
休 星期日不定休
網 message-bag.com
電 (81)03-3861-1081
交 東京Metro藏前站步行約3分鐘

藏前・淺草・晴空塔

↑House Hot Chocolate ¥580

↑二樓是用餐空間

銀座

MAP 別冊 M09 A-1

地 東京都台東區藏前4-14-6
時 10:00-20:00(L.O.19:30)
網 dandelionchocolate.jp
電 (81)03-5833-7270
交 大江戶線藏前站步行約3分鐘

店內帶有異國色彩

⑤ 不能抗拒的朱古力工坊
DANEDELION Chocolate café

來自美國的Dandelion Chocolate，2010年開設的第一間的海外分店，選擇落戶在藏前。他們主張由購買可可豆、烘烤、製作、包裝，到製作朱古力的過程都一手包辦，所以顧客在店內都可以看到製作朱古力的每一個工序。甫入店內，整個以工業風裝潢的CAFÉ，陣陣朱古力的香氣撲鼻而來。店內除了可以買包裝好的朱古力外，還可以品嚐朱古力的甜點。

4　5

↑牆上排滿手繪的明信片

層架上放滿了各式各樣的玻璃製品

店內帶有異國色彩

⑥ 東歐風格的雜貨店
チェドックザッカストア

沿著大街走，途中架起了一塊橙色的指示牌，才發現在夾縫間有一間店。推開大門，店內散發著異國色彩，放滿了極具東歐色彩的精品擺設，每一件物品彷彿代表著一個故事。店內有收藏著東歐特色的陶製品及手工藝品，每一件都吸引著遊人駐足欣賞。

→復古手提箱
¥7,900

MAP 別冊 **M09 C-1**

地 東京都台東区駒形1-7-12
時 12:00-19:00
休 星期一
網 www.cedok.org
交 大江戶線藏前站步行約5分鐘

⑦ 起格潮流
TOKYO PiXEL

PIXEL是指「像素」，以前的動畫、電玩都是由這些的像素組成。不過，以前的像素較低，就會使公仔「起格」，這家店就是以低像素為靈感，創作了一系列「起格」的產品。除了「起格」的產品外，店內還有一些舊電玩出售，讓一些大朋友可以懷緬昔日的好時光。

店內設有展示的空間，遊人可以欣賞到老闆不同的畫作。

→T-Shirt
¥3,500

MAP 別冊 **M09 B-1**

地 東京都台東区寿3-14-13-1F
時 12:00-19:00
休 不定休
網 tokyopixel.shopinfo.jp
電 (81)03-6802-8219
交 大江戶線藏前站步行約3分鐘

店內不定時會幫客人畫人像畫

WOW! MAP

6　　7

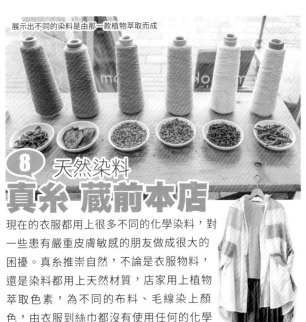

展示出不同的染料是由那一款植物萃取而成

⑧ 天然染料
真糸・蔵前本店

現在的衣服都用上很多不同的化學染料，對一些患有嚴重皮膚敏感的朋友做成很大的困擾。真糸推崇自然，不論是衣服物料，還是染料都用上天然材質，店家用上植物萃取色素，為不同的布料、毛線染上顏色，由衣服到絲巾都沒有使用任何的化學品，所以大大減低了皮膚敏感的可能性。

→草木染能為大部分的衣服物料上色。

↑店內的服飾都是用上天然的物料而製成

MAP 別冊 **M09 A-1**

地	東京都台東区蔵前4-20-12 1F
時	11:30-18:30
休	星期一
網	maitokomuro.com
電	(81)03-3863-1128
交	淺草線蔵前站步行約6分鐘

↑開放式的廚房在烹調時令香氣充斥著整間小店

↑皮製散子包
¥2,480

←香蕉奶昔
¥600

店內的裝潢相當簡潔

⑨ 複合性的個性小店
CAMERA

看著CAMERA這個字，你以為是一家買相機的店？那你就錯了，「CAMERA」在拉丁語中是指「小房子」，而這是一間複合性的café。甫入店內，會看到陳列架上放置了各式各樣的皮革製品；而另一邊就是開放式廚房，店內設有座位區，客人可以先點餐，再可以逛逛其他的皮革精品，再到用餐區用膳。

MAP 別冊 **M09 A-1**

地	東京都台東区蔵前4-21-8 岡松ビル1F
時	11:00-17:00
休	星期一
網	camera1010.tokyo
電	(81)03-5825-4170
交	大江戶線蔵前站步行約5分鐘

WOW! MAP

8   9

店內各式各樣的廚具有適合初學者，也有適合師傅級的

↑各款鐵鍋是鎮店之寶

⑩ 百年廚具專賣店
釜淺商店

佇立在淺草合羽橋道具街已有百多年歷史的釜淺商店是當地享負盛名的廚具專賣店。店內的廚具由初學到職人要求的都有，各式的品牌更是琳琅滿目：南部鐵鍋、山田工業長柄鐵造平底鍋、姬野雪平鍋等，全是口碑極佳，而店內的刀更是經過不同職人的千鎚百鍊而製成，客人可依自己喜好來刻上名字。

↑就連傳統的烤爐也有數十款

MAP 別冊 **M05 A-2**

地 東京都台東区松が谷 2-24-1
時 10:00-17:30
休 年末年始
網 www.kama-asa.co.jp
電 (81)03-3841-9355
交 TX筑波快線淺草站步行約5分鐘；或東京Metro田原町站步行約8分鐘

用來磨食物的銅鮫 ¥4,400起

↑南部鐵瓶 ¥110,000

MAP 別冊 **M05 A-2**

地 東京都台東区西浅草2丁目6-2
時 10:00-17:30
休 星期日及假期
網 hashitou.co.jp
電 (81)03-3844-0723
交 TX筑波快線淺草站A2出口，步行約6分鐘

⑪ 百年筷子老店 はし藤本店

這間位於淺草的筷子店於1910年創業至今已超過百年歷史，也有不少電視媒體訪問過；店內不同場合用的筷子也仔細分清楚：結婚、新年、升遷等，大家也可買作手信啊！另有不同材料製造的手工筷子，造工精細，有不少都價值連城！

10

11

WOW! MAP

不少帆布袋也有和其他品牌crossover款式新穎

← 經典大帆布包包 ¥14,000

⑫ 合羽橋限定的製品
犬印炮製作所

以帆布袋起家的犬印炮製作所大家絕不陌生，可是這間位於合羽橋的分店，和其他分店有點不同，店內可以找到不少和廚具相關的產品；其店製作的帆布袋實用耐看，布料是滋賀縣的高島帆布，手工生產每天只能織出數十公尺，其質地越用越柔軟，款式也不會過時。

→ 專門放在單車後座的包包，可以放餐盒及飲品 ¥14,000

← 和鹹蛋超人crossover的純綿帆布袋 ¥3,500

用作收藏刀類的帆布包 ¥9,900

MAP 別冊 **M05 A-2**

地 東京都台東区松が谷2-12-7
時 10:00-18:00
休 不定休
網 www.inujirushikaban.jp/html/page11.html
電 (81)03-3844-5377
交 TX筑波快線淺草站步行約6分鐘；或東京Metro田原町站步行約7分鐘

店內設有工作室

WOW! MAP
12

↑坊間少見將木和白瓷混合的杯子，極考功夫 ¥3,300

→日本製的碎花白瓷杯 ¥1,100

←輕巧耐用的搪瓷杯 ¥520

⑬ 純白餐具專賣店
Baise バイス

白色總給人清純乾淨的感覺，所以不少人都會偏愛白色的餐具。這間主打白色餐具的店家人氣高企，曾受訪於電視節目，所以不少遊人都會專程到來購買餐具作手信。店家樓高三層，地下主要售賣白色餐具：碟、碗、筷子、杯等，樓上也有不少日本製造、帶有簡約歐風的餐具和雜貨等，到來逛逛，絕對會帶給大家驚喜啊！

MAP 別冊 M05 A-2

地 東京都台東区松が谷 2-1-12 TDI第2ビル
時 10:00-18:00
休 不定休　電 (81)03-3847-8818
交 東京Metro田原町站3號出口，步行約6分鐘

おさかな たいこ茶屋成為了不少上班族的午膳飯堂

豐腴的鮪魚刺身帶有淡淡的甘甜味

日劇
《半澤直樹》
《黑服物語》

⑭ 平食魚生放題
おさかな たいこ茶屋

開業32年的おさかなたいこ茶屋在日本甚有名氣，曾被當地媒體多次報導，就連人氣日劇《半澤直樹》也在此取景，店內柔和的燈光加上木質枱櫈，日式料理店的感覺份外親切。中午的刺身放題食物種類不算多，有吞拿魚、鰤魚、三文魚、魷魚四款時令刺身，還有醃漬吞拿魚、鏢肉、通心粉沙律、椰菜花、味噌湯等配菜，另有提供白飯和壽司飯，客人可自製魚生飯。刺身尚算新鮮，就算魚味不夠濃，但以如此平價食刺身放題，已經非常超值。

MAP 別冊 M05 A-3

地 東京都中央区日本橋馬喰町2-3-2
時 セントピアビル B1
金 11:00-14:30(lunch buffet)
網 ¥1,700 （限時50分鐘）
電 www.taikochaya.jp
交 (81)03-3639-8670

JR総武線馬喰町站東口C4出口步行約1分鐘；都営浅草線浅草橋站A2出口步行約6分鐘

13

14

WOW! MAP

新宿

渋谷

銀座

以木色為主調的裝修，清雅脫俗

⑮ 傳統和式懷石料理
浅草むぎとろ 本店

對！要吃傳統而又美味的懷石料理，排隊是必需的！這間鄰近淺草地鐵站的店家就算過了午餐時份，還是要等位的。店內有分自助餐和會席料理、懷石料理兩款選擇。當天甫看到餐單就點了這個平日限定的十六々彩膳，共有十六款的前菜會席料理，賣相精緻之餘，味道也不錯，尤其那道醬油煮海螺，鮮甜帶有嚼勁；而喜歡吃山藥的朋友就應該更加歡喜了，白飯和山藥是可以免費續添的。

↑一樓有少量的手信及和菓子可以買到

玄關的擺設很有和風味道

十六々彩膳 ¥3,000
十六款前菜是用上當造的食材，所以每月來到也有不同

MAP 別冊 **M05 B-3**

地 東京都台東区雷門2-2-4
時 11:00-16:00(L.O.15:00)、17:00-22:30(L.O.21:00)、星期六、日及假期11:00-22:30(L.O.21:00)
網 www.mugitoro.co.jp/honten/info.html
電 (81)03-3842-1066
交 東京Metro淺草站A3步行約1分鐘

WOW! MAP
15

16 古老街道
仲見世通商店街

經過雷門便是仲見世通商店街。寬9公尺、長300公尺，由雷門一直伸延至淺草寺寶藏門前的商店街，是日本其中一條最古老的商店街。兩旁有過百間商舖，售賣日本傳統趣味手工藝品、甜食、玩具及紀念品。商店會因應不同季節裝飾商店街，別具特色，令遊人每一次來到仲見世都有不同感受。

MAP 別冊 **M05 B-2**

🚇 銀座線浅草站步行約4分鐘

店內的裝修充滿和風味道

香港首推

16a 藝術品般的妝物 門嘉堂

就在雷門大燈籠前的門嘉堂同樣是一間賣妝物的店家，店內的護膚品：洗面奶、肥皂、入浴劑、面膜等都使用天然的素材，令敏感皮膚也適用，加上其包裝都很girly，部份設計使用浮世繪作插畫，吸引了不少遊人到來購買。

↑各式各樣的沐浴產品

地 東京都台東区浅草1-18-1
時 11:00-17:00、星期六、日及假期
　 10:00-18:00
網 monkado.com
電 (81)03-5830-3255
交 東京Metro淺草站步行約3分鐘

¥660

←店內人氣的石鹼 ¥660

↑用作洗面的肥皂盒設計是
　知名的浮世繪

WOW! MAP

店內的貨品擺放得井井有條

16h 大正浪漫氛圍
よろし化粧堂 仲見世通店

以大正時代為背景的YOROSHI妝物店，於1924年開業，其商品全以大正時代的浪漫風格為主調，由包裝設計到商品名稱都帶有昔日的味道，店內最矚目的要算是一面展示出365個不同手霜的唇膏牆，每個唇膏都代表一個日期及花色，買作手信也很吸引！

→沐浴球 ¥550

↑店內的手霜、沐浴球、唇膏等護膚品設計都別幟一格

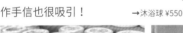

↑花籠味道的手霜 ¥1,100

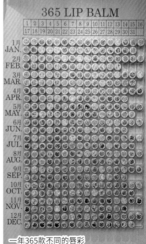
一年365款不同的唇彩

護膚禮盒 ¥2,860

地 東京都台東区浅草1-22-11
時 11:00-18:30
休 星期二
網 www.yoroshi.co.jp
電 (81)03-3841-0460
交 東京Metro淺草站步行約3分鐘

店內的和式裝修帶點時尚

客人開動前，可隨自己喜好淋上黑蜜

←抹茶のかき氷 ¥950

⑰ 幸福的抹茶味道 やなぎ茶屋

やなぎ茶屋絕對是各位綠茶控朋友必到之處！店內環境優雅，木色的格調配上柔和的燈光，甜品大部份都是抹茶味道的，使用上京都老店森半的宇治抹茶：抹茶湯丸、抹茶Tiramisu、抹茶雪糕等……當天試了一客抹茶刨冰，鬆軟的刨冰淋上回甘綿延的抹茶香，味道濃郁而且帶有甘甜，每吃一口就有滿滿的幸福感！

←客人先在櫃枱點餐付款，然後入座

MAP 別冊 **M05 A-2**

地 東京都台東區浅草1丁目30-6 橋本ビル1F
時 10:00-19:30(L.O.19:00)
休 不定休
電 (81)03-5830-8317
交 東京Metro淺草站步行約3分鐘

←其他店家少見的洋蔥漬 ¥626，帶有紅酒味道
→特濃海膽醬油 ¥972

MAP 別冊 **M05 A-2**

地 東京都台東區浅草1丁目22-8
時 10:00-18:30
網 www.kawamuraya.co.jp/shopinfo/asakusa
電 (81)03-5806-0266
交 東京Metro淺草站步行約3分鐘

店內的各樣漬物買作手信也不錯

⑱ 傳統漬物 河村屋

河村屋是源自琦玉縣的漬物老店，其第一代店主於二百多年前已開始利用酒粕來製作不同的漬物：蓮藕、洋蔥、蘿蔔、茄子等，全用上當造的食材，而其中最受客人歡迎的就是「大福神漬」，用來拌飯吃非常滋味。

17 18

一樓的賣店可以買到傳統和菓子做手信

檸檬和菓子中間夾有帶微酸的餡料，回感清爽

←燒菓子セット
¥880

⑲ 百年和菓子老店 舟和

這間已有過百年歷史的和菓子店舟和最初是以蕃薯羊羹起家，昔日店家用蕃茄醬作主材代替價格高昂的寒天來製做羊羹，令平民百姓也可享用羊羹這種美食。店內現在除了可以買到傳統的和菓子外，二樓更設有café，客人可以點選喜歡的和菓子，即席享用。當天試了一客蕃薯批和檸檬和菓子配熱咖啡，蕃薯批的清甜鬆化，遇上咖啡的果酸，十分搭配。

→人氣手信あんこ玉¥1,280

MAP 別冊 M05 A-2

地 東京都台東区浅草1-22-10
時 10:00-18:00(L.O.17:30)、
　 星期六、日及假期10:30-
　 19:00(L.O.18:30)
網 funawa.jp
電 (81)03-3842-2781
交 東京Metro淺草站步行約4分鐘

↑質地柔軟的牙刷，售賣量早已超過一百萬支

馬毛做的牙刷
¥495/支、山羊及馬混毛做的牙刷¥550/支

→山羊毛做的高級化妝掃¥13,200/套

店內有大大小小數百款刷子

⑳ 百年老牌字 かなや刷子

創業於1914年的店家，有別於市面用化學纖維及塑料做刷子，他們使用天然的動物毛髮、天然的木材來製做出質地柔軟的牙刷、梳子、化妝掃、刷鞋掃等，由日常生活用的刷子到樂器、甚至裝修用的刷子都享負盛名。

MAP 別冊 M05 A-2

地 東京都台東区浅草1-28-3
時 10:30-17:30
網 www.kanaya-brush.com
電 (81)03-5828-0266
交 東京Metro淺草站步行約4分鐘

WOW! MAP

19　　20

外牆有極大隻的Hello Kitty，非常搶眼

沿樓上二樓，有不少Sanrio的卡通人物在守候你的光臨。

㉑ Hello Kitty最新直營店
Sanrio Gift Gate 淺草店

Sanrio的直營店外牆印有約7米高、闊5米的巨形Hello Kitty，十分搶眼。店舖販賣不少淺草限定的商品；除了Hello Kitty之外，還有其他Sanrio人物的精品，好像有蛋黃哥、My Melody、布甸狗等等不同的產品。

→Hello Kitty造形的即影即有相機 ¥69,880

↑一樓以Hello Kitty 最愛的蘋果為主題，有不少Hello Kitty的限定商品。

MAP 別冊 **M05 A-2**

地 東京都台東区浅草1-17-5
時 11:00-19:00
網 www.sanrio.co.jp/shop/sh7940100
電 (81)03-5830-8163
交 淺草站步行約3分鐘

↑遊人先購買，再到閣樓用餐。
→士多啤梨沙冰(後) ¥650
士多啤梨大福 ¥370

㉒ 令和開業
浅草莓座
好食 編者推介

2019年5月1日，日本進入令和時代，而淺草莓座也選擇在同一天開業。店內主打士多啤梨的甜品，在炎熱的天氣下就點了士多啤梨沙冰及大福。士多啤梨沙冰的味道十分濃郁，店家把士多啤梨凍結成冰後，加入牛奶沙冰，冰涼加上酸甜的味道十分消暑。而士多啤梨大福用煙韌的外皮包著士多啤梨，一口咬下去的時候果汁直噴，能夠品嚐到士多啤梨的新鮮、香甜，喜歡士多啤梨的朋友一定要前往品嚐。

MAP 別冊 **M05 B-2**

地 東京都台東区浅草2-1
時 10:00-18:00
休 星期二
電 (81)03-5811-1504
交 淺草站步行約3分鐘

21

22

WOW! MAP

吸引著很多日本人在排隊，是淺草的人氣老店。

↑ やまかけそば ¥1000
非常健康，很受女生歡迎

↑ 非常貼心的設有坐位，讓不習慣盤膝而坐的遊人，可以坐在椅子上品嚐蕎麥麵。

㉓ 百年蕎麥麵老店
並木藪蕎麦

店內分別有兩個的用餐空間，一邊是以和式設計的榻榻米坐位；而另一邊則有椅子。說到人氣，就不得不提山芋蕎麥麵，濃稠的山芋蓉，拌著蕎麥麵，調味過的山芋蓉小許鹹味，蕎麥麵黏附著，非常滋味，同時亦是女仕瘦身的必選。用餐途中侍應會送上一壺煮蕎麥麵時所用的水，可以混合醬汁喝。

MAP 別冊 **M05 B-3**

地 台東区雷門2-11-9
時 平日11:00-19:30
休 星期四
電 (81)03-3841-1340
交 地鐵淺草站步行約7分鐘

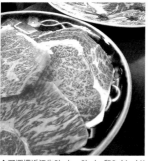

↑ 可選擇近江牛Shabu Shabu和Sukiyaki(鋤燒)

㉔ 和牛名店
浅草今半 國際通り本店

淺草今半是一間有80多年歷史的近江牛料理店，和牛的美味眾所周知，而近江牛是日本皇室的「御用牛」，更顯身價。餐廳建築物建於昭和三年，樓高三層，有和式座席和普通座位，環境舒適。

MAP 別冊 **M05 A-1**

地 東京都台東区西浅草3-1-12
時 11:30-21:30 (L.O. 20:30)
網 www.asakusaimahan.co.jp
電 (81)03-3841-1114
註 淺草今半的【牛肉つくだ煮】是東京的手信名物，飽餐後記住把美味帶回家與親朋好友分享！
交 築波快車線淺草站3號出口即到；銀座線/都營淺草線淺草站步行10分鐘

㉕ 齊集日本各地特產
まるごとにっぽん

Marugoto Nippon樓高4層，打正旗號，推廣日本各地特產，由農產品、生活百貨、傳統工藝品，以至鄉土料理都一應俱全。1樓的日本食物市場，共有23家店舖，販售產地直送的新鮮食品、日本酒和產農品；2樓是日本生活雜貨集中地，精選運用傳統技術製成的生活用品和精緻手工藝品。

MAP 別冊 **M05 A-1**

- 地 東京都台東区浅草2-6-7
- 時 11:00-20:00
- 網 marugotonippon.com
- 電 (81)03-3845-0510
- 交 淺草站步行約1分鐘

↑3樓「推薦的故鄉」的宣傳區中，分不同縣市設置了融合照影像投影的Space Player，讓遊人可以接觸當地到與以往直銷商店不同的地方魅力。

↑一樓是遊人買手信的好地方，齊集了包羅萬有日本名產、食材和調味料。

由於衛生的問題，店員會提供膠袋襪子讓遊人浸足浴。

→白湯肌入浴劑 ￥1,080

㉕a おおいた 温泉座 〔2F-8〕

大分縣別府溫泉含有藻類RG92和溫泉酵素，有保濕、美容護膚的功效。おおいた 温泉座販賣由當地溫泉水製成的護膚品、高效能生髮水、頭髮護理用品和溫泉入浴劑等商品。此外，店內更設有一個足湯池，歡迎大家一邊浸腳一邊試用護膚品。

- 網 www.saravio.jp/onsenza
- 電 (81)03-3847-2822

WOW! MAP
25

在旁邊的小屋也放滿了招財貓讓人參拜

↑少女們都希望有段好姻緣。

↑招財貓的繪馬很可愛。

↘神社內看到不少貓貓的身影。

26 招財貓神社 今戶神社

日本有很多不同的神社，而這一家就是招財貓的神社。據說今戶神社對於祈求戀愛運非常靈驗，因為它供奉的是「夫婦神」，因此會幫助單身男女求得好姻緣。在神社內，遊人可以在不同的角落找到不同貓貓的身影，十分可愛。今戶神社的主殿擺放著兩隻大型的招財貓，吸引著不少的參拜人士拍照。女仕們來神社，當然少不了購買一道御守，一起來祈求戀愛順利找到好對象吧！

MAP 別冊 **M05 B-1**

地 東京都台東区今戶1-5-22
時 24hrs
網 imadojinja1063.crayonsite.net
電 (81)03-3872-2703
交 淺草站步行約13分鐘

↑參拜後有不少人都會購買御守，祈求平安順利。

WOW! MAP
26

27 神級鰻魚飯
色川

好食
編者推介

色川店面小小的，就在淺草某小巷裡，但門外永遠排著一條長長的人龍。色川是由1861年屹立至今傳到第六代的老店。下了單，坐在店

內等待著，店員端上一盒鰻魚飯，炭香撲鼻而來。慢慢地把一口鰻魚放進口中，這一種滿口炭香的烤鰻魚，才真正有資格稱為蒲燒鰻魚吧！

←看到那些被薰得黑黑的扇嗎？師傅在燒鰻魚途中會一直以竹扇撥火，一把把被薰黑的扇是歷史紀錄。

MAP 別冊 M05 A-3

地	東京都台東區雷門2-6-11
時	11:30-14:00(鰻魚飯售完即止)
休	星期日及假日
電	(81)03-3844-1187
交	都營淺草線淺草站步行3分鐘

↑鰻重¥3,000 (小) /¥4,000(大)
它就是靈魂它就是精粹它就是那忘不了的鰻魚飯

老店基本上把江戶時代的一切都保留下來。陳設、座位、氣味，以至那氣氛。

↑泥鰍鍋 ¥1,750
只此一家的泥鰍鍋。附無限多的葱，可加山葵與七味粉。份量不多，配飯慢慢吃也不錯。鍋底極淺，上菜時泥鰍浸著的淺淺味噌湯容易乾掉，要記得適時加湯。

←老店的服務很周到，除了會親切地為你點菜、適時加茶添水外，更會提醒你泥鰍鍋可以下葱加點七味粉滋味也不錯等小秘訣。

28 天下無敵泥鰍鍋
駒形どぜう

駒形どぜう是由德川幕府年代保留至今的二百年老店。招牌菜是我們可能連聽都沒有聽過的泥鰍鍋。炭爐上，放著一個薄薄的鐵鍋，在味噌湯中浸著小小的泥鰍。軟綿綿的泥鰍連骨都化開，完全沒有腥味，只剩下軟軟嫩嫩的魚肉，味噌湯的香都化進了小泥鰍魚的肉與骨裡了。對這一種人生中沒有嚐過的新滋味，有點上癮了。

MAP 別冊 M05 A-3

地	東京都台東區駒形1-7-12
時	11:00-20:30(L.O.20:00)
休	假日及不定休
網	www.dozeu.com
電	(81)03-3842-4001
交	都營淺草線淺草站步行約3分鐘

WOW! MAP

27   28

MAP 別冊 **M05 B-2**

地 東京都墨田区向島1丁目
時 各店不同
休 各店不同
網 www.tokyo-mizumachi.jp
交 都營淺草線本所吾妻橋站A3出口,步行約4分鐘;或東京Metro淺草站A5出口,步行約9分鐘

㉙ 高架橋下的另類風景

Tokyo mizumachi

TOKYO mizumachi,是一個建於高架橋下的商業設施,對出還有一個敞大的隅田公園,四周環境優雅清新,難怪每到周末就有一家大小到來。

↑有少量傢具供選擇

↑不同味道的香茅盒 ¥2,420
↓很有東京潮流的大耳環 ¥770起

店內的日系雜貨大多是日本製造

㉙a 會心微笑的創意雜貨 KONCENT

喜歡日系雜貨的朋友定必要到這裡逛逛,KONCENT店內可以找到數百款有趣且有創意的日系生活小物:動物造型的文具、精品、獨特的香茅盒、造型誇張有趣的耳環、方便收藏的筷子等,也有自家設計的品牌,不只外型討好,也十分實用。

→設計型格的收納盒 ¥2,530

時 11:00-19:00
休 不定休
網 https://koncent.jp/
電 (81)03-5637-8285

WOW! MAP
29

店內設有座位，方便客人即場享用

↑人氣必買的方形多士 ¥420

↑也有不同餡料的三文治

29b Tabelog的高分點評 むうや

這間來自表參道的人氣麵包店除了有每日新鮮出爐、香噴噴的鬆乾麵包外，店內還有甜品、午餐小吃及少量日系生活小物。當中最受客人歡迎的就是絕品的正方形「厚多士」和鐵板法國多士，味道帶有香濃的奶油味，口感鬆軟芳醇，也有加入了焦糖果仁、提子、栗子等口味。

時 09:00-18:00
休 不定休
電 (81)03-6240-4880

店內有衝浪板擺設，給客人動感的感覺

↑自家品牌的純綿TEE ¥7,150

↑附設的café令客人休息一下

29c 來自澳洲的品牌 Deus Ex Machina

這間來自澳洲的店家，它售賣的不只是衣飾，還帶有不同的文化潮流：由復古的改裝車、滑水、滑板等元素作背景來設計出各樣的街頭文化衣飾，用色繽紛之餘也很有年輕活力的感覺。

時 10:00-19:00、星期六、日及假期
　 10:00-20:00
網 jp.deuscustoms.com/pages/
　 store-list
電 (81)03-6284-1749

→簡約搶眼的布鞋是年輕人必備的鞋履之一

晴空塔頂 634米

天望迴廊 450米

天望DECK 350米

30 東京必遊之地 **親子**

Tokyo Sky Tree 晴空塔

關於東京，你也許逛過無數次，原宿銀座涉谷的路比自己家附近的路還熟。可是，當你走在這450米高的東京之巔看東京，那是另一種震憾。晴空塔是一座自立式的電波塔，總高度達634米。遊客最高可在450米高的天望迴廊鳥瞰整個城市，在天氣好的時候，甚至連富士山都看得到。

MAP 別冊 **M24 A-3**

地：東京墨田区押上1-1-2
時：瞭望台10:00-21:00
　　(最後入場20:00)
網：www.tokyo-skytree.jp
電：(81)03-6658-8012
交：東京Skytree站直達

30a 我在450米東京高空上

天望迴廊@445-450F

天望迴廊實質上是一條全長110米長的360度環迴走廊，基本上走一圈，就可以看盡整個東京的風景。 在450米看下去，附近每一格的土地都被劃成整齊的格子用盡，雖然密麻，卻還是非常整齊。日本人在建構東京這都市上究竟用了多少心血？這可能是登完晴空塔後不得不抒發的一種感嘆！

You 上網睇片

↑天望迴廊是一條古惑的走廊！如何說？原來它是微斜的。走在上面，你會由445米走到最高點451.2米。

站在指定位置，由攝影師從345F拍下來，形成一個特別的構圖。

時：10:00-21:00(最後入場20:00)售票處08:00-21:20
金：成人¥1,000起／12-17歲¥800起／小童￥500起
註：訪日外國遊客專用的入場券，不需要在當日票購票處排隊等候，在專用櫃台購票後即可入場，但價錢比一般入場券貴

WOW! MAP

東京大水槽
水族館內尚有一個極高極大的水槽，深邃的感覺就像置身海底之下。

↑**企鵝大觀園**
企鵝水池位於1樓，從2樓往下望，看著企鵝游來游去，煞是有趣！

↑在館中，與企鵝的距離可以極近，當然要拍張照。

30b 企鵝先生在此

SUMIDA水·族館 @西區5-6F 親子

You Tube 上網睇片

Sumida水族館位於晴空塔西區的5至6樓，總面積達7,860平方米，展示了東京灣附近近400種合計10,000隻的海洋生物。在水族館的一樓，有一個全日本最大的開放式企鵝泳池。一塊玻璃之隔，五十隻各有名字的黑白相間的麥哲倫企鵝在水池中游泳、發呆、跳水、大叫。遊人們可以貼著玻璃觀看傻呼呼的企鵝，忽然一隻企鵝游到玻璃前，又可把握機會與小企鵝來一幀合照。

時 星期一至五10:00-20:00；
　 星期六及日09:00-21:00
休 不定休
金 大人￥2,300／高中生￥1,700／
　 小學生￥1,100／3歲以上￥700
網 www.sumida-aqurium.com
電 (81)03-5619-1821

↑坐在你隔壁的，總是姆明卡通中的人物。店內裝潢極具姆明山谷的風格。

30c 吃飯時，坐在你對面的是，姆明！

Moomin House Café @西區1F 54號

Moomin Latte ￥750/Moomin Hot Cake
￥850 坐在姆明對面吃飯，呵呵呵，有如在夢中的感覺😊細緻如一杯咖啡都有不同人物的圖案！可愛姆明鬆餅叫人如何忍得住咬下去。

姆明迷走進去會覺得彷彿真的穿越到姆明山谷裡，森林系的裝潢令整間餐廳都洋溢著一股山谷氣味。而且，不管在哪一張桌子用餐，你都可能會有點擠逼，可是卻是一種快樂的擠逼，因為坐在你旁邊的總是一隻大大的姆明、歌莉或是姆明爸爸，一律可愛得無以復加。就算你並非姆明迷，這一頓飯也沒有可能吃得不開懷吧！

時 08:00-22:30(L.O.21:30)
網 www.moomin.co.jp/spot/
　 moomin-cafe
電 (81)03-5610-3063

銀座
Ginza

必見!
歌舞伎座

銀座給遊人一向的印象就是名店林立、高檔的餐廳、穿著整齊的上班族,其實遊人若果細心逛逛,不難找到一些傳統的建築、百年傳承的小店,還有熱鬧的舊築地市場也佇立在這裡,所以銀座可以說是新舊相融的地區。

往來銀座交通		
新宿站	東京メトロ丸ノ内線 約16分鐘 ¥200	**銀座站**
池袋站	東京メトロ丸ノ内線 約19分鐘 ¥200	

從巨型的壁畫中可以看到酒館是以豐穰及收穫為主題來建築

① 現存日本最古老的酒館
ビヤホール ライオン

1899年創業至今超過一個世紀的GINZA LION銀座獅子酒館是日本現存最古老的酒吧！它剛於2022年的2月登錄了日本有形文化財產。甫走進店家，就可以看出昔日奢華的建築，酒吧的後方有巨型的玻璃壁畫、像泡沫般的燈飾、四面的紅磚壁畫、大麥型的柱子裝飾等……身在其中邊呷著酒品，邊沉浸在這跨世紀的建築中，別有一番滋味。

↑石焼きジャーマンポテト¥950

MAP 別冊 **M02 A-3**

地 東京都中央区銀座7-9-20 銀座ライオンビル 1F
時 11:30-22:00、星期五及六 11:30-22:30
網 www.ginzalion.jp/shop/brand/lion/shop1.html
電 (81)03-3571-2590
交 東京Metro銀座站步行約3分鐘；或JR有樂町步行約7分鐘

↑吧枱兩旁放著昔日的噴水池

就算是平日也熱鬧非常

↑店員都穿上中世紀的服飾

WOW! MAP

店內坐滿客人，感覺卻很寧靜

② 人氣爆燈的18道的美感早餐
和カフェTsumugi

為免白走一趟，切記、切記、切記預先訂座啊！這間位於本願寺境內的和式café Tsumugi可以說是人氣急昇的店家，大部份客人到店來，就是為了一嚐這個獨一無二的「18道早餐」。這個早餐以精進料理為本，以築地新鮮採購的蔬菜、豆腐等食材來製作，林林總總賣相精緻的16款小鉢，配以白粥及熱湯，每一口都是健康的味道。

→18品の朝ごはん ¥1,800

MAP 別冊 **M02 B-3**

地 東京都中央区築地3-15-1 築地本願寺インフォメーション棟
時 08:00-18:00(L.O.17:30)
休 不定休
電 (81)03-5565-5581
註 最好3日前預約
交 東京Metro日比谷線築地站1號出口即到

MAP 別冊 **M02 B-3**

地 東京都中央区築地3-15-1
時 06:00-16:00
網 tsukijihongwanji.jp
電 (81)0120-792-048
交 東京Metro日比谷線築地站1號出口即到

本堂大門的彩繪玻璃

③ 有別日本傳統寺廟建築
築地本願寺

位於築地的築地本願寺是於1934年建成，以古代印度佛教建築為藍本而建成的，它有別於傳統的日本建築，本堂採用了西方常見的彩色玻璃和圓拱型的屋頂，還有那佇立的圓柱及石造階梯，都揉合了西方的設計。不少日本人會選擇在這裡行婚禮呢！

WOW! MAP
2   3

百花繚亂的場景，可以看到各式的金魚在24台的正方型水族箱內游移

④ 隱藏在百貨公司內的水族館

香港首推

アートアクアリウム美術館 GINZA

這個位於銀座三越百貨公司8樓的美術館可以說是打破一貫遊人對美術館的印象。館內獨特的設計，揉合了金魚、日本傳統、燈光等元素，打造7個不同的場景：靜寂閑雅、飛耳長目、落花流水、百花繚亂、竹林七賢、花鳥風月、千客萬來，各有不同的佈置，讓遊人仿如走進一個夢幻的空間。

↑金魚之竹林

↑銀座萬燈籠

↑遊人都沉醉於夢幻的場景中

↑遊人參觀完可逛逛紀念品店

MAP 別冊 **M02 B-2**

地	東京都中央区銀座4-6-16 銀座三越 新館
時	10:00-19:00(最後入場18:00)
休	以三越百貨為準
金	小學生以上¥2,400、小學生以下免費
網	artaquarium.jp
註	遊人可預先網上買票及選擇入場時間
交	東京Metro日比谷線東銀座站步行約2分鐘

場內的燈光變化萬千，這個靜寂閑雅的是以奈良春日大社的燈籠作背景

WOW! MAP

125

4

店內的貨品設計簡約，顏色討好

❺ 💬 全球首家旗艦店 | 香港首推

THREEPY

THREEPY是DIASO旗下的品牌，而這間位於銀座的THREEPY則是DAISO創業50周年後改革的第一間店！店內的商品價格大多劃一¥300，而貨品的質素則比一般¥100店來得高且精緻，店內的產品主要為粉色系列：粉藍、粉紅、薄荷綠等暖色調，九成也是自家原創的設計，喜歡日系簡約風的朋友，推介到來逛逛，定必大有斬穫。

→也有一千円左右的貨品，烤爐¥1,500

↓黑紗網袋 ¥300

保冷杯 ¥300

↑粉色系列的餐具

MAP 別冊 **M02 B-2**

地 東京都中央区銀座3-2-1 マロニエゲート銀座2・6F
時 11:00-19:00
網 www.threeppy.jp
電 (81)070-8714-2957
交 東京Metro銀座一丁目站4號出口步行約1分鐘；或JR有樂町站中央出口步行約3分鐘

WOW! MAP

6 國寶級的戲院

歌舞伎座

歌舞伎是日本由江戶時代延續至今、有400年以上的傳統表演藝術；而這裡的歌舞伎座是日本最知名的歌舞伎表演場所。遊人除了可以在這裡欣賞傳統歌舞藝術外，也可以到位於B1的木挽廣場町廣場，場內匯集了眾多店家，可以買到相關的土產，而位於5樓的屋上庭園更是一個綠意盎然的休憩地呢！

新宿

渋谷

蔵前‧淺草‧晴空塔

↑用面具做盒子的和菓子 ¥500

↑地下的木挽町廣場可以買到特色土產

↑和紙做的膠紙 ¥220

↑不少店家都會售賣和歌舞伎相關的特色手信

MAP 別冊 **M02 B-3**

地 東京都中央区銀座4-12-15
時 10:00-18:00(各店略有不同)
休 各店不定休
網 kabuki-za.co.jp
電 (81)03-3545-6800
註 店家大多跟隨歌舞伎座的休演日來休息
交 東京Metro日比谷線東銀座站3號出口步行約1分鐘

銀座

↑位於5樓的庭園別有一番景象

WOW! MAP

127

新宿

渋谷

蔵前・淺草・晴空塔

銀座

⑦ 世界級旗艦店
MUJI GINZA

在19年4月全新開幕的無印良品旗艦店，旋即成為東京之旅必到的景點。一共七層的無印結合了衣、食、住、行不同的生活所需，種類繁多，各式各樣的產品應有盡有。這座旗艦店除了基本的無印產品外，還有「MUJI Diner」及日本首間的「MUJI Hotel Ginza」，讓遊人能夠全方位體驗「無印生活」。說了是世界級的旗艦店，不但注入了很多不同的元素外，還加入了多項其他分店沒有的產品及服務，甚至是旗艦店的限定商品。他們還將每一層都分門別類，讓遊人購物更方便。

↑ MUJI diner 無印良品食堂

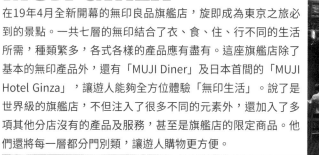
MUJI Bakery & 食品區新設有新鮮食物區

↑ 用餐空間很大

MUJI Bakery 能透過大玻璃看到他們烘焙麵包的情況

MAP 別冊 **M02 B-2**

地 東京都中央区銀座3丁目3-5
時 11:00-21:00
網 shop.muji.com
電 (81)03-3538-1311
交 東京Metro銀座站步行約3分鐘

MUJI BOOKS & 木育廣場收藏了不同的書籍

無印酒店共有 79 間房間，這一款是 C type，是設有客廳的房型。

7a MUJI HOTEL GINZA (6F)

MUJI HOTEL GINZA 位於MUJI旗艦店的六樓，19年4月開幕的MUJI HOTEL GINZA是日本首間的無印酒店，貫徹無印一向的簡約風格。房間猶如試驗室，房間內使用的物品均能在旗艦店找到，住客使用過後覺得合適的話可以即時選購。遊人入住的時候，除了有小食及飲品外，還可以帶走無印的筆記本、原子筆及睡拖，讓住客回到家中仍可享受無印生活。

↑ 這是 D type 的房型，梳化是可以改裝成梳化床。D type 以上的房型均設有浴缸。

↑ lobby 位於旗艦店的六樓。

↑ 入住的時候附上「三寶」，包括附有哨子及逃生地圖的御守、掛鈎及香精油，遊人可以使用精油倒入「大容量超音波芬香噴霧器」。

↑ 以平板電腦控制房間的燈光

TypeG 是無印首次推出的碌架床房型，屬於家庭房。大人和小朋友各有私人空間。

貫徹無印的簡約風格，充滿質感。

金 二人一房，每晚¥14,900/起
網 hotel.muji.com/ginza/cn
電 (81)03-3538-6101

新宿

渋谷

蔵前・淺草・晴空塔

一樓是販賣各式各樣的麵包店

↑（上）吐司配紅豆
¥740 、（下）炸蝦扒
三文治¥1,200

→ 酒種けし
¥170

⑧ 百年麵包店
銀座木村家

成立在明治二年(即1869年)的木村家，屹立在東京逾150年歷史，是東京的人氣麵包店。樓高7層的木村家，地下是賣各式各樣的麵包，當中就以酒種麵包及紅豆麵包是最受歡迎。而二樓就是CAFÉ，不論是當地人還是遊客，也會選擇這裡享用早餐。這次品嚐了人氣的炸蝦扒三文治，即點即做的烤蝦扒上桌時還是熱辣辣，一口咬下去，每口都是真材實料，炸蝦扒不油膩，鮮蝦彈牙，以早餐來說份量充足，而且非常好吃！吃完再去比賽場館為運動健兒落力打氣。

MAP 別冊 **M02 B-2**

地 東京都中央区銀座4-5-7
時 10:00-21:00；CAFÉ 10:00-
21:00(L.O.20:30)
休 新年除夕及新年
網 www.ginzakimuraya.jp
電 (81)03-3561-0091
交 東京國際論壇大廈步行約9分鐘

⑨ 血拼戰場
Tokyu Plaza Ginza

2016年開幕的Tokyu Plaza Ginza，為銀座帶來一股新氣象。連同地庫兩層，共有13層，擁有超過125間店舖，當中有不少遊人必逛的特色主題樓層，3至5樓的HINKA RINKA是東急百貨新型態select shop，販賣女生服飾精品，堪稱女士的shopping樂園。6樓盡是極富日本傳統特色的店舖，而佔據7樓全層的Hands Expo是日本古靈精怪雜貨集中地，8至9樓則是東京最大的免稅店，單是逛完全場就要花上一整天！

↑ 8至9樓是韓國樂天集團進駐的免稅店，齊集各大品牌精品、日本韓國護膚化妝品，以及日本煙酒等商品。

→ Tokyu Plaza
Ginza 的
頂樓設有
茶屋和露
天坐位區。

→日式炸薯角 ¥1,200

站在頂樓遊人可以高居臨下欣賞銀座街景

MAP 別冊 **M02 A-2**

地 東京都中央区銀座5-2-1
時 1-9F:11:00-21:00、10-11F:11:00-23:00、
RF:11:00-21:00、B2F:11:00-23:00、
B1F:11:00-21:00
網 ginza.tokyu-plaza.com
電 (81) 03-3571-0109
交 東京Metro銀座站C2出口直達

WOW! MAP

8   9

銀座

↑師傅席前即製各款壽司，保證新鮮又大開眼界。

↑吞拿魚壽司，充滿光澤，入口嫩滑。魚味鮮活，正！

⑩ 米芝蓮推介 好食 編者推介
久兵衛

久兵衛極受日本當地的權貴歡迎，香港不少明星富豪亦曾光顧，加上食評家大力推薦，令曾被評為米芝蓮一星食府的久兵衛，成為東京最具人氣，但價錢平易近人的高級壽司店。要經濟實惠不妨在午飯時間到訪，壽司餐約¥6,050至14,300。食材、製作、賣相以及招呼都極具水準，每位師傅只會同時招待同一班客人，更會先了解客人口味，再根據當天食材設計餐單。製作好第一件壽司後，更會詢問客人壽司飯的大小是否恰當，絕對貼心。

MAP 別冊 M02 A-3

地 東京都中央区銀座8-7-6
時 11:30-14:00、17:00-22:00
休 星期一、星期日、公眾假期、
　 日本孟蘭節、年末年始
電 (81)03-3571-6523
交 JR新橋駅步行約5分鐘

⑪ 玻璃之城
Ginza Maison Hermès

位於銀座的這幢Hermès，有玻璃之城的雅號。無他，只因這幢共11層、由國際知名建築師Renzo Piano操刀設計的銀座旗艦店，乃由一萬三千多塊正方形玻璃磚砌成，花費170億日圓，堪稱愛瑪仕的完美堡壘。

MAP 別冊 M02 A-2

地 東京都中央区銀座5-4-1エルメス
時 11:00-19:00
休 不定休
電 (81)03-3589-6811
交 銀座站步行約1分鐘

WOW! MAP

10　　11

↑元祖ピザトースト ¥1,150
厚厚的芝士包著不同的配料，很豐富。

MAP 別冊 **M02 A-2**

地 東京都千代田区有楽町1-6-8
　松井ビル1/F
時 星期一至五11:00-23:00；
　星期六、日10:00-23:00
電 (81)03-3502-0848
交 JR有樂町步行約2分鐘

↓Blueberry
parfait ¥900

12 麵包PIZZA發源地
紅鹿舍珈琲館

在1957年開業的紅鹿舍珈琲館，不論店外還是店內都充滿復古的氣氛。紅鹿舍珈琲館是麵包PIZZA發源地，當年因為PIZZA是很貴的料理，而店家就想出用麵包作為批底，上面放滿芝士及其他的配料，造成平價PIZZA，因此聲名大噪。麵包PIZZA非常鬆軟，滿滿的芝士內夾著火腿、煙肉及蘑菇，味道很濃厚。另外再吃了一客藍莓芭菲，厚厚的忌廉包圍著雲尼拿的雪糕，加上藍莓，讓奶油的味道十分突出及很濃郁。

13 每個城市都有一間神級美術店
月光莊

名字極優雅的月光莊有點難找，推開綴有彩色玻璃小綠門，小小的月光莊裡盡是畫具，其中最特別的是月光莊的畫簿，簡單的設計實用又美麗，原來更是2008年Good Design的特別賞作品！而不說不知，月光莊還有個地下一樓神秘畫廊，走下去除了看到掛滿畫作的小小gallery外，更會發現滿架由月光莊店員自行設計的明信片，基本上每一張都非常可愛，與其買十張毫無新意的東京鐵塔明信片，不如在月光莊挑張與別不同的明信片。

↑月光莊的顏料滿牆，在1917年屹立至今的月光莊是日本第一套國產油畫顏料的研發者，而在諸多顏料中，月光莊更創造出一種新的油畫色彩，命名為「月光莊pink」。

地牢一樓是小小gallery，感覺非常私密。

↓連門口都美術味十足，有點像教堂的玻璃。

MAP 別冊 **M02 A-3**

地 東京都中央区銀座8-7-2 永寿ヒル
　B1-1/F
時 11:00-19:00
休 年末年始
網 gekkoso.jp
電 (81)03-3572-5605
交 銀座站步行約7分鐘

WOW! MAP
12　13

廚師的笑容非常親切、可愛。

↑ 串燒拼盤 ¥2,800

⑭ 炭火燒烤 くふ楽 銀座総本店

好食 編者推介

有不少遊人喜歡在晚上到居酒屋吃串燒喝酒，這一家店以開放式廚房設計，食客可以沿著料理台坐，廚師燒烤時，被炭烤的香氣包圍著。這次點了串燒拼盤，5款10串只需¥2,800，蠻划算。串燒包括雞肉蔥段、雞屁股、紫蘇卷、雞心及五花肉，他們的食材都相當新鮮，只需要簡單的調味，就能吃出肉的鮮味，外層微微的焦香，增加了串燒的香氣，是宵夜必食的美味。

MAP 別冊 M02 B-1

地 東京都中央区銀座1-16-1
　東貨ビルB1/F
時 17:00-00:00
　(料理L.O.22:30，飲料L.O23:00)
網 kufuraku-ginza.com
電 (81)050-5385-4740
交 JR有樂町步行約9分鐘

⑮ 星期一限定一千円鵝肝午餐
TOKYO-GINZA FOIE GRAS

鵝肝一直被視為貴價食物，Ginza Foiegras是一間銀座甚有名氣的鵝肝專門店，主打混合和洋特色的鵝肝料理，平時只有晚上時段營業，但每逢星期一卻特設午餐時段，以超抵價一千円供應鵝肝豚肉丼和鵝肝雞肉丼，不但用上高級鵝肝，而且真材實料份量十足，喜歡食鵝肝的遊人萬勿錯過！溫馨提示，由於每次只限定30份，未開店已經出現排隊人潮，想食就要提早去排隊喇！

→鵝肝豚肉丼 ￥1,000（限定30食）
鵝肝豚肉丼附有一碗湯，客人可選擇大、中、小飯量。

↑ 鵝肝扒味道十分濃郁，入口即溶的creamy 口感，配搭肥瘦參半的味噌豚肉，好食到停不了口！

↑ 開放式廚房令店充斥煎鵝肝的香氣，令人垂涎欲滴。

MAP 別冊 M02 A-2

地 東京都中央区銀座7-3-13 ニューギンザビル1号館
時 星期一至五17:00-22:00(L.O.21:00)；
　星期六17:00-22:00(L.O.21:00)
休 星期日及公眾假期
網 ginza-foiegras.com/pc/index.php
電 (81)03-5537-3711
交 銀座站步行約8分鐘

14

15

WOW! MAP

⑯ 全方位照顧
東京ミッドタウン日比谷

東京ミッドタウン日比谷，結合了商業及購物中心，在外觀的設計上，以弧型設計大樓的外觀，在柔和中帶出時代感。有很多男性都很怕和女生去購物中心，但這個商場相信令男仕們也很滿意，事關除了購物之外，商場還有一個吸引車迷朝聖的地方，就是有LEXUS的體驗館。所以這個商場不單令女仕可以瘋狂購物，連男仕的需要也被照顧到。

←空中庭園都鋪上不同的植物，增加了綠化的空間。

MAP 別冊 **M02 A-1**

地 東京都千代田区有楽町1-1-2
時 商店：11:00-20:00；餐廳：11:00-23:00
網 www.hibiya.tokyo-midtown.com/jp
電 (81)03-5157-1251
交 地鐵日比谷站步行約1分鐘/地鐵有樂町站步行約4分鐘

↑餐廳的設計充滿時代感，並且充滿氣派，突出了 LEXUS 品牌的形象。

↑女仕們也可以坐在 LEXUS 的餐廳享受悠閒的時光。

時 星期一至六11:00-23:00；
星期日、假期11:00-22:00
網 lexus.jp/brand/lexus_meets
電 試駕 (81) 03-6205-7716
餐廳 (81) 03-6273-3225
精品 (81) 03-6205-7715

⑯ₐ 男人的浪漫
LEXUS MEETS ... 〔1F〕

↑展示了最新的車款以及不同的精品，各式各樣的精品大多數都可以在這裡找到。

男人的浪漫，又怎會只有豆腐火腩飯，還有車。日本第一次引入LEXUS的駕駛體驗，遊人可以在這裡試駕模擬的LEXUS，這裡還推出了專人陪你一起試駕的服務，在過程中，專家除了會介紹車的特性之外，還會介紹日本的歷史文化及美食，讓遊人來個大滿足，不過要注意，活動需要事前預約。另外，可以看到最新款的汽車。這樣就滿足？不是吧，這裡還有最新的商品雜貨及餐廳，不但可以滿足男仕，女仕們也可以在LEXUS的餐廳品嚐美食。

↑英國製造的刺繡鞋 ¥9,800

16b 充滿南歐風味的雜貨店

↑店內有很多不同的牌子，但都各有特色。而店內的設計亦很有風格，為商場帶出不一樣的感覺。

Tempo Hibiya (3F)

以南歐風格打造，走自然鄉村風格。這家店內有很多華麗的飾品，還搜集了很多不同的藝術品及很多具有設計感的衣著服飾。在這裡你可以找到獨一無二的風格，打造一個具個人特色的自己。另外，店內也搜羅了很多不同的小飾物，無論是送禮或是自用，也很適合。

時 11:00-20:00
網 tempo23.com
電 (81)03-6206-1152

↑在銀座的藍天和景色下，來一個香奈兒下午茶。

GINZA SAKURA BOX
BEIGE的下午茶套餐十分別緻，一個白色的餐盒，名為 GINZA SAKURA BOX。

MAP 別冊 **M02 B-2**

地 東京中央区銀座3-5-3シャネル
　 銀座ビルディング10/F
時 11:30-16:00(L.O.14:00)、
　 18:00-23:30(L.O.20:30)
網 beige-tokyo.com
電 (81)03-5159-5500
交 銀座站步行約5分鐘

17 在香奈兒下午茶

Le Jardin de Tweed
(CHANEL CAFÉ)

來到東京銀座，必須到這家位於CHANEL大樓10樓的Le Jardin de Tweed來個清幽下午茶。在東京銀座這一片天空下，終於，你在沒被自由行擠爆的天地尋回了香奈兒的味道。

WOW! MAP

17

新宿

渋谷

↑走進SHISEIDO PARLOUR，本來應該放著化妝品的飾櫃裡換上了甜點。

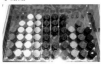

←Maquillage朱古力禮盒裝¥270/1粒
Maquillage的眼影唇彩買得多，顏色像化妝品一樣多姿、印上了SHISEIDO標記的Maquillage朱古力看過嗎？

↑SHISEIDO PARLOUR
其實是集合了世界嚴選美味甜點的美點殿堂。Chef des Chefs的芝士蛋糕就是其中之一。

18 走進資生堂，不買化妝品買甜點
SHISEIDO PARLOUR

SHISEIDO，資生堂，日本化妝品品牌，不用多作介紹吧！慣了在SHISEIDO購買化妝品，卻有否試過在SHISEIDO用餐？在銀座這幢赤紅色SHISEIDO PARLOUR是SHISEIDO餐廳，建於2002年資生堂慶祝創業一百年之時。地下是售賣極精緻資生堂甜點和蛋糕的地方，而SHISEIDO RESTAURANT則位於大樓4至5樓，此外在大樓10樓的FARO SHISEIDO則是高級的義大利餐廳，同樣值得一試。

MAP 別冊 **M02 A-3**

地 東京都中央区銀座8-8-3 東京銀座資生堂ビル1F
時 餐廳11:00-20:30
休 商店無休
網 parlour.shiseido.co.jp
電 商店(81)03-3572-2147/餐廳(81)03-3537-6241
交 東京都地鐵銀座線、日比谷線、丸ノ内線銀座站2號出口，步行約7分鐘；JR山手線、都營淺草線新橋站1號出口，步行約5分鐘

蔵前・淺草・晴空塔

19 走進去，塗塗抹抹玩變妝
SHISEIDO THE GINZA

就在SHISEIDO PARLOUR隔壁，同樣豪氣的一整幢，是SHISEIDO THE GINZA。不說不知，今日行銷世界各地的SHISEIDO，創業之地正是STG的位置。這一幢滿載SHISEIDO歷史的大樓非常特別，除了售賣最新和限定版SHISEIDO產品外，更齊集旗下60多個品牌，而且可在此找到不少品牌復刻版產品，讓粉絲以最直接的方法體察品牌歷史！
位於3樓的Beauty Boost Bar及Shiseido Photo Studio四部份，其中Beauty Boost Bar提供即時的專業化妝及髮型設計服務，化好妝弄好頭髮，走入隔壁的Shiseido Photo Studio，讓專業攝影師拍輯相，夠有趣了吧！

LET'S TRY!

↑STG絕對不只賣化妝品那麼簡單，2樓及3樓的美容即時體驗服務才是最好玩也是獨一無二的地方。

↑1樓賣各式化妝品，最特別的是這裡的鏡型終端裝置Mirai Mirror，可讓人模擬體驗化妝品使用後的狀態，不用再怕化妝品買回家後不合用，十分高科技。

↑除了化妝品，1樓也賣些日常小商品，全方位打造美人。

MAP 別冊 **M02 A-3**

地 東京都中央区銀座7-8-10
時 11:00-20:00 休 不定休
網 thestore.shiseido.co.jp
電 (81)03-3571-7735
交 銀座站步行約7分鐘

銀座

WOW! MAP

18   19

市場清晨5點已經開始營業；但5點至9點這段時間是讓餐廳商家入貨，9點之後才開放給一般民眾。

⑳ 平食新鮮壽司刺身
築地魚河岸

新設施「築地魚河岸」在2016年底開幕！選址在舊築地市場外圍，築地魚河岸樓高三層，一樓的市場有50多間海產和水果商店進駐，店家大都是批發商，販賣當日由豐洲市場運來的海產和蔬果；而三樓則聚集了5間不同類型的餐廳食店，還設有露天飲食區。

↑ 3樓設有開放式廚房，遊人可以透過玻璃窗看到師傅製作壽司的情形。

MAP 別冊 **M02 B-3**

地	東京都中央区築地6-26-1築地魚河岸
時	1F 05:00-15:00（05:00-09:00只開放給商家）、3F 07:00-14:00
網	www.tsukiji.or.jp/forbiz/uogashi
交	築地站步行約5分鐘

⑳a 魚河岸食堂 [3F]

3樓的魚河岸食堂內共有5間食店，分別有中華料理、炸物、日式咖喱、海鮮定食和喫茶店。當中以海鮮店最受遊人歡迎，提供刺身定食、燒魚定食、海鮮丼等料理，價錢大約¥1,500左右，十分抵食！

→吞拿魚丼 ¥1,500
鮮甜的吞拿魚丼附送大大碗的紫菜湯，也只是¥1,500。

←咖啡牛奶軟雪糕
¥390

⑳b 魚市場 [1F]

來到一樓的魚市場，環境比起香港的街市可說乾淨企理得多，雖然有不少買海鮮濕貨攤販，但地板完全無濕漉漉的感覺，既明亮又寬敞，十分好逛。大部分的海鮮店都有即食的海鮮食品出售，如刺身、壽司、海鮮丼等，不但新鮮美味，而且只要幾百円起就有交易，名乎其實平·靚·正！

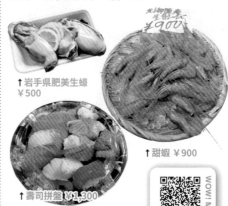

↑岩手県肥美生蠔
¥500

↑甜蝦 ¥900

↑壽司拼盤 ¥1,300

WOW! MAP

20

新宿

渋谷

↑提供了休息空間及遊人，逛累了就可以坐下休息，男仕們有沒有感到梳化在發光呢。

㉑ Ginza Six

於2017年華麗登場的銀座Ginza Six，成為了該區最新最大的名所，由日本知名建築師谷口吉生打造的建築體，室內設計則找來法國設計師Gwenael Nicolas統籌，並將藝術家杉本博司、草間彌生作品加插其中，為商場增添了不少藝術色彩。Ginza Six共有241家店鋪，其中121間都是旗艦店，還有被稱為全球最美書店之一的蔦屋書店，以藝術文化為主題，帶給大家書店全新感受。

MAP 別冊 **M02 B-3**

地 東京都中央区銀座6-10-1
時 商店10:30-20:30
　 餐廳11:00-23:00
網 ginza6.tokyo
電 (81)03-6891-3390
交 Metro銀座站A3出口步行2分鐘

蔵前・淺草・晴空塔

↑短袖 tee ¥8,000

↑自家品牌褲 ¥66,000

時 10:30-20:30
網 yohjiyamamoto.co.jp/groundy
電 (81) 03-6264-5165

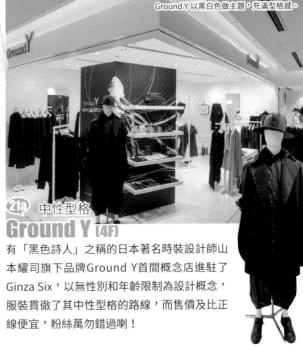

Ground Y 以黑白色做主題，充滿型格感。

㉑a 中性型格
Ground Y [4F]

有「黑色詩人」之稱的日本著名時裝設計師山本耀司旗下品牌Ground Y首間概念店進駐了Ginza Six，以無性別和年齡限制為設計概念，服裝貫徹了其中性型格的路線，而售價及比正線便宜，粉絲萬勿錯過喇！

銀座

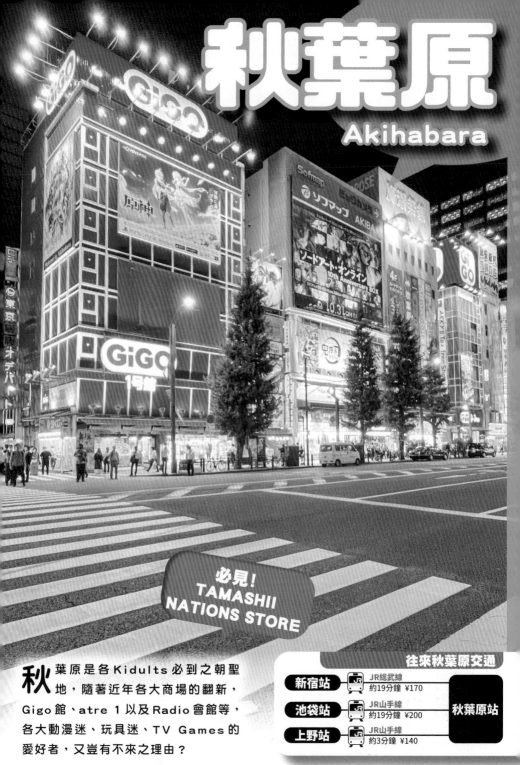

秋葉原
Akihabara

必見！
TAMASHII
NATIONS STORE

秋 葉原是各 Kidults 必到之朝聖
地，隨著近年各大商場的翻新，
Gigo 館、atre 1 以及 Radio 會館等，
各大動漫迷、玩具迷、TV Games 的
愛好者，又豈有不來之理由？

往來秋葉原交通

新宿站	JR總武線 約19分鐘 ¥170	
池袋站	JR山手線 約19分鐘 ¥200	秋葉原站
上野站	JR山手線 約3分鐘 ¥140	

❶ 簡直想住在這裡吧！
TAMASHII NATIONS STORE

香港首推

男生們走進這間全球唯一TAMASHII NATIONS TOKYO的直營旗艦店一定捨不得走吧！店內陳列出各種獨家商品：各樣的鋼彈模型、幪面超人、七龍珠、鬼滅之刃、超級戰隊、新世紀福音戰士等……由精品到巨型模型都令人目不暇給，有不少更是非賣品，是店內限定的。

↓超合金VF-31AX 凱羅斯Plus的展品

↑龍神丸模型 ¥22,000

←超合金RX-93高達 ¥102,300

巨型營螢幕播出的畫面十分迫真震慑

特別的是店家除了展示出珍貴的商品外，也提供全新的動感體驗，令粉絲們可以投入其中。而店內亦會不定期舉行不同的展覽及活動，大家到來前可以先在網站了解啊！到訪當天正進行「ROBOT FIGURES LAUNCH!」的展覽，場內展出數百個機動戰士的模型，有些更是最新推出的鋼彈系列呢！

→幪面超人
1號(舊版)
¥8,250

←Eternal
Sailor Moon
¥7,700

另一邊有歌斯拉、聖鬥士星矢及美少女戰士等figure

MAP 別冊 **M23 B-2**

地 東京都千代田区神田花岡町1-1
時 10:00-20:00
休 不定休
網 tamashii.jp/store/tokyo
電 (81)098-993-6093
交 JR秋葉原站電氣街出口步行約
　 1分鐘

館內不限時參觀，各位機動戰士迷可慢慢欣賞

3樓是以K-BOOKS為主

↑不時會有特賣的counter

MAP 別冊 **M23 A-2**

地 東京都千代田区外神田1-15-16
時 10:00-20:00；B1F 12:00-22:00；
　 星期日及假期12:00-21:00
網 www.akihabara-radiokaikan.co.jp
交 JR秋葉原站電気街出口步行約3分鐘

② 秋葉原地標
秋葉ラヂオ会館

秋葉原的無線電會館由1962年開業
至2014年重建開幕，已由原本販賣
電子零件及電器轉型至售賣人氣動
漫、遊戲及模型公仔的秋葉原地標，
若沒有來過Radio會館就別告訴人你
來過秋葉原！

場內各層都有不同的主題

↑頭文字D朱古力曲
奇 ¥540

→星之卡比朱古力
條 ¥1,512

↓秋葉原限定的楓糖
芝士蛋糕 ¥1,080

店內琳琅滿目的商品，大家要花點時
間找心頭好

② 動漫手信店
Gift shop The AKiBa (1F)

想買特別手信送給朋友的話，來這
裡準沒錯。店內大部份的零食、和
菓子、文具、精品等全都和不同的
動漫主題crossover，有最新人氣
的日本卡通、漫畫等角色，不少都
是秋葉原的限定版呢！

時 10:00-20:00
電 (81)03-3526-2632

三樓還有眾多格仔舖，內裡有各樣戰鬥卡和模型

↑海賊王figures ¥7,980起

↑每張的功用及價錢也不一樣

2b 遊戲卡寶藏 **Hobby Station** (2F)

這間位於無線電會館的Hobby Station是日本的總店，店內可以買到Pokemon、遊戲王、魔法風雲會及龍珠等人氣戰鬥卡，櫥窗展出的遊戲卡有上千張，就算不買，光逛逛也大開眼界。

→有趣的遊戲卡販賣機

時 10:00-20:00
網 www.hbst.net
電 (81)03-3258-5070

↑場內的動漫figures看大半天也看不完

↑千與千尋的立體拼圖 ¥1,730

→賽馬娘「大和赤驥」模型限定品 ¥23,800

2c 男生必逛 K-BOOKS
秋葉原本館及秋葉原MEN'S館 (3F)

位於三樓的K-BOOKS及MEN'S館絕對是為男生而設的。K-BOOKS由出版商Mr. Yamada營運，由開業至今已出版超過2000多本漫畫；店內主要售動漫相關的精品、文具、CD、figure等，更有不少宅男至愛的限定品如：攬枕、女性聲優、勇者鬥惡龍、FINAL FANTASY等商品。

時 12:00-20:00、星期六、日及假期11:30-20:00
電 (81)03-3255-4866

↑鬼滅刀刃的彌豆子模型 ¥2,940

143

夾公仔機各式各樣，更有限定禮品

原宿・青山・表參道

代官山・惠比寿・中目黑

台場

③ SEGA電玩大革新
GiGO一号館

香港首推

自2020年疫情後，秋葉原就進行了大洗牌，原本屬於SEGA的電玩中心都因股權變賣，變成了GiGO名下。GiGO一號館內有七層高，一至四樓主要是各樣的夾公仔機，而五樓就以售賣遊戲卡為主，六樓及七樓則以機動戰士的遊戲機為主，各位機迷要小心銀包啊！

←就連賽馬公仔也有

↑也展示出不同模型

MAP 別冊 **M23 A-2**

地 東京都千代田区外神田1-10-9
時 10:00-23:30
網 tempo.gendagigo.jp/am/akiba-1
電 (81)03-5256-8123
交 JR秋葉原站電気街出口步行約1分鐘

六樓的機動戰士打機區

WOW! MAP
3

Namco十幾年前出的賽車VIRTUA RACING

④ SEGA電玩大革新

香港首推

GiGO三号館

剛於2022年5月新開業的GiGO3號館同樣是以遊戲機為主，不同的是其店內的主題更多元化，夾公仔機的獎品有動漫的figure、遊戲卡及精品等，而位於六樓更有懷舊版的遊戲機：泡泡龍、WALKING DEAD、SPACE INVADERS等等，可以尋回很多童年回憶。

→有不少的獎品都是秋葉原店限定的

↑夾公仔機的款式令人眼花撩亂

↑懷舊區有十幾廿年前的機款，十分珍貴

MAP **別冊 M23 A-2**

地 東京都千代田区外神田1-11-11
　　外神田1丁目ビルディング
時 10:00-23:30
網 tempo.gendagigo.jp/am/
　　akiba-new/
電 (81)03-5297-3601
交 JR秋葉原站電気街出口步行約
　　3分鐘

六樓有超過20年歷史的WALKING DEAD打喪屍遊戲

其中一部夾公仔機是RAB秋葉原大使的精品

WOW! MAP

原宿・青山・表參道 ── 代官山・惠比壽・中目黑 ── 台場

MAP 別冊 **M23 B-2**
地 東京都千代田区神田練塀町8-2
時 11:00-20:00(各店略有不同)
休 1月1日、6月及11月的第一個星期三(各店不同)
網 www.jrtk.jp/chabara
電 (81)03-3258-0051
交 JR秋葉原站電氣街出口步行約1分鐘

5 高架橋下的商店街
AKI-OKA Marche
香港首推

這個於2019年12月開幕的AKI-OKA Marche是位於高架橋下的一條商店街,內裡有售賣日系雜貨的店家、餐廳和café等,其場內的裝修採用極簡約的風格,令客人猶如置身倉庫之中。

↑各款不同的新鮮咖啡豆

→包裝好的咖啡豆
¥750起

↑店內座位不多

5a 即場泡製的咖啡 **やなか珈琲店**

是的,想要喝美味的咖啡,等待是必需的!這間在東京有多間分店的YANAKA咖啡店,其特色是客人點了咖啡後才進行生豆烘焙,然後才泡沖出來,可謂十分貼心,因為這樣可以充份保留了咖啡豆的香味,口感特別濃郁。店內也有包裝的咖啡供客人買走。

店也有家出品的產品

時 11:00-20:00
休 1月1日、6月及11月的第一個星期三
網 www.yanaka-coffeeten.com
電 (81)0120-511-720

WOW! MAP

店內有如一個百貨齊備的超級市場

→ 靜岡盛產的茶味曲奇 ¥245

香港首推

5b 由沖繩買到北海道

日本百貨店しょくひんかん

日本百貨店是日本高質的手信店，由沖繩到北海道的手信、手工品、食品到護膚品都應有盡有，大多都是很有代表性的：北海道馬油、沖繩海葡萄、宇都宮餃子、岡山縣新鮮桃汁、長野縣的野生蜂蜜等，全都可以一次過在這裡買到，價錢也十分親民，大家可以盡情在這裡掃貨呢！

→ 餃子味的Cider你試過未？¥360

↑ 岡山縣的桃汁，只要付費就可以直接在水龍頭中倒出來喝 ¥500

時	11:00-20:00
休	1月1日、6月及11月的第一個星期三
網	www.nippon-dept.jp/shop/default.aspx
電	(81)03-3258-0051

←↑ 雲集全日本人氣咖喱的屋台車

餐廳也有提供東北蒸餾的手工啤酒

❻ 東京首間蒸餾餐廳 香港首推
東京蒸餾所

這間由木內酒造開設的餐廳是東京首間有蒸餾的餐廳，店內除了可以嚐到東北常陸的nest蒸餾手工啤酒外，其裝修也十分有特色：整套的巨型蒸餾設備就完整的擺放在店內供客人參觀，可以看到發酵槽和糖化槽、還有壺型蒸餾器等。晚餐供應東北地區飼養的つくば雞配QKOLA，雞肉嫩滑帶有迷迭香和蒜蓉的香味，再呷一口可樂，十分暢快！

↑つくば雞のハーブグリル ローズマリー風味 ¥1,380

↑ 巨型的壺型蒸餾器

MAP 別冊 M23 B-2

🏠 東京都千代田区神田練塀町 13-10-1区画
🕐 11:00-22:00(L.O.21:30)
🌐 hitachino.cc/tokyodistillery
☎ (81)03-3527-1977
🚉 JR秋葉原站電気街出口步行約3分鐘

整套的蒸餾設備就置在店內

店內坐位不多

WOW! MAP

6

7 可能是…世界上最飽肚的拉麵
野郎ラーメン

抵食 編者推介

黃色外牆的野郎十分好認,走進去看看那餐牌,圖中那碗拉麵的料多到不可置信。以為是廣告效果,點了一碗拉麵,在吧台前看著師傅下麵加料放肉,然後把拉麵端到面前,肉塊真的堆得像大山一樣高。儘管肉塊下的確墊著些芽菜,可是這碗拉麵依然是你吃過見過「最具份量」的一碗拉麵。

MAP 別冊 **M23 A-2**

地 東京都千代田区外神田3-2-11
時 11:00-23:00
網 www.yaroramen.com
電 (81)03-5296-8690
交 JR秋葉原西口步行約9分鐘

↑ 野郎豚拉麵 ¥1,460
滿滿的豚肉!野郎的拉麵非常足料。拉麵用黑醬油作湯底,味道偏鹹,走重口味路線。

8 夢之鐵道空間
鉄道居酒屋
Little TGV

關於鐵道居酒屋應否列入女僕café的範疇,的確叫人有點為難。原因?因為鐵道居酒屋除了甜美可愛的女僕侍應外,更大的賣點可能是那懷舊的鐵道主題。隱身在4樓的鐵道居酒屋Little TGV感覺簡直像一個小型的鐵路博物館,推開店門,首先會有一位穿著乘務員服飾的女侍應來招待你,原來進入鐵道居酒屋就像搭乘火車,是需要先付入場費¥500的。付款完,就可以走進跟古老日本火車車廂無異的居酒屋。牆上放滿了與鐵道有關的收藏,連座位都是用車卡的座椅,非常認真!此外,居酒屋內有一個鐵路模型,對照鐵道居酒屋,也同樣有趣。

↑ 鐵道居酒屋的像真度極高。除了用上火車的桌椅外,居酒屋的牆上也掛滿了與鐵道有關的古董收藏。

← 店裡的鐵道模型!細心看,還真的會有火車走動。

↓ 店內的侍應都穿著乘務員的制服

MAP 別冊 **M23 A-1**

地 東京都千代田区外神田3-10-5
　 イサヤ第3ビル4F
時 18:00-23:00 (星期六及假日
　 16:00-23:00、星期日12:00-
　 23:00)
休 星期一
網 www.littletgv.com
電 (81)03-3255-5223
交 銀座線末廣町站
　 3號出口步行約
　 5分鐘

WOW! MAP

地 東京都千代田区外神田1-17-6
時 10:00-21:00
休 各店不同
網 www.atre.co.jp/store/
akihabara/floor_guide/01/F01
電 (81)03-5289-3800
交 JR秋葉原站電気街出口步行約
1分鐘

⑨ 站前商場 atre 1

這個商場的交通可以說是非常方便，因為遊人只要在車站大樓的月台向出口走，一出閘就會到商場的三樓。場內有餐廳、日系雜貨、妝物、衣飾和café等，大家如果遇上天氣不好的日子，也逛得十分舒適呢！

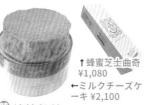

↑蜂蜜芝士曲奇
¥1,080
←ミルクチーズケーキ ¥2,100

時 10:00-21:00
網 tokyomilkcheese.jp
電 (81)03-5289-3884

除了牛奶芝士蛋糕，還有人氣的曲奇

⑨a 香濃牛奶芝士蛋糕
東京ミルクチーズ工場 (1F)

這間源自日本的東京牛奶芝士工場，素材來自日本及世界各地有名而美味的原材料：牛奶和芝士來製造出美味的蛋糕、曲奇和甜點。其經典的原味牛奶芝士蛋糕不只鬆軟，還有帶純純的奶香和的濃郁的芝士味，推介大家買回酒店慢慢享用。

店內妝物和精品令人愛不釋手

↑金木犀花的沐浴套裝
¥1,100　↑動物造型的迷你月曆 ¥660

時 10:00-21:00
網 be.hands.net
電 (81)03-5289-3837

⑨b 總要逛一逛 be hands be (2F)

這店是HANDS旗下的妝物店，店內除了一般的潔膚、護膚品外，它同時貫徹了TOKYU HANDS的傳統，雲集了一些外型獨特、可愛且有實際功用的小物和很girly的精品，各位女士們又豈可錯過呢？

WOW! MAP

就算是立食，每位客人都有自己的位置

9c 指尖間的美味 魚がし日本一

對於立食，不少遊人可能都會卻步，可是這間位於商場一樓的立食壽司店卻非常整潔明亮。店內的「企位」不多，每位客人都會被安排在指定位置；當晚站在吧枱前，每點一道壽司，師傅就會在面前細心地將飯團握握捏捏、配上鮮味的魚生、刺身，再把完成的壽司有禮地放在客人枱前的「竹葉」上(對！這裡是沒有碗的)，客人可隨自己喜好沾上醬油或鹽來品嚐。還有，店內有提供中文及英文的餐牌和圖片，大家可以放心點餐啊！

→つぶ貝2件 ¥240

↑ (左至右)香蔥吞拿魚軍艦2件 ¥240、海膽 ¥420、三文魚籽1件 ¥280

↑ 餐牌就放在吧枱前

時 11:00-22:00
網 www.susinippan.co.jp/locations
電 (81)03-5289-3820

每位師傅都會站在客人面前即場製造壽司

原宿・青山・表叄道

Harajuku・Aoyama・Omotedo

必見!
with Harujuku

想知東京最潮最熱的街頭文化,來原宿走一趟定必沒有錯。除了原宿站,周邊的明治神宮、竹下通、青山和表叄道,也是年輕人周末的逛街熱點。想體驗東京街頭文化的朋友,記得來走走!

往來原宿・青山交通

新宿站		JR山手線 約5分鐘 ¥140			原宿站
池袋站		JR山手線 約14分鐘 ¥170			
	JR山手線 約16分鐘 ¥170	渋谷站	東京メトロ 約1分鐘 ¥170		表叄道站
東京站	步行 約8分鐘	大手町站	東京メトロ 約13分鐘 ¥170		

地下至三樓主要為商店

部份餐廳設有室外座位，可欣賞原宿夜景

MAP 別冊 **M14 B-1**

地 東京都渋谷区神宮前 1-14-30
時 11:00-21:00(各店不同)
網 withharajuku.jp
電 (81)03-5843-1791
交 JR原宿站步行約1分鐘；或東京
Metro明治神宮前站步行約1分鐘

① 最新必逛商場
With HARAJUKU

香港首推

於2020年年中開幕的ウィズ原宿可以說是區內最新的複合型商業設施，甫開業已成為原宿的地標。商場內有以新形態開業的UNIQLO、IKEA、戶外用品店、各式café及餐廳等。除了商場，還有大量休憩的空間供遊人休息。

店內的裝修簡約舒適，逛得輕鬆

↑多用途黑色手袋 ¥4,999

↑有不少歐風系環保袋
→四盒裝的地中海海鹽，
買作手信也不錯¥899

① 市區首間插旗店 **IKEA** (1-2F)

在日本的IKEA因佔地廣而大都遠離市區。而這間位於原宿的IKEA是首間於市區開業的分店，店內除了有傢俬外，也有售賣食品、雜貨家品和廚具等，逛累還可以到café坐坐。

時 11:00-21:00、星期六、日及假期
10:00-21:00
網 www.ikea.com/jp/ja
電 (81)0570-01-3900

↑黑色雨衣 ¥1,299

WOW! MAP

153

1b 童心未泯

PEANUTS Cafe SUNNY SIDE kitchen (B2F)

曾幾何時作者「好鐘意」Snoopy，所以二話不說就走進去了。店內純白的主調給人愉快的輕鬆感覺，各式各樣的小家品、文具和衣飾都看到可愛的Snoopy和Charlie，角落還放有原創設計的TEE、手挽袋、CAP帽等，大家買完還可以坐低點個甜品來轉換一個好心情。

→café內有士多啤梨冬甩 ¥380

↑ 兩層午餐飯盒 ¥2,750

黑色罐裝曲奇 ¥1,296

↑ 店內設有迷你gallery，將原創TEE放在畫框中陳列出來

↓ 店內除了售賣商品還附設café

09:00-21:30(L.O.20:30)
www.peanutscafe.jp
(81)03-6434-0046

一甫走進店內已被巨型的螢幕裝置吸引著

↑ ONE PIECE衣飾

←eggs'n things的 TEE ¥1,990

1c 全新概念 UNIQLO

UNIQLO自2012年撤出原宿後，終於8年後再度以全新概念回歸。店內除了有專屬的UT專賣廣場，售賣大量原宿限定設計的衣飾，配以有趣的圖案，令人忍不住手購買；另外不時也有期間限定的服飾，值得一逛。

→ 和不同設計師 crossover的TEE ¥1,500

↑ 店後方有一巨型的屏幕裝置為客人配襯服飾

部份衣飾會以顏色劃分，方便客人按自己膚色或喜好來揀選

↑ 還會介紹原宿今季的時尚顏色

→ 粉紅格仔恤衫 ¥2,990

1d 結合全新科技 StyleHint

就在UNIQLO店旁，它的另一個嶄新概念店–StyleHint，一整個巨型屏幕，客人可透過電腦分析：輸入自己的髮型、膚色，揀選適合自己的配搭裝扮，而電腦亦會自動在店內搜尋搭配的衣飾，可謂十分先進！

時 11:00-21:00星期六、日及假期 10:30-21:00
網 map.uniqlo.com/jp/ja/ detail/10101702
電 (81)03-5843-1745

155

GOOD MOOD FOOD零食雜貨，大可買來作手信

B1

→和ASOKO crossover 的日系雜貨 ¥400

② 超多限定品的首間旗艦店

香港首推

3 coins

這間位於原宿的3 conis是它們首間的旗艦店，店內除了有以往的日系雜貨外，也加入了眾多美妝產品、小傢俱、廚具、小朋友用品，最特別的是可以買到限定的GOOD MOOD FOOD零食雜貨、和日本插畫家嶋田保設計合作繪製的原創帆布包等，大部份都是300円就可以買到，最吸引的還有這裡會先售賣其他分店還未正式上架的新貨品呢！大家豈可不來？

→部份貨品有print service (平11:00-19:00，周末及假期11:00-14:00)，可加上自己的名字或喜愛的句子 ¥330起

↑嶋田保先生設計的環保袋，三個圓圈是代表三枚不同的一百円

MAP 別冊 **M14 B-3**

地 渋谷区神宮前6-12-22 秋田ビル1F
時 11:00-20:00
網 www.3coins.jp/harajuku
電 (81)03-6427-4333
交 JR原宿站步行約7分鐘；或東京Metro明治神宮前站步行約3分鐘

小朋友零食區

WOW! MAP
2

場內設有動漫區

↑除了精品和衣飾，還有扭蛋機
→很有港式感覺的環保袋 ¥4,900

MAP 別冊 **M14 B-3**

地址 渋谷区神宮前6-12-22 秋田ビル2F
時間 11:00-20:00
網址 www.palcloset.jp/shared/
pc_pal/event/baseyard/
電話 (81)03-3486-5127
交通 JR原宿站步行約7分鐘；或東京
Metro明治神宮前站步行約3分鐘

③ 移動展覽館
base yard tokyo

就在3 coins旗艦店樓上的base yard tokyo是一個「游擊商店」，輪流推出期間限定的貨品。店內除了有衣飾、鞋履，還有最新的動漫話題產品、零食、精品⋯⋯喜歡原宿文化的朋友可以一到。

→呪術迴戰的相關產品

店內主打歐美街頭服飾

↑暴力熊crossover系列

④ 歐美Style MFC Store

這間主打歐美型格服飾的店家MFC Store，可以買到不少外國流行的街頭服飾、鞋履、不同造型的暴力熊figure和相關crossover的產品，喜歡暴力熊的朋友記得一到。

MAP 別冊 **M15 C-1** →日本製的復古PUMA波鞋 ¥22,000

地址 東京都渋谷区神宮前3-23-6 1階
時間 12:00-20:00
網址 www.mfc-store.com/f/shoplist
電話 (81)03-6812-9991
交通 東京Metro明治神宮前站步行約4分鐘

WOW! MAP

3　　　4

⑤ 原宿人秘聚地

Fonda De La Madrugada

這間位於地下一樓的土耳奇餐廳是原宿人秘密的晚餐地點，絕少遊人到來。場內的裝修洋溢著墨西哥的南美風情：白壁上的彩畫、編織吊燈和裝飾品、繽紛的條紋枱巾；店內可以吃到手工料理、瑪格麗特調酒、Tortilla薄餅配特色醬汁。當天點了一客雞肉捲餅，炒香的洋蔥和雞肉，外層口感煙韌的餅皮，再沾一口味道濃烈而帶微辣的醬汁，十分醒胃。

→TACOS DE POLLO
¥1,000

↑客人沿著樓梯向下走就會到入口

↑充滿南美熱情的裝修

MAP 別冊 **M15 D-1**

地 東京都渋谷区神宮前2-33-12 ヴィラ・ビアンカB1F
時 16:00-23:30、星期五六 16:00-02:00(L.O.關門前1小時)
休 不定休及1月1日
網 fonda-tokyo.com/
電 (81)03-5410-6288
交 東京Metro明治神宮前站或表參道站步行約10分鐘

店內的裝修高雅，有眾多帶有貴族氣派的擺設

⑥ 皇室氣派的甜點

VIVEL PATISSERIE

這間來自杜拜的甜品店可以說是非一般的café，它的甜品是依照波斯傳統的手工糖果來製造，再加以改良，帶有中東的獨特味道，不論和、洋菓子的包裝也充滿氣派，難怪連皇室婚禮等派對都會都選擇它。店內裝修優雅，餐單中一款セーブル配伯爵茶套餐，蛋糕的餅皮酥化，中間夾著香甜帶的奶油，和著微酸的果醬，再呷一口熱茶，是絕佳享受。

↑ 店內的菓子也是不少外國皇室婚禮選用的甜點

MAP 別冊 **M13 B-2**

地 東京都港区南青山3丁目18-17 青山十八番館ビル 2F
時 12:00-18:30、星期六、日及假期11:00-18:00
休 星期一
網 vivel-japan.com
電 (81)03-6432-9866
交 東京Metro表參道站A4出口步行約1分鐘

→パルファンローズ ¥810

←セーブル ¥715

洋菓子用上高腳杯盛載

店內的裝修優雅時尚

⑦ 芬蘭國寶級的玻璃藝術 香港首推

Iittala Omotesando Store & Café

Littala是一個位於北歐芬蘭的一個小鎮，這個小鎮以製作出世界的頂級玻璃而聞名；而littala就是來自芬蘭國寶級的家品設計品牌。這店內可以買到各式的玻璃或餐具，各有不同特色的系列，其手工不只精細，就連動物的表情也栩栩如生，當然最為人所知的是姆明系列吧！

↑ Iittala 玻璃鳥SOOTY OWL ¥27,500起

↑ 最受遊人歡迎的姆明系列餐具

MAP 別冊 **M13 A-2**

地 東京都渋谷区神宮前5-46-7 GEMS青山クロス1階
時 11:00-20:00
休 不定休
網 www.iittala.jp/shop/fragship_cafe.php
電 (81)03-5774-0051
交 東京Metro表參道站出口步行約5分鐘

↑ 馬克杯Taika魔幻森林系列的杯子¥2,399起

WOW! MAP
7

café的木色主調加落地玻璃，空間感強

↑還有芬蘭啤酒可試試

→Kastehelmi chocolate raspberry pudding ¥880

欣賞完國寶級的玻璃擺設，還可以到旁邊、全世界首間的iittala café休息一下。店內北歐風的裝修令人感覺放鬆，有各式點品，也有特色的芬蘭味道：三文魚湯、肉桂卷、傳統的Karelian餡餅等供客人選擇。

↑iittala 玻璃鳥GROUCE YELLOW，其身上的彩紋精細奪目

↑店內除了衣飾還有毛巾及牀上用品等

質感軟熟的各款毛巾

⑧ 百年芬蘭品牌
LAPUAN KANKURIT

身為首間海外直營店的表參道分店LAPUAN KANKURIT，傳承百年品牌的堅持：簡約的北歐風、舒適高質的羊毛、保暖度高的天然素材：棉麻、亞麻等，產品大都是芬蘭製造，不只耐用而且質感柔軟，不論小朋友或大人的膚質也適合。

←桑拿專用的帽子 ¥4,400

→和MATTI PIKKUJÄMSÄ品牌crossover的環保袋 ¥4,620

MAP 別冊 M13 A-2

地 東京都渋谷区神宮前5丁目13-12
時 12:00-19:00
休 星期二、不定休
網 lapuankankurit.jp/shop
電 (81)03-6803-8210
交 東京Metro明治神宮前站步行約4分鐘

WOW! MAP

8

↑ Farmer's Market 設有不同類型的美食車，逛完市集可以順道品嚐特色小食。

↑ 市場有很多自家的農產品

⑨ 周末市場小確幸
表參道flower market

每逢星期六、日，在青山國連大學前會有一排白色的帳篷整齊地排列著，原來這裡就是青山的周末Farmer's Market。

MAP 別冊 **M13 A-3**

地 東京都渋谷區神宮前5-53-70國連大學前廣場
時 逢星期六及日10:00-16:00
網 farmersmarkets.jp /
www.thejmp.com
交 表參道站步行約5分鐘

↑生胡椒配蒜蓉 ¥750起

↑就連自家品牌的禮物袋也有 ¥300

↓生胡椒有加配不同香料，適合不同的菜式

⑨ₐ 調味必備 生胡椒專門店

在眾多農產品的檔口當中，這間可算十分特別。店家主要售賣由斯里蘭卡生產的生胡椒，其獨特的味道有別於日本傳統的胡椒，微辛的口感帶點香口，可以用作蔬菜調味，也可以配漬物和白飯同吃。

時 10:00-16:00
網 www.apappemayajifu.com

→生胡椒原味 ¥750起

店內有如一個小型藝術館

10 充滿藝術感的商品

MoMa Design Store

這間MoMa Design Store是美國紐約MoMA現代美術館首間海外設立的商品店，店內既可以欣賞到各式的藝術品，又可以買到設計獨特的商品，除了有奈良智美、草間彌生、Andy Warhol等世界級藝術家相關的產品外，也有琳琅滿目的文具、小家品、雜貨……喜歡文青創意的朋友，定必流連忘返！

↑Swatch crossover MoMa的梵高Starry night手錶 ¥13,530

家品及擺設也值得一逛

↑Andy Warhol經典作品的金寶湯 Memo ¥3,080

→已故時裝設計師ISSEY MIYAKE BAO BAO系列 ¥37,400

MAP 別冊 **M15 C-2**

地：東京都渋谷区神宮前5-10-1 GYRE 3F
時：11:00-20:00
網：www.momastore.jp/shop/pages/about_locations_jp.aspx
電：(81)03-5468-5801
交：東京Metro表參道站A1出口步行約4分鐘

WOW! MAP

10

店內以粉色為主，更用迴轉方式，讓食客自由地品嚐。

真的

抵食
編者推介

⑪ 迴轉甜品天堂

MAISON ABLE Cafe Ron Ron

各位甜品控，來到東京必定要到這間餐廳朝聖。MAISON ABLE Cafe Ron Ron是一間迴轉任食甜品，女士們只需付¥2,100，就可以在40分鐘內任食超過30種的甜點，當中包招蛋糕、團子、馬卡龍等等，亦有小量的鹹點供應，如三文治、漢堡等。每個餐點都做成一口的份量，大家就可以品嚐更多款不同的美食。以日本吃甜點動輒上千元價位來說，真的非常划算。室內的設計，由牆身到餐具都以粉色系為主，讓女生們瘋狂的拍照打卡，能滿足有顆少女心的你。

↑雖然是任食，但絕不馬虎，甜品造型仍十分可愛。

女生們嘴在吃，眼睛卻看著迴轉桌上的美食。

↑每一款甜點都做得精緻小巧，可以多吃不同的甜品。

↑除了甜點之外，還提供數款的鹹點。

←入場前先取一瓶飲料，有茶類及果汁類的飲品。

MAP 別冊 **M15 C-2**

地 東京都渋谷区神宮前6-7-15
時 11:30-18:00(L.O.17:10)
休 不定休
金 女性：¥2,100；男性：¥2,400；小童：¥1,700；學前兒童：¥500
網 cafe-ronron.com
電 (81)03-5468-8290
註 飲食限時40分鐘
交 明治神宮前駅步行約2分鐘

WOW! MAP
11

不少少女都慕名朝聖

⑫ Tiffany Blue的魅力
Tiffany Café

知名的珠寶品牌「Tiffany & Co.」，2019年品牌旗下的「Tiffany Café」更首次衝出美國，在原宿設立亞洲首間的概念店。整間店舖以貫徹品牌的一致性，以Tiffany Blue為主色調。六層的概念店，頂樓是Tiffany café，內有著名的牛角包及咖啡，不過CAFÉ不設walk in，想去的遊人就要在兩星期前網上預約。另外，店內亦販賣不同的首飾，舒適的空間讓女仕們慢慢挑選。概念店暫定開業3年，女仕們要爭取時間去朝聖了！

↑ 概念店其中一項觸目的，就是這一台出售自家品牌的自動販賣機。

MAP 別冊 **M14 B-2**

地 東京都渋谷区神宮前6-14-5
時 11:00-19:00；café：
  11:30-18:30(L.O.18:00)
網 www.tiffany.co.jp/jewelry-
  stores/cat-street/
電 (81)0120-488-712
交 明治神宮前步行約4分鐘

⑬ 自訂鞋款
White atelier BY CONVERSE

到這間White atelier BY CONVERSE自訂一對個人風格的Converse。一樓出售當季鞋款和配件飾品；沿著樓梯來到B1樓才發現內有乾坤，提供自訂鞋款的服務，客人首先挑選一雙全白的Converse，再選擇喜歡的圖案，付款之後，店員會立即印製，需時一小時就可取貨，十分方便。

↑ Converse 找來多個藝術家設計圖案，有三大本圖案冊供遊人選擇。

← 米奇圖案童裝
Converse(低筒)
￥5,500、(高筒)
￥6,000

MAP 別冊 **M14 B-3**

地 東京都渋谷区神宮前6-16-5 HOLON-III B1F・1F
時 12:00-20:00
休 不定休
網 whiteatelier-by-converse.jp
電 (81)03-5778-4170
交 明治神宮前站步行約6分鐘

12   13

WOW! MAP

↑ 裏參道 Garden 場內提供免費 wifi，而且不禁止拍照，遊人最 like！

↑ 店中店以木搭的小攤檔方式經營，枱和椅都是木製的，一室樸實和風。

裏參道 Garden 所在的位置十分隱蔽，附近都是民居，所以比較少遇見遊客。

⑭ 隱於在小巷內的古民家花園
裏參道Garden

有別於原宿、表參道人來人往的繁華光景，隱身在兩區之間的小弄巷內，裏參道Garden由建於1952年的古民宅翻新改造而成，散發著靜謐愜意的氛圍。推開木門，映入眼簾的是小巧的日式庭園，再來就是以店中店形式經營的空間，目前由抹茶專門店宇治園、日式甜品店味甘CLUB，以及鬆餅店Riz Labo Kitchen 3家店鋪進駐。座位區是三店共享，遊人可以隨意選擇坐位，如果遇上好天氣的話，也可以坐在戶外的庭園空間，感受陽光明媚，再點壺茶及甜點，悠閒地在戶外享用，度過一個休閒舒適的午后時光。

MAP 別冊 **M15D-2**
地 東京都渋谷区神宮前4-15-2
網 www.urasando-garden.jp
交 明治神宮前站步行約8分鐘

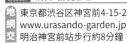

⑭ᵃ **味甘CLUB**

味甘CLUB主打日式傳統甜品，每一份餐點都是店家手作製成，當中最受歡迎的莫過於名為天使之淚的水信玄餅，晶瑩剔透又渾圓的外型好像一粒大水滴，十分美麗，一開賣就成了當店的人氣商品。此外，店內亦有多款與甜品相襯的飲品，包括黑豆茶、蕎麦茶、玄米茶、紅茶、花茶和咖啡。

← 烤麻糬丸子套餐 ¥1,100
烤麻糬丸子有 12 種口味蘸醬供選擇，遊人更可以親手烤麻糬丸子，十分有趣！

↙ 水信玄餅口感 Q 彈，蘸上香甜黑糖醬和黃豆粉，美味而毫無甜膩感，就算嗜甜品的朋友也不妨一試。

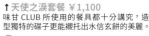

↑ 天使之淚套餐 ¥1,100
味甘 CLUB 所使用的餐具都十分講究，造型獨特的碟子更能襯托出水信玄餅的美麗。

時 12:00-18:00(L.O.17:30)

代官山・惠比寿・中目黑

Daikanyama・Ebisu・Nakameguro

必見!
OFFICINE
UNIVERSELLE BULY

有別於熱鬧繁華的市中心，這裡周邊都洋溢著一片悠閒的氣氛。弄巷之間隱藏著特色的餐廳和小店、衣著優雅的青年人，帶著輕快的步伐走過，到處都是綠意盎然和商店的共融，令人不禁放慢步伐。

往來代官山・惠比壽・中目黑交通

新宿站	JR山手線 約9分鐘 ¥160	渋谷站	東急東橫線 約2分鐘 ¥130	代官山站
新宿站	JR山手線 約9分鐘 ¥160			惠比壽站
新宿站	JR山手線 約9分鐘 ¥160	渋谷站	東急東橫線 約4分鐘 ¥130	中目黑站

167

店內佈置簡約乾淨

↑ 店員風趣幽默

① 健康天然的食品
Ballon TOKYO

想健康又愛食零食？推介大家來甜品店Ballon Tokyo。店內提供的小食和甜點都以健康為大前題：100%的純素沙律，用上有機的蔬菜；而另一款人氣食品就是用上100%植物作素材、不含蛋、奶、糖的雪糕，精選有機豆漿、京都丹波產的甘草和國產菜籽油等，味道天然清甜，對食物有過敏的朋友也可安心享用。

→Granola雪糕 ¥550

MAP 別冊 **M10 B-2**

地 東京都目黑区中目黑3丁目2-19 ラミアール中目黑104
時 12:00- 17:00
休 不定休
網 www.ballontokyo.com/
電 (81)03-3712-0087
交 東急東横線、東京Metro中目黑站步行約5分鐘

↑除了原味，還有咖啡和士多啤梨等味道

牛奶蛋糕每天都新鮮製造

←牛奶パン
¥380

② 鬆軟忌廉蛋糕
MARUSEIYU Tokyo

香港首推

這間剛於2022年9月開業的蛋糕店，就佇立在熱鬧的大街上。當店最人氣的是用鮮牛奶製成的鬆軟蛋糕，中間夾著牛奶忌廉，質感軟熟，甜度剛好，難怪剛開店就有不少人慕名而來。

MAP 別冊 **M10 B-2**

地 東京都目黑区上目黑2-6-9 マルモビル 1F
時 11:00-19:00　休 星期二
電 (81)03-5708-5230
交 東急東横線、東京Metro中目黑站步行約2分鐘

WOW! MAP

1　　2

樓下的雅座讓人仿如坐在花園中放鬆

③ 在大自然中呷一口咖啡

ONIBUS café

要享受目黑的慢活生活，來這裡坐坐定必感受到。佇立在街角的ONIBUS Café環境清靜，周邊點綴著綠意盎然的植物，店家也有販賣莊園的咖啡豆。客人買好飲品或食物後，可以坐在樓下的小庭園、又或走到樓上二樓，選個窗邊的座位，看著眼前駛過的火車、聽著小鳥唱歌，讓自己盡情的活在當下。

↑ 二樓的座位就在鐵路旁，很有特色

↑ ICY LATTE ¥530

MAP 別冊 **M10 B-2**

地 東京都目黑区上目黑2-14-1
時 09:00-18:00
休 不定休
網 onibuscoffee.com/en/pages/
　 copy-of-onibus-coffee-
　 nakameguro
電 (81)03-6412-8683
交 東急東横線、東京Metro中目黑
　 站南口步行約2分鐘

店家的名字「ONIBUS」來自葡萄牙文，意思是公共巴士

店面的裝修於2018年獲得室內設計大獎

④ 百年歷史的傳承
OFFICINE UNIVERSELLE BULY

甫走進店內就被眼前的裝潢震攝，19世紀的歐式傳統貴族風情和現代的簡約工業風格交錯著，令客人一步之間就仿如穿越了二百年的光景。店家OFFICINE UNIVERSELLE BULY是源於1803年，由法國有名的香水師Bully所創立，那時他因為一款獨創的經典香氛洗面乳而在歐洲聲名大噪。

↓客人可以體驗這個羅浮宮系列的三倍水基底的香水

↑右邊的巨型木櫃和枱面將昔日的歐洲貴族風表現得淋漓盡致

→身體按摩油，採用了植物浸泡油
¥6,600

WOW! MAP

客人購買商品後，店員會用英文手寫上外盒標籤

這間位於代官山的分店是OFFICINE UNIVERSELLE BULY於日本開設的第一間店舖，傳承了傳統歐洲的技術，全部的美容品：洗面乳、洗髮水、香水、護膚霜、肥皂等，都是以純天然原材料，無添加任何的化學物品，客人到訪也可以體驗一下不同香水的分別。

↑ 不同功效的面膜粉50g ¥2,640起

→擴香石組合 ¥11,000

↑ 柔軟刷毛的猪獾毛牙刷 ¥6,270

MAP 別冊 **M08 A-2**

地 東京都渋谷区惠比寿西1-25-9
時 11:00-20:00
網 www.buly1803.com/jp/
電 (81)03-6712-7694
交 東急東橫線代官山站北口步行
約2分鐘

店內的裝修摩登獨特

⑤ 弄巷中的人氣 **香港首推**

café ROJU

這間很有格調且空間感很強的ROJU café雖然置身於小街內，可是卻很受客人歡迎。因為其室內獨特的空間設計，令人仿如置身紐約SOHO。挑高的天花襯著黑白格調的傢俬，偶爾點綴著帶有復古風情的小茶机，不論是坐著休歇或是三五知己談天說地，也有一種仿如回到家中的自在感覺。

↑↓ 場內有大量的充電位置，不少客人都來電腦來工作或開會

客人先在吧枱揀選食物付款

MAP 別冊 **M10 C-2**

地 東京都目黑区中目黑1-9-3
時 10:00-20:00
網 housetrad.com/rojucafe
電 (81)03-6303-0770
交 東急東橫線、東京Metro中目黑
   站步行約6分鐘

→HOT
LATTE
¥550

← 另一邊廂的空間卻帶點girly的溫馨感

WOW! MAP

5

↑無花果朱古力蛋糕 ¥700

MAP 別冊 **M08 A-2**

地 東京都渋谷区恵比寿西1-17-1 プルミエール恵比寿 1F-A
時 09:00-19:00、星期日及假期 10:00-19:00
網 www.medeldeli.jp
電 (81)03-6427-8580
交 東京Metro中恵比寿站步行約3分鐘；或JR恵比寿站西口步行約5分鐘

⑥ 健康食店 Medel deli

注重健康的遊人，推介大家來試試這間位於惠比壽的 Medel deli，剛於2022年10月1日改裝開幕，由原來的café改裝成餐廳，主要提供健康的 smoothie bowl、天然的水果飲品、鬆餅及漢堡包等，大家有時間不妨到來享受一餐健康的美食。

→Almond milk Latte ¥740

↑繪馬大都是祈求生意興隆順利

就算平日也有很多人來參拜

⑦ 財神庇蔭 惠比壽神社

惠比壽神社雖然位於繁華街後面、安靜的住宅區，可是不少當地做生意的人都會到神社來祈求提升財運及生意興隆。而在日本惠比壽是有名的財神及商業之神，所以深受商人所信奉。

MAP 別冊 **M08 A-2**

地 東京都渋谷区恵比寿西1-11-1
交 東京Metro中恵比寿站3號出口，步行約1分鐘

WOW! MAP

6　　7

173

⑧ 東京必到朝聖

STARBUCKS RESERVE™ ROASTERY

全日本第一間STARBUCKS RESERVE™ ROASTERY於2019年2月開幕，由日本知名的建築師隈研吾所設計。旗艦店分為四層，分別設有不同的主題。一樓有很多店舖限定的紀念品；二樓是以「茶」為主題的Teavana bar。喜歡喝酒的一定不能錯過三樓的Arriviamo bar，這是STARBUCKS首間的雞尾酒酒吧，用咖啡配上不同的酒品，為愛酒人士帶來耳目一新的感覺。這一層設有露天的位置，在櫻花盛開的時候，非常漂亮。四樓是一個舉辦活動及講座的空間。

↑店內即時烘焙手工 pizza、麵包及西餅等等，以配搭咖啡一同享用。

↑四樓的活動空間讓客人與專業的咖啡師有近距離的互動。

有專業的駐場咖啡師利用 17 米高的焙咖啡桶烘焙咖啡。

二樓的 Teavana bar 放有不同的茶葉供遊人聞香。

MAP 別冊 **M10 A-1**

地 東京都目黑区青葉台2丁目19-23
時 07:00-23:00(L.O.22:30)
網 starbucks.co.jp
電 (81)03-6417-0202
交 中目黑駅步行約11分鐘

WOW! MAP
8

⑨ 台屋美食集散地
惠比寿横丁

如果在東京想體驗台屋文化，那麼推薦大家一定要來惠比寿横丁，L字型的窄巷中，燈紅酒綠，帶有濃濃的日本色彩，彼此起落的笑聲聊天聲貫穿整個横丁，氣氛輕鬆又歡樂，熱鬧非常，更一次過齊集21間不同類型的食店，包括關東煮、串燒、壽司、鐵板燒、燒肉、小酒館等。雖然環境狹窄，店舖亦早已高朋滿座，但人潮仍不斷湧入。這裡是當地上班族放工後消遣的好去處，亦是遊人感受東京夜之魅力的地方！

↑手寫的餐板、紅色燈籠，橙色的燈光，襯托出濃厚復古風味。

↑横丁內不時會有街頭藝人賣唱，氣氛更熱鬧。

↓肉壽司除了新鮮的壽司刺身，還有其他地方少見的馬肉壽司，貪新鮮的遊人可以試下。

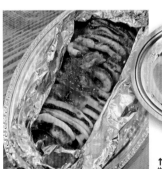

↑的特製醬汁燒魷魚 ¥680
新鮮的魷魚爽口彈牙，味噌的鹹香，味道有點像魷魚乾。

↑塩燒牛舌 ¥880
牛舌嫩滑又爽口，淡淡的麻油香，好食。

MAP 別冊 **M08 B-1**

地 渋谷區惠比寿1-7-4
時 店舖營業時間各異，請參考官網公佈時間
網 www.ebisu-yokocho.com
交 JR惠比寿站步行約3分鐘

175

價值數百萬元的Baccarat超巨型水晶燈

⑩ 惠比壽的華麗城堡
Yebisu Garden Place

Yebisu Garden Place於1994年開幕，是一個綜合娛樂、購物商業區，佔地甚廣。其中設施包括有Glass Square、三越百貨店、惠比壽Garden Cinema、The Westin Tokyo Hotel、東京都寫真美術館、惠比壽麥酒紀念館及Yebisu Garden Place Tower。

MAP 別冊 **M08 B-3**

地 東京都渋谷区恵比寿4-20
時 各地舖不同　網 gardenplace.jp
電 (81)03-5423-7111
交 惠比壽東口Yebisu Sky Walk步行約5分鐘

⑩a 浪漫拍拖勝地
Glass Square

Glass Square以玻璃天幕設計而聞名全國，B1樓有10多間商店及食肆。不定期舉行季節性活動，每年聖誕新年期間展出的法國Baccarat超巨型水晶燈更是焦點所在，是情侶約會的勝地。

時 休業
網 www.sapporobeer.jp/brewery/y_museum
電 (81)03-5423-7255
註 2022年10月31日開始關閉進行室內裝修工程，請留意官網公布重開日期

⑩b 就去喝杯小日啤
Museum of Yebisu Beer

Sapporo Beer成立於明治20年，是日本國內數一數二的啤酒製造商，而惠比壽啤酒因當年的釀酒廠設於惠比壽而得名。惠比壽麥酒記念館是為了紀念Sapporo啤酒惠比壽工場成立100週年而建。

忌廉咖哩烏冬 初代のカレーうどん ¥1,210
由於新鮮山葵成本高，一般只曾在高級日本料理中出現，初代以合理的價錢，提供高質素的料理。

⑪ 手工蕎麥麵專賣店
手打ち酒彩蕎初代

位於惠比壽站附近的初代，以蕎麥麵聞名，不少日本媒體都曾經報導過。除了蕎麥麵，初代還有一道人氣話題美食－忌廉咖哩烏冬，表面舖上一層厚厚的白色薯仔忌廉，內裡是日式咖哩湯烏冬，順滑綿密的薯仔忌廉與彈牙的咖哩烏冬味道十分相襯，沒有預期中油膩感，讓人不知不覺吃完一大碗。

↑天婦羅蕎麥麵 天そば切り ¥1,350

↑初代環境裝潢簡約優雅，樓高兩層空間寬敞。

→蕎麥麵附有山葵讓客人自己磨wasabi，新鮮的wasabi沒有攻鼻的氣味，清香帶甜，與蕎麥麵同吃味道一流！

↑一樓的坐位區可以欣賞到師傅即場現製蕎麥麵

←枱上放置了一個木盒，內有6款給炸物調味的彩鹽。

MAP 別冊 **M08 A-2**

地 東京都渋谷区惠比寿南1-1-10
　　サウスコラム小林 1F
時 11:30-23:00(L.O.22:00)
電 (81)03-3714-7733
交 JR惠比寿站西口步行約2分鐘

WOW! MAP

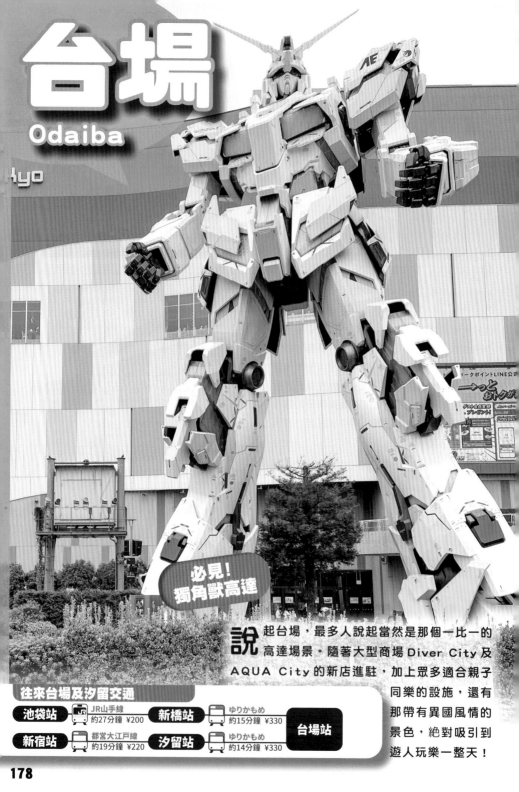

台場
Odaiba

kyo

必見！
獨角獸高達

說起台場，最多人說起當然是那個一比一的高達場景。隨著大型商場 Diver City 及 AQUA City 的新店進駐，加上眾多適合親子同樂的設施，還有那帶有異國風情的景色，絕對吸引到遊人玩樂一整天！

往來台場及汐留交通

| 池袋站 | JR山手線 約27分鐘 ¥200 | 新橋站 | ゆりかもめ 約15分鐘 ¥330 | 台場站 |
| 新宿站 | 都營大江戶線 約19分鐘 ¥220 | 汐留站 | ゆりかもめ 約14分鐘 ¥330 | |

商場外有不少打卡位

↑場內空間感強,周末到來也逛得舒適

↑大型的扭蛋機,定必滿足到小朋友

MAP 別冊 **M03 A-1**

地 東京都港区台場1-7-1
時 11:00-21:00(各店略有不同)
休 各店不同
網 www.aquacity.jp
電 (81)03-3599-4700
交 ゆりかもめ線台場站步行約2分鐘

① 異國風情滿溢 AQUA City

毗鄰彩虹橋及自由神像的AQUA City是複合式的商場,內裡以地中海作主題,有特色小店、餐廳、主題遊樂館等,而當中最吸引遊人的就是位於5樓的「東京拉麵國技館 舞」,喜歡拉麵的朋友定必要來試試。

↑動物地圖 ¥500

↑以動物為主題的家品
←小帳幕 ¥600

① 歐式雜貨
Flying Tiger Copenhagen [3F]

這間被稱為北歐的一百円商店是來自丹麥的品牌,它主要是售賣歐式的雜貨、文具、家具等,不只設計獨特有趣,超便宜的價錢更是吸引客人的原因。

時 11:00-21:00
電 (81)03-6457-1300

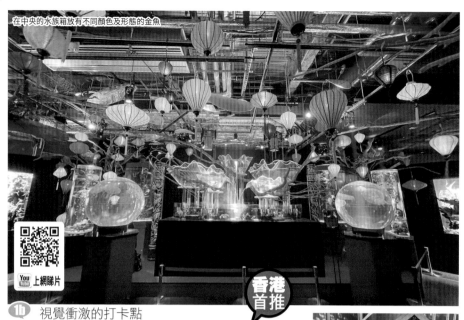
在中央的水族箱放有不同顏色及形態的金魚

You Tube 上網睇片

香港首推

1b 視覺衝激的打卡點

UWS AQUARIUM GA☆KYO [1F]

這個剛於2022年7月尾開幕的特色展覽GA☆KYO，是以日本的傳統為背景、以高貴華麗的空間打造出一個令人驚喜的視覺藝術空間。場內設有五個場景：侘寂、花魁、萬華鏡、遊樂、龍宮，匯聚了日本的傳統和傳說，運用不同的色調、燈光、佈置，令遊人置身於仿如幻境般的世界，絕對是令人驚喜連連。

↑五彩繽紛的裝置藝術令人目不暇給

↑萬華鏡中遊戈的金魚

↑參觀過後有售賣紀念品的小角落

時 11:00-20:00；星期六、日及假期 11:00-21:00
金 中學生以上¥1,200、小學生¥600、小學生以下免費
網 uws-gakyo.com
電 (81)080-7068-6684

↑場內的燈光及和紙令人即時有「很日本」的感覺

各店以木棚來分格，帶點屋台的格局

1C 人氣拉麵大匯聚

東京拉麵國技館 (5F)

位於五樓以拉麵為主題的「東京拉麵國技館 舞」匯集了6間人氣的拉麵店，由北海道到九州的都各有特色，有濃郁湯底的、清淡雞湯又或醬油湯底的都有，客人可依據自己喜好來選擇。

↑入口處有介紹各間不同拉麵的特色及出處

↑店內座位不多，每到午餐就會出現人龍　↓客人入店時先在自助售票機處點餐

↑濃厚甘海老豚骨ラーメン ¥1,200

當天選了一間來自金沢的「神仙」，它以濃厚的豬骨湯底為主打。店內更有一款極度奢華的金箔拉麵，而我則點了一客只可以在這裡試到的、台場限定濃厚甘海老豚骨拉麵，它的稠濃的湯底帶有蝦的鮮甜、混著豚骨的鮮味，沾著麵條吃，簡直令人一試難忘。

時 11:00-23:00
電 (81)03-3520-1118

獨角獸高達

↑商場設有大型美食廣場

② 超現實高達場景
DiverCity Tokyo Plaza

自從高達RX-78退役後，大家都望穿秋水，新的高達何時進場。不用再等了，獨角獸高達Unicorn Gundam已經登場。新登場的高達高19.7米，比上一代的高達更有氣勢。另外，這個高達更厲害的是可以變身的，在日間的時候，配合身上的燈光，變成「毀滅模式」；而晚上配合燈光演出及Diver City Tokyo Plaza的大電視播放動畫，讓獨角獸高達的日與夜各有不同的風味。

MAP 別冊 **M03 B-1**

地 東京都江東區青海1-1-10
時 星期一至五11:00-20:00(餐廳至
　 21:00)(美食廣場至22:00)；
　 星期六、日10:00-20:00(餐廳至
　 21:00)(美食廣場至22:00)
網 mitsui-shopping-park.com/
　 divercity-tokyo
交 ゆりかもめ線台場站下車，步行
　 經富士電視台旁，約8分鐘; りん
　 かい線東京テレポート站下車，
　 步行約5分鐘

②a 高達迷全新據點
THE GUNDAM BASE TOKYO (7F)

日本首間以高達模型為主的商店。一入門口就有模型展品，高達迷又點可以錯過呢！另一邊就是令無數男士為之瘋狂的販賣模型區域，有各色各樣的高達模型，喜歡都就買回家吧!在場內的模型製作區，即時借用工具砌模型。場內還有展示模型的製作工序，高達粉絲可以一次看過夠。

↑ガンダムベース限定
お菓子¥1000（税込）
可以買給喜歡高達的朋友

↓高達迷可以在這裡選購不同的高達模型

↑模型製作區，可以即場砌剛買的模型

地 東京都江東区青海1-1-10 ダイバーシティ東京 プ
　 ラザ7F
時 星期一至五11:00-20:00；星期六、日及假期10:00-21:00
休 不定休　網 www.gundam-base.net
電 (81)03-6426-0780

WOW! MAP
2

店內有數百款文具、精品和配飾

香港首推

2b 哆啦A夢未來百貨店
Doraemon Future Department Store (2F)

橫跨數個世代的人氣Doraemon絕對是小朋友童年必看的卡通片或漫畫,主角哆啦A夢、大雄、靜香等各有性格,以日常生活的瑣事描繪出動人心弦的情節,令讀者難以忘懷。這間位於台場的百貨店是全球首間的官方商店。店內除了有限量版的商品外,還有各式的體驗遊戲、道具實驗室等,充滿童真。

↑ 小朋友可隨意和主角拍照

↑ 隨意門很受小朋友歡迎

→ 大雄和靜香的結婚公仔¥1,980

考考大家眼界的空氣炮

限定版和文明堂crossover的銅鑼燒 ¥1,080

時 10:00-20:00、星期六、日及假期10:00-21:00(體驗區最後入場為關門前30分鐘)
網 mirai.dora-world.com

很有和式風格旳裝修

2G 粉絲必到 **Hello Kitty Japan** (2F)

喜歡Hello Kitty的朋友對這店家一定十分熟悉。店內 可以買到各款Sanrio的卡通人物精品、文具、衣飾和小家品等，加上有不少都是限定版，定必令大家滿載而歸。而旁邊更附設有café，各式的甜品造型更是可愛非常，是粉絲們必到的打卡點。

←Hello Kitty
卷蛋 ¥460

→玉桂狗軟雪
糕汽水¥500

↑ Cinnamoroll玉桂狗的行李箱 ¥16,940

↑ 台場限定超合金Hello Kitty Gundam ¥7,480

店內有數百款造型可愛的紀念品

時 10:00-20:00、星期六、日及假期
10:00-21:00
電 (81)03-3527-6118

184

店內的格局帶有傳統和式風情

↑ 很日系的小手巾 ¥500

↑ 柴犬手挽袋 ¥1,100
↓ 浮世繪筷子座 ¥770

2d 日系小雜貨 **WABI SABI** (2F)

喜歡日系小雜貨的朋友，真心推介大家來這店家逛逛。內裡有

數百款日系茶具、衣飾、文具等：用日本傳統漂染的小手巾、柴犬公仔的餐具、環保袋、可愛貓頭鷹的布製小擺設……不只外型可愛，也十分實用。

🕐 0:00-21:00　📞 (81)03-5530-1882

店內的零食區佔的比例一半左右

↑ 充滿童心的玩具零食

↑ 人氣熱捧的桃型去角質按摩肥皂 ¥598

→迷你酒品 ¥298起

香港首推

2e 日系小雜貨 **キラキラDonki** (2F)

這間剛於2022年5月開幕的Kirakira Donki店有別於以往的店家。其店的主要客戶群是年輕的10幾至20幾歲的青少年人，所以店內的裝修風格盡是色彩繽紛、亮晶晶的閃亮佈置，而貨品更是網絡上的話題商品：親民價錢的美妝品、口味刺激的零食、包裝搶眼的精品、打卡必備的配飾等等，在這裡逛一圈，定必令大家立即「潮」起來！

🕐 10:00-21:00　📞 (81)0570-666-742

→當天到來，有幸遇到DONKI企鵝

店內的特產款式甚多

↑東京咖喱味薯條 ¥432
→台場限定的抹茶味蛋糕 ¥972

↑東京Sweet star 曲奇 ¥648

㉑ 手信特產一TAKE過 ザ・台場 [2F]

來到台場又怎可以空手而回？位於2樓的ザ・台場絕對不會令你失望！店內有數百款手信和特產：限定版的和菓子、東京人氣的蛋糕、得獎的美味曲奇、台場限定的抹茶蛋糕等，大家可以盡情買個夠。

台場初登陸的熊貓造型蛋糕 ¥540

時 10:00-21:00
電 (81)03-6457-2675

↑店內有林林總總的相關產品

↑睡覺用的eye mask ¥660

模型由 ¥13,000起

㉒ 童年回憶「筋肉人」
キン肉マンKIN29SHOP TOKYO [2F]

筋肉人可以說是童年經常看到的熱血摔角卡通片。不說不知，在日本這齣由漫畫改編的卡通片也十分有人氣，連載至今已超過四十年！這店除了可以買到主角筋肉人的商品外，也有鐵面羅賓、戰爭人和泰利人等，看到這些有沒有令大家勾起一些童年回憶呢？

→主角筋肉人的巨型模型

時 10:00-21:00　電 (81)03-6457-1829

商場內的店舖主要為大型連鎖店

↑設有美食廣場Marina Kitchen

③ 船廠看日落
Lalaport豐洲

Lalaport豐洲的原址為造船廠，現已化身成集購物、玩樂、飲食於一身的大型商場。超過180間商店及餐廳，大人、小朋友甚至寵物都能盡興而歸。發展商在改建之餘亦同時保留了部分造船廠原貌。黃昏時，遊人可以坐在Lalaport外欣賞日落美景。

MAP 別冊 M03 C-2

地 東京都江東區豐洲2-4-9
時 10:00-21:00 / 餐廳11:00-23:00
（部份店舖不同）
休 因各店舖而異
網 toyosu.lalaport.jp
交 ゆりかもめ線、地下鐵有樂町線
豐洲站步行約3分鐘

↑迷彩TEE ¥2,900

↑鮮黃色jumper ¥2,900

很有日本味道的學生服飾

③a 尋回年少輕狂的快樂
Pinklatte (Centerport 3F)

這間主打年青人服飾的店家，內裡可找到不少中學年代的回憶。服飾的顏色色彩繽紛、設計獨特：卡其色迷你格仔裙、荷葉領的恤衫、鮮黃色的jumper、鬆高底的波鞋，還有少量的妝物，特別的是店內有提供XXS的超細碼SIZE，喜歡年輕打扮的朋友定必要逛逛。

時 10:00-21:00
電 (81)03-6910-1572

店內除了家具，也有很多收納用的箱子

↑專為小朋友敏感皮膚用的洗頭水 ¥1,200

↑榮獲good design的餐盤 ¥3,600

3b 日系生活味道

MOMO natural (South port 2F)

喜歡簡約設計的朋友可以到來看看，店內全是日系簡約設計實用的小家品和傢俬：自然木製造的餐具、純天然的嬰兒護理產品、不同款式的收納小箱子等，定必為你家中角落添上一抹日本色彩。

🕐 10:00-21:00　📞 (81)03-6910-1296

↑鰤攝みずし及蟹攝みずし各 ¥480

↑由於是居酒屋，每人會附上佐酒小食一客(收費)

↑黃昏時份到來已坐滿客人

3c 場外豐洲食堂魚金 (1F)

想食新鮮的海產，來魚金就可以了。店家每天都由豐洲魚市場直接買入新鮮的海產：鰤魚、真鯛、鰻魚、吞拿魚等……選擇極多。來了一客鰤魚和蟹的攝み壽司，鰤魚肉厚且甘甜、蟹肉則帶鮮味，飯的口感黏稠，味道不錯。

🕐 11:00-23:00(L.O.22:00)　📞 (81)03-6910-1296

3d 我的志願現實版
KidZania (North point3F)

Kidzania是Lalaport最特別的遊樂設施，小朋友可親自體驗飛機師、消防員、新聞記者等70多種行業的工作。最特別的職業一定是東京獨有的晴空塔建築師，小朋友穿上制服和戴上頭盔，聽取安全守則和注意事項，非常有趣。

營業時間

冰淇淋店員
小朋友都愛甜食，冰淇淋店員是一直深受小朋友歡迎的職業♥

時	09:00-15:00 及16:00-21:00 兩個時段
金	(平日)3歲至小學前¥2,400起、小學¥2,700起、中學生¥2,700起、大人¥2,400起; (假日)3歲至小學前¥4,500起、小學¥4,800起、中學生¥4,500起、大人¥2,400
網	www.kidzania.jp
電	(81)0570-06-4646
註	*1名小童最多可由2名成人陪同進場，唯只限3-15歲人士參與設施活動，部分設施有身高限制。

晴空塔建築師
↑小朋友專心聆聽有關興建晴空塔的安全守則和注意事項。「大林組」是日本一家大型建設公司，足見日本人處事認真的態度。

↑《櫻桃小丸子》是富士電視台的長壽鎮台卡通，在參觀區內更展出作者珍貴的手稿。粉絲看到是會忍不住心如鹿撞，極為興奮的。

MAP 別冊 M03 B-1

地	東京都港區台場2-4-81
時	10:00-18:00
休	星期一 (若星期一為公眾假期則順延至星期二休息)
金	球体展望室「はちたま」成人¥700，中小學生¥450，幼兒免費
網	www.fujitv.co.jp/index.html
電	(81)03-5531-1111
交	ゆりかもめ線台場站步行約3分鐘

親子

4 投入小丸子同海賊王懷抱
フジテレビ富士電視台

在1:1高達降臨台場之前，富士電視台基本上就是台場的象徵。大樓上的球型展望室，更是台場矚目的建築。不過就算1:1高達成為了台場最新鮮景點，富士電視台的吸引力卻絲毫不減。光是為了在電視台的附設商店狂掃限量版海賊王及櫻桃小丸子產品加參觀節目的錄影佈景，對日劇及日漫迷來說，已經是極吸引的行程。

WOW! MAP

❺ 東京新市場

豐洲市場

MAP 別冊 **M04 A-1**

地 東京都江東區豐洲6丁目
時 05:00-15:00(各店家略有不同)
休 星期三及日
網 shijou.metro.tokyo.jp
電 (81)03-3520-8205
交 乘搭「百合海鷗線」在市場前站
下車，步行約1分鐘

位於豐洲人工島上的新築地市場主要分為三棟，分別是海鮮批發的「水產仲卸賣場棟」、「水產卸賣場棟」及批發蔬菜及水果的「青果棟」。而在舊築地時的人氣食肆亦分佈在這三棟建築物內，這次就帶你揭開「新築地」的面貌及必食之選！

❺ⓐ 新鮮蔬果批發 青果棟

遊人來到青果棟就可以參觀豐洲市場的運作情況，雖然不能近距離欣賞，但站在天橋上參觀也別有一番風味。遊人可以俯瞰著拍賣的情況。在青果棟有三家的餐廳，當中以昔日超人氣壽司店大和壽司就坐落在這裡，建議遊人平日早上來吃，人流相對較少。

遊人俯瞰著市場，可見日本的蔬果交易是相當龐大。

❺ⓑ 老饕必到 水產仲卸賣場棟

如果你的目標是吃的話，就不能錯過這一棟。水產仲卸賣場棟的三樓是飲食區，集結了超過20家的餐廳，昔日人氣店壽司大都位於這裡；不論是回味舊餐廳，還是尋找新的味道，這裡都能夠滿足到大家。這棟建築物除了有飲食區以外，沿著外圍的天橋一直走，就會到達批發水產的見學步道，內有介紹昔日的業者駕駛著運送車的情況，讓遊人懷念舊築地市場的熱鬧。水產仲卸賣場棟的四樓是銷售區，遊人可以在這裡選購不同的乾貨或紀念品。

↑遊人可以沿著批發水產的見學步道，參觀業者選購海產的情況。

遊人沿著走道，兩旁介紹著昔日築地市場的光景。

←在舊築地市場時，這些運送車在身旁車水馬龍的情況成為絕響。

5c 傳統人氣海鮮丼 海鮮丼大江戶

在美食區，每一處都非常吸引，但說到人氣最強的，除了寿司大和之外，還有這一家海鮮丼大江戶。早上來排隊，就為了這個早上限定的「上級函館蓋飯」及加入新鮮魚肉的味噌湯。呷一口味噌湯，魚鮮甜味圍繞著整個口腔久久不散，令人非常回味。主角海鮮丼，整碗都是滿滿的海鮮，非常澎湃。海鮮新鮮甜美，海膽非常甜且能嚐到微微海水味、三文魚籽粒粒飽滿，而且價錢相宜，是築地市場的必食推介。

↑味噌鮮魚湯 ¥300
味噌湯加上新鮮魚翻滾，鮮甜味提升，想喝的話就要早點到來，因為這是早上限定！

↑場內的位置不多，太晚來的話就要花時間等候。

→上級函館蓋飯 ¥2800
早上限定的上級函館蓋飯，材料新鮮鮮甜，想品嚐就要早點起床品嚐。

時	星期一至五10:00-14:30；星期六、日8:00-15:00
休	星期日、假期及休市日
網	www.tsukiji-ooedo.com
電	(81)03-6633-8012

↑這裡也提供新鮮蔬菜供遊人選購。

味噌有很多不同的選擇。難怪有不少的業者也在這裡選購。

5d 不一樣的「場外市場」 関連物販店舖 [4F]

在舊築地市場的時候，有不少人都會在場外市場逛逛；不過場外市場沒有跟著搬進新的築地市場，取而代之的是関連物販店舖。這裡所販賣的主要針對業內人士出售不同的物品，例如防水衣物、刀具、包裝用品等等。除此之外，也有一些木魚、煎蛋卷、味噌、醃菜，喜歡的話遊人不妨在這裡選購一些回家。

↑場內除了販賣業者用品外，遊人還可以品嚐這些小食。

関連物販店舖非常整潔，逛的時候很舒適。

WOW! MAP

遊人只能透過玻璃參觀整個的吞拿魚拍賣的過程。
參觀人士只能「離地」參觀。

↑雖然未能近距離參觀，但仍吸引不少的遊客前來。

5e 「離地」的吞拿魚拍賣見學 **水產賣場棟**

以前在築地市場，遊人可以近距離的觀賞吞拿魚拍賣見學；不過來到「新築地」，因為要嚴格監控衛生情況，所以將參觀人士及漁販的工作區分隔。想參觀的遊人要走到水產卸賣場棟的三樓，透過玻璃俯瞰著名的吞拿魚競標。競標由早上五時半開始，參觀人士只可以站在天橋參觀，雖然不能近距離的欣賞，但站在天橋上，仍可以聽到他們拍賣的叫喊聲。同時參觀區設有拍賣的手勢介紹，讓遊人了解這個吞拿魚拍賣的歷史及知識。

5f 百年咖啡店轉型 **愛養**

在舊築地的時代，愛養是一家有百年歷史的咖啡店，遷至新築地後以炸天婦羅丼重新登場。新店約有20個座位，這次坐在料理台前，看著師傅即製的天婦羅，胃口大開。想一次過品嚐不同的天婦羅，天丼是不二之選，包含了兩隻大蝦、野菜、海鰻及魚，咬一口大蝦天婦羅，外層炸得非常鬆脆，能吃得到大蝦的鮮味。而米飯當然是使用日本米，能吃到米香，配上天婦羅的醬油，是一個天衣無縫的組合。

↑坐在料理台前看著師傅炸天婦羅，那香氣撲鼻而來。

→天丼定食
¥2000

店內約有20個座位。

地 水產卸賣場棟 3/F
時 07:00-14:00 (L.O.)
電 (81)03-6633-0014

1978年退役的「谷宗」號，現在已成為這裏重要展景。

↑ 不同的官階有不同的艙房

↑ 遊人可以走進船長的駕駛室，體驗一下船長的視野

⑥ 假船真趣味 船の科学館 親子

東京灣畔，泊了一艘白色大船。它是一個展示航海設備的博物館，可惜因建築物老舊而被關閉，只開放一旁的「迷你展示場」給有遊人參觀。不過，不要失望，最精彩的展品其實就停在科學館外岸邊的「谷宗」號，它是日本第一艘南極探測船，而船上的展品都是敘述南極探險的歷程，非常有趣。

MAP 別冊 **M03 A-2**

地	東京都品川区東八潮3-1
時	10:00-17:00
休	星期一及12月28日至1月3日
網	www.funenokagakukan.or.jp
電	(81)03-5500-1111
交	ゆくかも線船の科学館站直達

↑ 設有酒吧區，有遊人在這裡感受「Chill」嘆生活。

↑ 有不少當地人在這裡BBQ。

打造高質野營

場內有不少的營地

⑦ 野營BBQ WILDMAGIC

WILDMAGIC依傍東京灣，被高樓大廈包圍，在市中心打造戶外氣息。這裡打造成露營風格，一個個的帳篷、露營車散落在不同的角落，熱鬧中又不覺擁擠。雖然有眾多的露營設施，但不設露營，這裡提供的是BBQ套餐，提供肉類及蔬菜，適合一家人出遊又或者倆小口約會，或一大班朋友開派對。

MAP 別冊 **M04 B-1**

地	東京都江東区豊洲6-1-23
時	10:00-22:00
金	¥5,500起/每人
網	wildmagic.jp
交	「百合海鷗線」在新豐洲站下車，步行約4分鐘

WOW! MAP

位於Island mall的台場一丁目商店街把三十年代的街道及商店再度重現於大家眼前。

↑ 佔地 3 層的 JOYOLIS 是臨海區最早落成的遊樂中心之一

MAP 別冊 **M03 B-1**

地 東京都港区台場1-6-1
時 星期一至五11:00-20:00、餐廳 11:00-23:00；星期六、日及假期 11:00-21:00、餐廳11:00-23:00
休 不定休
網 www.odaiba-decks.com
電 (81)03-3599-6500
交 お台場海浜公園站步行約5分鐘

⑧ 台場「老」香港 DECKS

Decks絕對算是台場最早的商場之一，除了著名景點「台場一丁目商店街」外，近年更加入了親子遊一流的Legoland Discovery Centre及十分有趣的東京幻視藝術館-迷宮館。而在美食方面，光是有世界第一早餐之美譽之稱Bills的加盟，已經令Decks穩坐台場必逛mall之地位，台場商場再多，Decks始終是不可不逛的。

↑牛排三文治 ¥1,500

↓有機炒蛋配多士 ¥1,000

⑧a 世界第一早餐 Bills Decks [3F]

來自美國的Bills有世界第一早餐稱號的店，在原宿及橫濱亦有分店，而且也是永恆地拖著一條人龍。老闆Bill Granger是享負盛名的名廚兼美食評論家，擅長以極簡單的食材創造出一流的美食。走進Bills，會發現桌椅設計和店內裝潢，都讓人有一種彷彿置身美國的悠閒寫意之感。坐下來，更會發現可以遠眺彩虹橋，而且更有台場分店限定的kid's menu。

時 星期一至五09:00-22:00；星期六及公眾假期 08:00-22:00
網 bills-jp.net
電 (81)03-3599-2100

WOW! MAP

8b 過萬粒Lego任你砌

Legoland Discovery Centre [3F]

親子

整個設計都色彩繽紛的Legoland Discovery Centre，基本上是為孩子們而設的。除了儼如遊樂場的LEGO Factory展示了Lego由膠粒變成百變Lego的過程及4D影院上映十分有趣的Lego大電影外，Discovery Centre內更有讓孩子亂砌狂玩Lego的LEGO Racer:Build & Test及超吸引Lego波波池！說真的，孩子玩得不亦樂乎是意料中事，其實大人們走進Legoland Discovery Centre，也會在剎那間變回愛玩的頑皮大孩子吧！

↑ 砌完後，把戰車拿到跑道，立刻試車！

↑ 叫車迷和小男孩瘋狂的 Build & Test。

↑ MINILAND 也來湊湊晴空塔的熱鬧。

↑ 波波池

↑ 為年紀較小兒童而設的 DUPLO Village。

時	10:00-18:00
金	¥2,250
網	www.legolanddiscoverycenter.jp/tokyo
電話	(81)0800-100-5346
註	大人不能單獨進場，需最少一名小童同行
交	ゆりかもめ「お台場海浜公園」步行約2分鐘；りんかい線「東京テレポート」步行約5分鐘

吉祥寺
Kichijoji

必見!
吉祥寺プティット村

往來吉祥寺交通

| 新宿站 | JR中央線快速
約13分鐘 ¥220 | 吉祥寺站 |
| 渋谷站 | 京王井の頭線急行
約17分鐘 ¥200 | |

雖然吉祥寺和東京的鬧市有點距離,可是交通也十分便利,很適合作即日來回的日歸小旅行,區內隱藏了很有趣而帶有特色的小店,喜歡日系雜貨的文青朋友們記得到來吉祥寺逛逛!

店內裝修古典中又帶點優雅

① 走進半世紀前的食堂
ゆりあべむべる

於1976年開業的ゆりあべむべる保留了昔日的裝修，深木色的主調配上格仔窗、挑高的店內吊燈、帶點銅銹的打字機、偶爾響起的撥輪電話等等，全都細訴著半世紀前的故事⋯ 人氣的微笑咖喱飯，造型充滿童心，微辣的咖喱和著清新的蔬菜，味道香口又帶點甘甜，是簡單的美味！

→スマイルチキンカレー微笑咖喱飯 ¥1,280

↑ 坐在這裡放空也是一種享受

→久違的轉盤電話

店內有很多都是老顧客

MAP 別冊 **M19 B-2**

地 東京都武蔵野市吉祥寺南町1-1-6
時 11:30-24:00
休 不定休
網 mandala.gr.jp/yuria/index.html
電 (81)0422-48-6822
交 JR吉祥寺站南口步行約2分鐘

WOW! MAP

❷ 走進童話故事村
吉祥寺プティット村

走進吉祥寺Petit村就仿如進入夢幻的童話世界裡，這個以繪本為主題的小小世界裡有以貓貓為主題的café、雜貨等，由外觀到內裡的裝修都充滿童心：奇幻色彩的小屋、迷你的小門、巨型的葉子、偶爾看到貓兒的足跡… 不論怎樣走也像置身繪本場景之中呢！

↑到處都有休憩的地方
←村內就仿如貓貓的秘密生活場所

↑村內蜿蜒的小路，就是通往童話世界的入口

MAP 別冊 **M19 A-2**

地 東京都武蔵野市吉祥寺本町2-33-2
時 10:00-18:00(各店不同)
休 各店不同
網 petitmura.com
交 JR吉祥寺站北口步行約7分鐘

↑季節湯品 ¥1,050

↑店內也有可愛的貓貓精品售賣

❷ₐ 可愛滿溢的café
TEA HOUSE はっぱ

這間色彩繽紛的可愛café感覺很療癒：草綠色為主調的內裝，到處掛著乾花、葉子形狀的窗框襯著幼幼的樹幹，就如宮崎駿故事中的場景，黃昏到來，找一個窗邊的座位，呷一口熱茶，感覺就如坐在森林中，愜意非常。

→ French Toast
法式多士 ¥700

時 11:00-21:00
休 不定休
網 teahouse-happa.com
電 (81)0422-29-2880

場內大約有三十多隻貓貓

2b 貓星人的城堡 **手鞠之城**〔てまりのおしろ〕

這間可以和貓星人玩樂的café是村內最人氣的,當天先在門口登記付款,看過規則後就可以進入店內。場內以可愛的橡果樹為背景,有大大小小不同的房間和角落,客人可以先揀選桌子坐下,而每張桌子上都有每隻貓貓的個人介紹,隨後大家都可以任意走動或到樓上樓下和貓貓們玩樂、拍照。店內因沒有時間限制,客人大可以陪玩大半天呢!

↑長毛的緬甸小貓

↑客人可以購買零食吸引小貓

↑入場前職員會簡單講解一下要留意的地方

↑貓貓們都會隨意和客人玩耍,十分黐人

大家要留意小角落不時都會有「躲貓貓」

時 11:00-20:00、星期六、日及假期10:00-21:00(最後入場為關門前30分鐘)

金 平日大人¥1,400、10歲以上¥1,000;假日大人¥1,800、10歲以上¥1,300

網 temarinooshiro.com

電 (81)0422-27-5962

註 10歲以上才可以進入;請遵守場內守則;建議網上預約

吧枱位置的坐位是鞦韆，很有特色

③ 異國相遇
ALOHA cafe

走進ALOHA就仿如置身夏威夷的藍天沙灘，因為場內放了各式各樣的可愛家具：木鞦韆、天藍馬賽克的吧枱、自成一角的鮮黃角落，擺放著異國的名信片、小玩具和海報等，令人不禁想起夏日的沙灘！店家主打西式美食：漢堡包、炸薯片、三文治及炸蝦拼盤等，想轉轉口味吃西餐的朋友推介一試！

↑場內還有其他精品及小雜貨

→環保印花袋
¥1,200

↑バックリブ燒豬仔骨(半份) ¥1,950
↓很有南國情調的裝修

適合一家大細的小角落

MAP 別冊 **M19 A-2**

地 東京都武藏野市吉祥寺本町1-2-1
時 11:00-22:00
休 不定休
網 aloha-venus.owst.jp
電 (81)0422-23-0801
交 JR吉祥寺站步行約2分鐘

↑ブルーベリー
タルト ¥594

↑禮盒裝曲奇 ¥2,800

④ 美味芝士蛋糕
Lemon Drop

自1980年開業至今一直都深受當地人歡迎的甜品店，店內主打不同濃度的芝士蛋糕，有濃口味的芝士蛋糕、用上時令水果的鮮果忌廉蛋糕、紅茶蛋糕、焦糖布甸等，若果想買回家做手信，罐裝曲奇和水果啫喱也是不錯的選擇啊！當天供應藍莓蛋糕，滿滿鮮甜的藍莓配上口感軟滑的忌廉，令人忍不住一口接一口的吃完！

→鮮忌廉泡芙 ¥432

MAP 別冊 **M19 A-2**

地 東京都武藏野市吉祥寺本町1-2-8
時 10:30-21:30
網 www.lemondrop.jp
電 (81)0422-22-9681
交 JR吉祥寺站步行約2分鐘

↑不時還有陶瓷小展覽
→環保袋 ¥1,870

↓店內有售賣作家花森安治的相關產品

除了日本的故事書，也有世界名著

⑤ 走進童話世界
のゆび

偶然經過這間小店就被它門前充滿童心的裝飾吸引。原來這是一間專賣童話故事的書店，琳琅滿目、色彩繽紛的故事書整齊地排列著，旁邊設有閱讀的空間，也有可愛的小雜貨售賣，不論是大人或小朋友也得到片刻回到童年的空間。

MAP 別冊 **M19 A-1**

地 東京都武藏野市吉祥寺本町4-1-3
時 11:00-18:00
休 星期一、不定休
網 midorinoyubibook.com
電 (81)0422-88-1007
交 JR吉祥寺站步行約6分鐘

WOW! MAP

4　　5

六本木・東京鉄塔

清澄白河

秋葉原

吉祥寺

午餐時份客人較多，大家可考慮早點到來

⑥ 尋寶雜貨café 四步

日本人都很念舊，也很環保。這間咖啡店：四步，可以說是集合了二手古物、日系雜貨的café，店內以原木為主調，簡約樸素的裝修，內裡可以買到生活用的小家品、精品、文具、二手衣飾等，猶如一個尋寶的小倉庫。另一邊廂的café則可以吃到美味的午餐，當天試了一客炸雞飯，雞塊炸得酥脆香口，特別的是除了白飯，客人還可自由揀選健康的玄米或十五穀米呢！

→雞の唐揚げ鬼おろしポン酢 ¥1,210

↑店內還有不同的調味料售賣

↑充滿樸素感的木製餐具

MAP 別冊 **M19 A-1**

地 東京都武蔵野市吉祥寺北町 1-18-25
時 11:30-20:00 (L.O.19:30)
休 星期四
網 www.sippo-4.com
電 (81)0422-26-7414
交 JR吉祥寺站步行約8分鐘

WOW! MAP
6

古物和雜貨自然地融入cafe中，是很窩心的設計

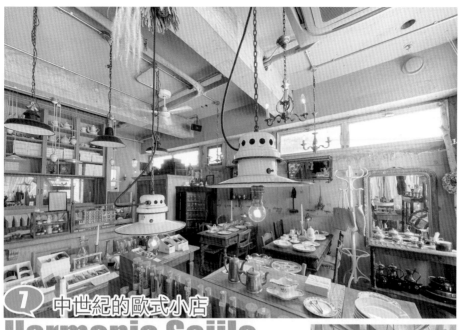

⑦ 中世紀的歐式小店
Harmonia Sajilo

甫走進Harmonia Sajilo便被它簡約的歐風裝修所吸引，店內灰白的混凝土牆配著昏黃的燈光，優雅木桌子配著通花的燭台，很有年代感的木廚櫃放著帶有獨特香氣的香料、還有那潔白的瓷器餐具、玻璃器皿、設計簡單耐看的素樸衣飾，在店內閑逛著，就仿如走進歐洲的路邊小店家，訴說著年月的故事。

↑木製的桌子和燭台
→手工製麻質手挽袋
¥18,000

↑銀製的餐具

↑→也有線香和肥皂等

MAP	別冊 **M19 A-1**
地	東京都武藏野市吉祥寺本町2-28-3
時	11:00-18:00
休	星期三、不定休
網	sajilocafe.jp
電	(81)0422-69-3138
交	JR吉祥寺站北口步行約10分鐘

店內可以買到特色的香料

WOW! MAP

六本木‧東京鉄塔

清澄白河

秋葉原

大家記得要和可愛的水豚合照啊！

8 當貓貓遇上水豚君

かびねこcafé

香港首推

位於吉祥寺的這間かびねこcafé於2020年開幕，是全日本唯一一間有水豚君和貓貓同場的café！客人進入店家後，可以隨意和貓貓們玩樂拍照，這些貓貓都是店家收養的，牠們性情溫和，不時也會在水豚君Tawashi身旁玩耍，十分討人可愛。而身型較大的水豚君，大家都會在沙發旁和牠拍照或餵牠吃東西，牠傻呼呼的樣子真的令忍不住要摸摸牠的頭。

↑ 想和貓貓拍照要先看看牠們躲在那兒

MAP 別冊 **M19 A-2**

地	東京都武蔵野市吉祥寺南町1-5-10 PLATANO 2階
時	13:00-18:30、星期六、日及假期11:00-19:00
休	不定休
金	中學生以上¥2,200/1小時、6歲至小學生¥1,100/1小時
網	capyneko.cafe
電	(81)0422-26-9388
註	安全理由，6歲以下小朋友不可進入；建議先網上預約
交	JR吉祥寺站步行約2分鐘

看見零食！貓貓們都一窩蜂圍在一起

↑ café的貓貓都很乖巧
↓ 客人可以餵水豚君吃蔬菜

WOW! MAP

8

黑毛和牛 ¥4,000
火候恰到好處；粉嫩間肉汁豐腴；咬下肉香四溢，非常滋味。

⑨ 平食松阪牛
SATOU

SATOU售賣的全是一流的松阪牛肉及神戶牛肉。門外每日的人龍就是為此而來。差不多每本日本旅遊書都會報導。馳名「免治牛肉球」，每個¥240。2樓的steak house SATOU，午市亦常排長龍。店內採用自家新鮮供應的和牛，午市套餐最抵食，由¥2,000起，黑毛和牛定食也只是¥4,000；，午市限定，售完即止。

↑由側門登上窄樓梯就是閣樓Steak House

←由「松阪牛肉協會」頒發的鈴形木牌，証明貨「正」價實。

MAP 別冊 **M19 B-3**

地 東京都武藏野市吉祥寺本町1-1-8
時 10:00-19:00
休 年始
網 www.shop-satou.com
電 (81)0422-22-3130
交 JR吉祥寺站北口步行約1分鐘

除了炸牛肉球，還有其他肉丸和新鮮黑毛和牛售賣

⑨a 日賣三千個的美味牛肉球 さとう

走在吉祥寺別錯過這店的炸牛肉球，因為它是當地人及遊客必吃的美食之一，它用上美味的和牛及口感軟腍的薯蓉，外層鬆化，中間卻保留了鮮味的肉汁，口感juicy，難怪不時都大排長龍！

→就連當地人也常來幫襯

炸牛肉球 ¥240

時 10:00-19:00
休 1月1日
網 www.shop-satou.com/shop/index.html
電 (81)0422-22-3130

⑩ 將童年無限期延長 親子
三鷹の森ジブリ美術館

宮崎駿的動畫由細陪伴大家成長，橫跨半個世紀。各位如果想再次回味他的動畫，可以和小朋友到這個位於東京三鷹市的三鷹の森ジブリ美術館。這個建於2001年的美術館由日本國寶級動畫大師宮崎駿親自監督建成，不論你是大朋友或小朋友，都可以在館內欣賞喜歡的動畫，透過了解有趣的動畫製作過程，重拾童真。

場內機關處處等待你來發現

↑身高5米的「天空之城」守護神機械人屹立在藍藍的天空下，令人差點以為自己闖進入了動畫世界。

↑陳設裝修亦充滿宮崎駿動畫特色，色彩繽紛，令參觀者看得份外投入。

MAP 別冊 **M19 A-2**

地	東京都三鷹市下連雀1-1-83 都立井の頭恩賜公園西園旁
時	10:00-19:00 入場指定時間10:00、12:00、14:00、16:00 (指定時間30分鐘後停止入場)
休	星期二 (不定期作長時間休館)
金	大人¥1,000、中學生¥700、小學生¥400、4歲以上¥100、4歲以下免費
網	www.ghibli-museum.jp
電	(81)05700-55777
註	必須預先於網上購買門票，不設即場購票。
交	JR吉祥寺站公園口，沿公園通「風の散步道」步行約15分鐘；JR三鷹站，南口乘三鷹City Bus 5分鐘到三鷹の森美術館

交通資料

WOW! MAP

動畫影像館是小小的「影像館」展示不同的影像處理手法

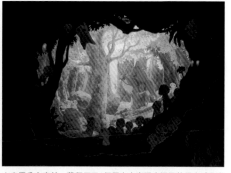

↑幽靈公主森林一幕便用了6個層次去表現出深深的層次感及立體感。

館內長長的走廊兩旁陳列了很多為人熟知、甚受fans歡迎的動畫插畫。而最精彩的屋上庭園有身高4米的「天空之城」守護神機械人，也有「魔女宅急便」的場景。

「貓巴士廣場」有模擬「貓巴士」形象建成的玩樂設施

井之頭恩賜公園裡的湖是大伙兒舟遊的熱點。
碰上櫻花季，能划舟賞櫻當然更完美。

↑非常可愛的天鵝船，20分鐘¥700！耍浪漫人士不妨試划。

MAP 別冊 **M19 A-2**

地 東京都武蔵市御殿山1-18-31
時 08:30-17:15(12月29日-1月3日除外)
網 www.kensetsu.metro.tokyo.
jp/jimusho/seibuk/inokashira/
kouenannal.html
電 (81)0422-47-6900
交 沿0101百貨旁的七井橋通り向前
行約6分鐘；
JR吉祥寺站步行約5分鐘

⑪ 東京市內賞櫻勝景 親子
井の頭恩賜公園

公園於1917年啟用，公園將三鷹站、三鷹の森ジブリ美術館及吉祥寺購物區連結在一起，是附近居民休憩散步的好地方。每年賞櫻季節，這裡都擠滿本地人，有一家大小、友人、情侶、公司同事等等，大家為的是霸佔一個有利地方賞櫻。

WOW! MAP

11

池袋
Ikebukuro

必見!
Grand Scape
IKEBUKURO

池袋區日新月異,除了有受一眾動漫迷歡迎的店家外,除著 TOKYU HANDS 的閉幕,也陸續有新的店舖進駐,細心逛逛的話也不難發現這裡隱藏了不少美味的店家,令池袋更加吸引遊人。

往來池袋交通

新宿站	JR山手線 約9分鐘 ¥160		池袋站
羽田空港	京急 約24分鐘 ¥300	品川站 JR山手線 約29分鐘 ¥270	
成田空港	JR特急成田Express指定席 約1小時30分鐘 ¥4,070		

店內只有十多個座位

① 一吃難忘 油そば **鈴之木** 香港首推

剛於2022年2月開業的麵店，瞬間就成了區內的人氣麵店之一，其原因就是「美味」！店內面積不大，連吧枱只有十數個座位。當天點了店家人氣的辛まぜそば和背脂醬油そば，麵的軟硬度剛好，辛まぜそば的味道帶辣且鹹香、混有香蔥及辣醬的層次，和著麵條吃，十分醒胃；另一客的背脂醬油麵則帶有豚脂的甘香，吃時加點芝士粉，竟是意外的美味！

店家由埼玉搬到池袋時也有雜誌介紹過

↑客人可按自己喜好加上芝士粉、胡椒或沙律醬

→背脂醬油そば ¥780

↑辛まぜそば ¥980

MAP 別冊 **M20 A-1**

地 東京都豊島区池袋2-18-2 オーロラビル1F
時 11:00-23:00(L.O.22:30)
電 (81)03-6709-1476
交 JR池袋站步行約6分鐘

WOW! MAP

209
1

店內琳琅滿目都是Sanrio毛公仔和裝飾

② 人氣爆燈可愛打卡點
Sanrio Café

香港首推

這間位於TOKYU HANDS舊址的Sanrio Café於2020年開幕，店內劃分開兩個區域：take away的餐點區和專門為堂食而設

的café區。先介紹café堂食區，內裡的裝修充滿童心，到處都有可愛的Hello Kitty、My Melody、little Twins star及雞蛋哥等毛公仔陪客人坐，而牆紙、天花等也滿佈他們可愛的面貌，絕對是一眾Sanrio粉絲必到的打卡點！

←天花都吊著巨型公仔

↑左：KUROMI卷蛋¥560；
右：Melody忌廉梳打雪糕¥680

MAP 別冊 **M21 D-2**

地 東京都豊島区東池袋1-28-1サンシャインシティアルパB1F
時 10:00- 21:00 (L.O.20:00)
網 stores.sanrio.co.jp/8152100
電 (81)03-5985-5600
交 東池袋站2號出口步行約4分鐘；或池袋站35號出口步行約5分鐘

←卷蛋有香香的芝麻味

↑餐車區也有不少打卡位

甫入門就有一台貼滿Hello Kitty的鋼琴

↑冬甩匙扣 ¥800

↑冬甩 ¥280

2a 可愛餐車區

就在café門前的餐車區，內裡同樣可以買到造型可愛的Sanrio主角的甜品：冬甩、雪糕、捲餅和各式飲品。而不同的是這裡主要是為外帶客人而設的，雖然只有少數座位，可是也有不少的打卡位，門口還放了一台Hello Kitty的鋼琴；當然還有不少限定的精品，各位Sanrio粉絲定必要看看呢！

サンリオカフェワゴン
限定販売

細心看看還有限定精品啊！

↑ムースオハローキティ ¥680

WOW! MAP

2

↑ 商場有各式各樣的扭蛋機

香港首推

③ 最新動漫商場

grand scape IKEBUKURO

這間位於池袋站旁的複式商業大廈於2019年暑假開業，場內有多間食店和酒吧，4-12樓為戲院，當然最受歡迎的要算是位於3樓的Capcom Café，它會不定期和人氣的動漫、遊戲等合作，推出限量版的精品、期間限定的café，喜歡動漫或打機的朋友定必到來看看啊！

MAP 別冊 **M21 D-2**

地 東京都豊島区東池袋1-30-3
時 10:00-20:00(各店略有不同)
休 各店不同
網 grandscape-ikebukuro.jp
電 (81)03-5944-9754(awesome store)
交 JR山手線池袋站步行約4分鐘

店內也有逆轉裁判的紀念品

③a **Capcom café x monster hunter rise sunbreak** (3F)

這間位於3樓的Capcom café，是一間以動漫及網上遊戲為主題的café；它會不定期和人氣的動漫或遊戲合作，推出期間限定的餐點、餐飲、精品和文具等。

→前：爵銀龍のブラックパスタ¥1,870，後：ウツシを探せ！グリーンティ¥880

WOW! MAP
3

café裝修很有型格

到訪當天，它就和人氣的 switch遊戲monster hunter rise sunbreak(魔物獵人崛起) 聯乘做主題：爵銀龍的意粉、てまり團子等，客人也可買到百龍、各式稀有生物的精品……有玩開遊戲的朋友不妨捧場！

↑有Monster Hunter オトモガルク的模型¥1,870

↑有限量版的Monster Hunter紀念品

時註 10:00- 21:00
建議網上預約: https://www.capcom.co.jp/amusement/capcomcafe/index.html

尚未走進café已看到琳琅滿目的魔物獵人精品

店內放滿和旅行相關的裝飾

↑ 流線型的吧枱及書櫃給人柔和的感覺

→ 桜抹茶ラテ ¥500

④ 現場表演觀賞地
Global ring café

香港首推

這間位於池袋公園西口的Global ring Café，每到周末就會聚集人群，非常熱鬧。因為其門外就是公園的野劇場，不時都會有小型的表演項目：跳舞、歌唱等；而店內雖然不大，可是開放式的落地玻璃，卻給人輕鬆的感覺，加上店內有各式和旅遊相關的介紹，遊人們可予加利用。

MAP 別冊 **M20 A-2**

地 東京都豊島区西池袋1-8-26池袋西口公園内
時 07:00- 23:30
網 www.globalringcafe.com
電 (81)03-5391-6007
交 JR、東京Metro池袋站步行約2分鐘

↑店內有小冊子及書籍，客人可自由翻看

⑤ 暖笠笠窩心小吃
鳴門鯛焼本舗 池袋西口店

↑手工燒製，每條都帶有焦香
↓紅豆鯛魚燒餅 ¥240

這間於全日本都有分店的鯛魚燒店，是當地人推介的地道B級美食，其鯛魚燒不是一般店家的大型烤模製作，而是一個一個的利用直火來人工烤製，外層香脆，中間的餡料可揀十勝紅豆、奶皇或鳴門番薯，冬天邊走邊吃，是暖笠笠的窩心感覺。

MAP 別冊 **M20 A-2**

地 東京都豊島区西池袋5-1-7
時 10:00- 23:00
網 www.taiyaki.co.jp/shop
電 (81)03-5985-4747
交 JR池袋站西口步行約5分鐘

門口擺放著綾波麗的銅像

EVANGELION STORE TOKYO-01

6 綾波麗的萬「誘」引力

EVANGELION STORE TOKYO-01

原本位於原宿的《新世紀福音戰士》官方商店，現已搬遷到池袋P'PARCO 2樓繼續營業。店內擺滿了琳瑯滿目的《新世紀福音戰士》產品，必定會讓粉絲們失去理智。由預料之中的TEE、手錶、糖果以至古靈精怪的綾波麗鞋、綾波麗鬚刨及使徒杯，在設計上都毫不馬虎，極見用心。如果你不是《新世紀福音戰士》的粉絲，是不建議你走進此店的。因為，是有點怕你進去之後會神推鬼磨明明不是粉絲竟也禁不住綾波麗的萬「誘」引力，買了一件tee回家。

→EVA時尚女裝鞋
¥19,800

↑粉絲必入!《新世紀福音戰士》人物咕𠱸¥2,000/個

↑初號機(左)¥6,200、第13號機(中)
¥8,800、2號機¥6,200

↑EVA男裝外套 ¥9,800

MAP 別冊 **M20 B-2**

地 東京都豊島区東池袋1-50-35 池袋P'PARCO 2F
時 11:00-21:00 **網** www.evastore2.jp
電 (81)03-5992-3310 **交** JR池袋站東口步行1分鐘

WOW! MAP

215

6

7 池袋地標
Sunshine City

這是一棟綜合商業及娛樂中心，建成以來成為池袋的地標，其中的Alpa購物商場網羅了超過100間商店，主要顧客對象為年輕一族，掃貨自遊人不可錯過。「味の小路」更是覓食熱點，而最新最熱的Pokemon Centre Mega Tokyo和Jump Fans朝聖地J-WORLD TOKYO亦座落於此。

MAP 別冊 **M21 D-2**

地 東京都豊島区東池袋3-1
時 各店鋪不同　網 sunshinecity.co.jp
交 JR池袋站東口步行5分鐘至Sunshine60街道，見Tokyu Hands直行即達

↑TOKYO彈丸飛行是場內最受歡迎的設施，過程刺激好玩，需另外收費￥500。

→SKY彈簧床讓遊人感受VR下飄浮的體驗，需另外收費￥500

↓Sky Circus Shop販賣不少精美紀念品，臨走前不妨來逛逛

→站在60樓的高處，可眺望東京市內景色

↓幾可亂真的酒樽沐浴露￥300

→SKY CIRCUS
曲奇 ￥990

名為LIGHT FOUNTAIN的藝術作品，在投影幻象下充滿夢幻的氛圍。

7a VR東京飛行
SKY CIRCUS展望台 (60F)

Sunshine City展望台經過改裝之後，以SKY CIRCUS體感展望台重新開幕，共分為7個區域，並加入最hit的VR元素，「TOKYO彈丸飛行」是模擬在東京空中飛行，「SKY彈簧床」則是體驗凌空浮游感，帶給大家不一樣的新奇體驗。另外還有多個視覺域區，在藝術創意的燈光和3D音效下，營造出夢幻的幻影世界，適合各位熱愛selfie的遊人瘋狂拍照。

地 東京都豊島区東池袋3-1 Sunshine city 60F
時 12:00-20:00(最後入場為結束前1小時)
金 大人￥1,200、小童￥600
網 sunshinecity.jp/observatery
電 (81)03-3989-3457　交 JR池袋駅步行約8分鐘

7b 日本全新最大型室內遊樂園
NamjaTown
[ナンジャタウン] [2F]

以昭和30年為背景，結合日本懷舊街區風貌及歐美主題，打造了超夢幻的室內遊樂園。共有14個探險機動設施，個個新奇有趣。購買一日券更可得到一個感應器，可開啟園區通道和感應互動裝置，超好玩！

↓園內有餃子競技場，多家餃子館一同競技，可大飽口福！除了餃子外，亦有甜品專賣。

↑十神白夜メガネ餃子
餃子競技場各餃子店都推出不同角色的特式餃子

→ナジャヴのアントルメ
Patisserie Cute可以享受到裝飾甜品糕點大師福島德科的精緻甜品

時	10:00-22:00(最後入場21:00)
金	入場券(不含遊戲)大人¥500、4-12歲 ¥800 / 一日通行券大人¥3,500、4歲以上至小學生¥2,800
網	bandainamco-am.co.jp
電	(81)03-5950-0765

↑模擬發生地震時

↑店中售賣防災及災難中使用物品，也有得賣有趣的紀念品。

→可嘗試用滅火筒去撲滅小型火警

8 遇上地震，請保持冷靜
池袋防災館

池袋防災館是東京消防廳有鑑於日本經常發生地震，為了讓市民事先體驗地震的情況及學習地震來襲時，該如何應對而設立的。到池袋防災館走一趟，在見識日本的地震和火災模擬體驗後，你才能明白在311地震時，所有日本人都能冷靜面對的原因。池袋防災館，是了解日本文化的一個好地方。

MAP 別冊 **M20 A-3**

地	東京都豊島區西池袋2-37-8 4F
時	09:00-17:00、每週五至21:00
休	每月第1個及第3個星期二的翌日休息
網	www.tfd.metro.tokyo.jp/hp-ikbskan
電	(81)03-3590-6565(個別防災體驗需要先行預約)
交	JR池袋站東武南口步行約5分鐘

⑨ 莫內的空中花園
食と緑の空中庭園

2015年4月西武池袋本店9樓，以印象派大師莫內的睡蓮為主題，打造佔地5,800平方米的空中花園，設有570個座位，共有10個小店舖，種類豐富，而且均是價格親民的銅板美食。就算不打算用餐，也建議遊人到此散散步，欣賞市中心少有的空中花園。

←焼小籠包 ¥540(4個)
口感偏硬，肉質嫩口，熱烘烘咬一口肉汁即爆出。

→スタミナうどん ¥650
經營近50年的手打烏冬老店，烏冬爽滑彈牙，湯底清甜又不過鹹，好食！

↑食と緑の空中庭園由小店舖、睡蓮池、Lounge等分為7大區域。

↑庭園中央的大水池燈光會轉變，坐在這裡用餐，氣氛一流！

↑日夜景緻各有特色

MAP 別冊 **M20 B-3**

地 豊島区南池袋1-28-1 9F
時 10:00-20:00 網 www.sogo-seibu.jp/ikebukuro/roof_garden
電 (81)03-3981-0111 交 JR池袋站達

⑩ 安全地吃雞泡魚去
玄品ふぐ

↑雞泡魚皮薄片 ¥880
這款雞泡魚皮薄片特別向女士推介，因骨膠原含量極豐富。把薄片放進鍋上微燒一下沾點店家特製的橘子汁醬油，就是天下美味。

MAP 別冊 **M20 B-1**

地 東京都豊島区池袋2-41-1 1/F-2/F
時 12:00-23:00(午餐L.O.14:00)
　 (晚餐L.O.21:30))
網 www.tettiri.com
電 (81)03-5979-1529
交 JR池袋站北口，沿文化通直行至常盤通左轉

日本美食千萬種，雞泡魚可說是最神秘的一種。因經常被傳為是一種極美味但有毒的神奇食物，讓人既想吃又害怕。在日本，就有一間叫玄品的連鎖式餐廳，專賣雞泡魚料理。對其他類型的餐廳來說，「連鎖」二字可能是魔咒，可是對雞泡魚餐廳來說，「連鎖」反而是「很多人吃了都沒有危險」的保證。加上玄品經常高朋滿座，欲一試雞泡魚者還等什麼呢？

←沾鹽雞泡魚刺身
¥880(小)/ ¥1,800(大)
菜單列明：五成熟最誇啦啦！

WOW! MAP

9　　10

11 幪面超人秘密基地
Kamen Rider the Diner

Kamen Rider The Diner是參照幪面超人死對頭撒旦幫的秘密基地設計的

←惡之秘密結社 ¥930 (前) /
超·變·身飯 ¥930 (後)
Kamen Rider the Diner的食物及飲品在設計上無一不從幪面超人身上取靈感,這款嘍囉墨魚飯是餐廳的隱藏menu

位於池袋鬧市,入口在Pasela Resorts的酒店裡,一個紅色的燈箱,上面有幪面超人的招牌甫士。你乘坐電梯,電梯門打開,對,就這樣就來到化名Kamen Rider的幪面超人秘密基地。基地是為你補充正能量的地方,它提供餐飲,讓你補充體力,又擺滿了各式幪面超人的模型、書籍以至古董,讓你心情無論如何差,都能迅速回復愉快。

MAP 別冊 **M20 A-1**

地	東京都豐島区西池袋1-21-9 PASELA RESORTS 4F
時	星期一至五11:00-21:00(L.O.20:00); 星期六、日及假日11:00-22:00(L.O.21:30)
網	www.paselaresorts.com/collaboration/rider
電	(81)0120-025-296
交	JR池袋站北口步行約3分鐘;副都心線池袋站C9出口

12 稱「無敵」是當之無愧
麵創房無敵家

好食 編者推介

池袋最有名的人氣拉麵店,幾乎東京遊必訪之地。豬骨湯底經過16小時熬製而成,非常濃郁美味,光是聞已經很不錯,鹹度剛好,如果吃到最後有點膩,加點辣醬中和,也可飲用茉莉綠茶。麵也是一絕,除了嚴選北海道麵粉外,再經過店主親自研製改良,麵條較粗,軟硬適中,有嚼勁。叉燒肥瘦適中,入口即化,香味慢慢在舌尖散開,令人不捨得吞下。全店只有17個座位,加上是人氣店,自遊人記得預留充足時間細味每條麵條!門口設有拉麵人氣榜,選擇困難的自遊人,選第一的準無錯。

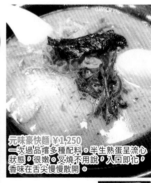

元味豪快麵 ¥1,250
一次過品嚐多種配料。半生熟蛋呈流心狀態,很嫩,叉燒不用說,入口即化,香味在舌尖慢慢散開。

→無敵家的麵條都使用北海道的麵粉,大蒜則用上青森縣天間林村出產的低臭大蒜,真材實料,立此木坊為記。

麵の原料は北海道産嚴選地 青森県天間林村産·低臭

MAP 別冊 **M20 B-3**

地	東京都豐島区南池袋1-17-1
時	10:30-04:00
網	www.mutekiya.com
電	(81)03-3982-7656
休	12月31至1月3日
交	西武百貨沿明治通步行約3分鐘

WOW! MAP

11　　12

⑬ 雜誌力推黑咖喱牛肉烏冬
あんぷく

在あんぷく的門口，幾乎貼滿了各式日本飲食旅遊雜誌的剪報。是的，あんぷく是一家當地飲食雜誌十分推崇的小店。走的是以新概念來烹調烏冬，最馳名的是的黑咖喱牛肉烏冬。濃黑的咖喱下，是嚼勁十足的黑牛肉片和滑溜彈牙的烏冬，與日本傳統手打烏冬的做法有點不同。如果想試試傳統日式手打烏冬以外的口味，あんぷく是不錯的選擇。

→店內一個大大的毛筆「逢」字，氣勢十足。

MAP 別冊 **M20 A-1**

地 東京都豊島区西池袋1-37-8 JPビル1F
時 11:00-15:00(L.O.14:30)、
　 17:00-23:00(L.O.22:00)
電 (81)050-5869-3878
交 副都心線池袋站C6、C9出口步行約2分鐘

↑黑咖喱牛肉烏冬 ¥1,380
本店招牌作。濃郁的醬汁與烏冬味道極配，是另一種特別的烏冬滋味。

---

⑭ 沾麵始祖
大勝軒本店

是東京首屈一指的拉麵，分沾麵和湯麵兩種，前者較受歡迎，創辦人山岸一雄更是發明日式沾麵的始祖。沾麵是在麵條煮熟後，用冰水過冷河，麵條變得緊實，再在乾碗中奉上，客人在吃時才沾上另上的熱辣辣湯底，這樣麵條可以長時間保鮮，不會發脹和變軟，由第一口至最後一口都十分彈牙。另外，湯底也是驚喜之處，用豬骨、雞骨、豬腳、青花魚及小魚乾，另外再加糖與醋而煮成，比起一般的豬骨湯底清，且帶有酸甜味，多吃也不膩。麵分為四種份量，分別是160g、320g、480g和640g，一般人點小或中，已經很足夠。

↑沾麵 ¥850(160g)
湯底比起一般的豬骨湯底清，帶酸甜味，不過叉燒的質素普通。

MAP 別冊 **M21 D-3**

地 東京都豊島区南池袋2-42-8
時 11:00-22:00(或至售罄)
休 星期三
網 www.tai-sho-ken.com
電 (81)03-3981-9360
交 有樂町線東池袋站2號出口，步行2分鐘

WOW! MAP

13　　14

15 池袋新名所
WACCA IKEBUKURO

WACCA距離池袋東口只有3分鐘的路程，以食和生活為主題的池袋新商場，樓高8層，1至5樓集合了法國家具店Ligne roset、手藝專門店ユザワヤ、巴西料TUCANO'S等27間餐廳和商店，6至8樓則是婚禮場所，商場提供免費wifi和休憩區，讓逛到累的遊人可稍作休息上網。

MAP 別冊 **M21 C-2**

地 東京都豊島区東池袋1-8-1
時 商店10:00-26:00、餐廳11:00-23:00
休 1月1日及1月2日
網 wacca.tokyo
電 (81)03-6907-2853
交 池袋站東口步行約3分鐘

16 超人氣蘋果批
Ringo

抵食 編者推介

Ringo是紅極一時芝士撻BAKE的姐妹店，目前只有池袋和川崎市兩間分店，賣的是美味蘋果批，由北海道牛油和小麥粉做成的批皮外層鬆脆，內裡包著香甜的吉士醬、清爽的蘋果粒。新鮮出爐香氣四溢，入口脆皮混合吉士醬和蘋果粒，清新香甜，值得一試！　→蘋果批 ￥399

MAP 別冊 **M20 B-2**

地 東京都豊島区南池袋
時 1-28-2 JR池袋駅1F
網 10:00-22:00
電 ringo-applepie.com
交 (81)03-5911-7825
　 JR池袋站旁

動漫朝聖必到「乙女路」

乙女路是指池袋三丁目Sunshine 60樓前的一段路，會有這樣的稱呼，主要是因為K-BOOKS、らしんばん和animate三家動漫店舖集中在這段路上，開設了一排偏女性向的店舖。相對中野BROADWAY和秋葉原兩個偏男性向的區段，偏女性向的池袋成了女動漫迷的聚腳點，從而也帶旺了附近的廉價美妝用品和執事咖啡廳等店舖。

地 東京都豊島区東池袋3-2-1(由Sunshine60大樓外至春日通り前的一段路)
交 JR池袋站地下道35號出口，沿サンシャイン60通り步行5分鐘

WOW! MAP

15　　16

上野

Ueno

必見！
アメ横丁

上野的アメ横丁是一眾遊人必逛之地，地道的店舖、熱鬧的街景、香氣四溢的食店都是吸引大家的原因，加上其便利位置及上野公園及東京都內的賞櫻名所，就算不住上一晚也要到來逛逛才對吧！

往來上野交通

新宿站	JR山手線 約22分鐘 ¥200	
羽田空港	東京モノレール空港快速 約20分鐘 ¥500	浜松町站 → JR 約15分鐘 ¥170 → 上野站
成田空港	京成特急指定席 約55分鐘 ¥2,570	

↑伊豆栄是老店，連侍應都是穿著和服的老店員，那種氛圍味道，非一般鰻魚店可比。

→伊豆栄午市鰻魚套餐 ¥3,300
伊豆栄的鰻魚定價不算便宜，建議可於午飯時間光顧午市鰻魚套餐，一嚐正宗的日本鰻魚飯味道。

↑伊豆栄本店的裝潢低調中甚具氣派，窗外更盡收上野恩賜公園的園林景緻。

❶ 300年天皇御前鰻魚飯店

伊豆栄本店

好食 編者推介

伊豆栄本店位於上野恩賜公園旁，十分古色古香。不說不知，這一家據說連日本天皇都讚不絕口的鰻魚店，原來始創於江戶時代，300年來一直專注製作鰻魚飯。可以想像，在一間如此長久專注地做鰻魚飯的老店內，吃到的鰻魚飯幾乎沒有可能不好吃。

MAP 別冊 **M22 A-2**

地 網 交	東京都台東区上野2-12-22 www.izuei.co.jp JR上野站しのばず口步行約5分鐘
時 電	11:00-21:00(20:30) (81)03-3831-0954

鐵火丼(鮪魚飯)¥500

❷ 抵食長龍店

みなとや食品本店

抵食 編者推介

MAP 別冊 **M22 B-3**

地 時 電 交	東京都台東区上野4-1-9 11:00-19:00 **休** 1月1-2日 (81)03-3831-4350 JR御徒町站步行約3分鐘

在日本看到大排長龍便知道哪處正有美食或筍貨。這家大排長龍的Minatoya正是又平又好味的正店。招牌鐵火丼(鮪魚飯)¥500，原條燒鰻魚飯¥600，原條穴子天丼(炸海鰻飯)只售¥500，極抵食，味道不錯，如嫌太大碗的話，可選擇「迷你」版，可說平盡東京。

WOW! MAP

1 2

就算平日也有不少遊客到來掃貨

↑當然少不了各式各樣的食店

↑街上有不少售賣運動衫和鞋的店家

③ 必定要逛逛才心安
アメ横丁

アメ横丁可以說是上野區的靈魂街道，因為大家可以充份體驗到日本的平民生活、感受到店家的活力。當然店舖大多以便宜見稱，可是細心逛逛，不難發現到特色的小店。

MAP 別冊 **M22 B-2**

地	東京都台東區上野6
網	www.ameyoko.net
時	各店不同
交	JR上野站前

就連牆上都掛滿商品

↑青蛙背包 ¥6,900
←Snoopy環保袋 ¥1,800
↓Gym Master Tee ¥4,900

要看完店內的貨品可能要半天

③a 千奇有趣雜貨店　ガラクタ貿易

總是說不出什麼原因，就不知不覺被它吸引進去了。店內有數千樣貨品，全部都是店主鈴本先生由世界各地搜羅回來的：傢俱、精品、衣飾、文具、手袋、運動服，不只種類繁多，款式也別幟一格，有些精品的英文句子更十分抵死有趣，令人會心微笑。

地	東京都台東區上野6-9-21
時	11:00- 20:00
網	garakuta-boeki.com
休	1月1日
電	(81)03-3833-7537

WOW! MAP

↑北海道產的貝柱 ¥3,100

↑就算是當地人也會到來光顧

3b 創業60年 小島屋

小島屋在橫丁上可以說是老牌的店家，由開業至今已有60多年歷史，店內售賣的貨品主要為零食和乾貨：有進口的開心果、花生等，也有日本國內產的貝柱、魷魚乾等乾貨，作為伴手禮都很受外地遊人歡迎。

↑魷魚乾 ¥2,800

地 東京都台東區上野6-4
時 10:30-19:30、星期三至晚上18:00
休 不定休
網 www.kojima-ya.com
電 (81)03-3831-0091

↑Marie Clair防水雨衣一套 ¥5,980

場內沒什麼裝修，畢竟都是特賣場

3c 運動服飾散貨場 LONDON Sports

看見擺放在店前一箱一箱的運動服，活像一個散貨場，亦是店家的標誌。店內可以找到不同運動牌子的服飾、鞋履：adidas、PUMA、NIKE、Kappa等，不少都是出口外地的款飾，大家如果有時間，大可以慢慢尋寶。

→SPALDING膠底運動鞋 ¥1,258

地 東京都台東區上野6-4-8　　時 10:30-20:00

上野

4 上野飲食店集中地
FUNDES上野

這棟鄰近上野站的商業大廈全棟由1樓至10樓全是飲食店,有西餐、酒場、日式料理和烤肉等,如果想一次過吃晚餐再加「二次會」的話,這裡是不錯的選擇。

MAP 別冊 **M22 B-1**

地 東京都台東区上野7-2-4
網 fundes.jp/ueno
交 JR上野站淺草出口,步行1分鐘;或東京Metro上野站9號出口,步行約2分鐘

↑要慢慢烤才會外面帶焦,內裡保持肉質嫩滑

↑店家是一整頭牛的買回來,所以價錢相對便宜

時 11:30- 15:00(LO14:30);
　 17:00- 23:30(LO23:00)
網 www.ushi8.net
電 (81)03-5830-8829

店內環境優雅乾爽

4a 黑毛和牛燒肉 USHIHACHI上野

這間位於10樓的格調烤肉店,環境舒適,沒有一般烤肉店的煙霧和濃味,很適合一家大少或大班朋友到來一邊享受烤肉,一邊小酌兩杯。店家提供的不同的烤肉套餐,有黑毛和牛、國產牛和進口牛都用,筆者點了一客黑毛和牛A4一頭盛,有四款店家揀選部位,加上少有的上橫隔膜部位,邊烤時已散出牛油香,入口即化的口感,令人一試難忘。

↑黑毛和牛A4一頭盛¥1,890/人,燒肉會列明那一個部位

WOW! MAP
4

每晚8時左右就會開始熱鬧起來

4b 新鮮水產直送 魚河岸魚O本店

如果大家想體驗一下當地人的地道大排檔風味的話，定必推介大家來地下這間海鮮食堂魚河岸魚O本店。店內由數間食堂組成，大夥兒只要揀好位置，就可以隨意點菜，筆者一個人，點了一客海膽併三文魚籽，海膽甘甜和著微鹹的三文魚籽，加上一碟鬆化脆口的炸鯛魚皮，再喝一口冰凍的可樂，看著四周熱鬧的客人，真是很地道的體驗。

↑海膽味道甘甜

←↑每間小店都各有特色

←左：ウニといくらのちょい盛り¥800；右：鯛ちくわの磯辺揚げ¥500

時 24小時
電 (81)03-5828-7066

227

重現大正時代的民家

↑大家可爬到錢湯的櫃位看看，十分有趣

MAP 別冊 **M22 A-2**

地	東京都台東区上野公園2-1
時	09:30-16:30(最後入館16:00)
休	星期一、12月29至1月3日
金	大人¥300、中小學生¥100
網	www.taitocity.net/zaidan/shitamachi
電	(81)03-3823-7451
交	京成上野站步行約3分鐘；或JR、東京Metro上野站步行約5分鐘

⑤ 別想歪了！ 下町風俗資料館

此風俗不同彼「風俗」，下町風俗館是介紹大正時代的台東區人民的生活。展館內可以看到昔日居民的住宿、海報、商店、家庭用品、電器等設備，十分有趣新鮮；其中不難發現有些竟是以前在香港也看過的物件。當中最令人驚訝的是一台洗衣機在當年竟然要二萬多円，想當年享受現代化生活非常昂貴呢！

↑上野恩賜公園內的不忍池初春可賞櫻花，到了夏天是荷花盛開的季節，更有不少侯鳥在這裡棲息。

↑上野動物園一向是親子活動最受歡迎之地

↑公園另設有國立科學博物館

⑥ 四季賞景地 上野恩賜公園

毗鄰上野站的上野恩賜公園內有動物園及多間博物館，池畔還有東照宮、寬永寺及西鄉隆盛像等歷史遺跡。每到春天(3月下旬至4月上旬)，沿西鄉隆盛像側的「桜通り」更是遊人賞櫻必到之地，是東京最著名的櫻花場所。

MAP 別冊 **M22 A-1**

地	東京都台東区上野公園池之端3
時	05:00-23:00
網	www.tokyo-park.or.jp/park/format/index038.html
電	(81)03-3828-5644
交	JR、地下鐵上野站步行約2分鐘

©Tokyo Metropolitan Government Bureau Of Construction

WOW! MAP
5　　6

開放式的座位可看到四周林蔭處處

6a 竹林深處的會席料理 韻松亭

韻松亭就靜靜的存在上野公園的寧靜處，一棟傳統而有味道的日式平房，門前的竹籬笆跟內裡的榻榻米，都似在告訴客人它的故事。店內有包廂也有公眾的座席，午餐時份到來客人多，要耐心等候。點了一客雪花籠料理，由前菜到甜點的擺放都很用心，賣相精緻之餘，也很美味；尤其主菜的燒魚十分軟腍入味，燒酒煮蝦帶有濃濃酒香，還有那片生湯皮十分順滑且充滿豆香，以這般的價錢配上這樣的環境，真的令人驚喜。

↑那杯茶碗蒸滑不溜口

客人入店後需脫下鞋子

↑雪花籠膳 ¥2,090

MAP 別冊 M22 A-1

地 東京都台東区上野公園4-59
時 11:30- 15:00(L.O.14:00)、
　 17:00- 22:00(L.O.21:00)
休 年末年始
網 www.innsyoutei.jp
電 (81)03-3821-8126
交 京成上野站步行約7分鐘；或
　 JR、東京Metro上野站步行約
　 10分鐘

韻松亭一樓也有供客人吃甜品的地方，是傳統的café

❼ 上野フランティアタワー

上野PARCO-ya是區內少有的多功能商業複合設施。這幢大樓共有22層，7-10樓是上野區內最大型的戲院。除了有戲院，當然少不了各色各樣的潮流百貨，並提供了很多具有上野特色的伴手禮，當中有52間新店是首次進駐上野。商場的6樓就集結了來自日本各地的美食，以滿足大家口腹之慾。

MAP 別冊 **M22 A-3**

地 東京都台東區上野3-24-6
時 10:00-20:00；6樓「口福回廊」11:00-23:00；1樓餐廳營業時間以各店舖為準
網 parcoya-ueno.parco.jp
交 JR 御徒町駅步行1分鐘/都營地下鐵大江戶線上野御徒町駅步行約1分鐘

❼a 吃得到的日本傳統
あんみつみはし [3F]

以日式風格裝潢，開店70年，是上野區老店的あんみつみはし，完全能夠體會日本人的執著。就算是一碗小小的甜品也絕不會馬虎，選用北海道的十勝紅豆、沖繩出產的黑糖、靜岡及伊豆諸島的寒天。他們的豆沙非常綿密，不會太甜。另外配上寒天的爽滑口感，增加層次。配上黑糖，為這傳統的甜品加上不同的風味。

↑外觀打造成日式的風格，讓顧客坐得舒適

←あんみつみはし ¥600
下層藏有寒天，混合黑糖享用，感受著陣陣的日式風情。

時 10:00-20:00(L.O.19:30)
電 (81) 03-5846-0384

❼b 日本的健康食品
Natural House [4F]

日本的食品崇尚天然，因此在這家店就可以找到很多天然、日本製造的食品。他們對食品的要求很嚴格，會查清原材料的來源，而且不被基因改造，日本國內的有機產品及以有機種植，才能入選為他們的商品。

→有機ルイボス茶 ¥1404(税込)

時 10:00-20:00
網 www.naturalhouse.co.jp/shops
電 (81)03-5846-8844

7c 屹立上野五十年

上野焼肉陽山道 [6月]

這間在上野區屹立50年的傳統燒烤店，以整頭牛的方式買下日本最高級的國產和牛，讓各位食客可以食到牛的稀有部位。和牛的香氣在店內散發出來，又在門外的雪櫃放了一大塊的牛肉，讓人想立即就品嚐牠的滋味。這裡的中午時段會推出一個人獨享的燒肉套餐，用便宜的價錢品嚐同樣的美食。

↑用餐環境很舒適，不會太擁擠，座位間有一定距離。

←一整塊牛肉放在櫃窗內，對食肉獸來說，是十分具有吸引力。

↑A5和牛カルビ弁当 ¥1,650

時 11:00-23:00
網 yansando.jp
電 (81) 03-6284-2880

店內店外都是滿滿的人潮，可見人氣食店不是浪得虛名。

↑果然是人氣食店，隨時隨地都有很多人在排隊，所以想吃的遊人就要選避開人潮的時間之外，還要有排隊的準備。

7d 東京唯一分店

金沢まいもん寿司 [6月]

金澤的著名壽司店，以新鮮吸引到不少老饕專誠跑到金澤品嚐。現在來到東京也能食得到這些美味，由於地理位置上的優勢，有很多能登半島（北陸日本海）才有的海產，難怪吸引那麼多「識食」之人排隊。

時 11:00-22:00
網 www.maimon-susi.com
電 (81)03-5816-1144

東京站
Tokyo Station

必見！
東京車站

本的JR站一向最神奇。除了是搭乘JR的地方外，一些大站如新宿、東京站等本身更是一個巨型的購物商場。而近年一直在翻新的東京站終於完成了八重州地下街部份的調整，那管外頭大風還是大雪，躲進東京站一番街，還是可以隨時繼續享受狂掃貨狂吃喝的樂趣！

往來東京駅交通

羽田空港		東京單軌電車 約17分鐘 ¥490	濱松町	JR	JR山手線 約7分鐘 ¥160	
成田空港	JR	JR特急成田エクスプレス 約1小時4分鐘 指定席¥3,020				東京站
新宿站	JR	JR中央線快速 約13分鐘 ¥200				

232

改裝後的商店街有各式各樣手信店，要逛完的話起碼大半天

↑手信區有很多都是限定品，要買就要快手

① 改裝後巨型地下商店街
GRANSTA

MAP 別冊 **M11 B-2**

地 東京都千代田区丸の内1-9-1
時 08:00-22:00、星期日及假期08:00-21:00
網 www.gransta.jp/mall/gransta_tokyo
電 (81)03-5299-2211
交 東京車站丸之內

這個是JR東日本最大的車站型商場，遊人於東京車站閘口一出便會到達。它於2020年8月改裝後，有不少新的商店進駐，場內結集超過150間店舖，有餐廳、手信店、妝物店、日系小雜貨、café及精品等，各位遊人記得預留時間逛個夠！

↑↓可愛文具扭蛋 ¥400

↓BAGU環保袋 ¥1,980起

店內的衣飾設計簡約、質料舒適

⓵ 太細路必逛
Neustadt brüder 〔丸の内坂エリア〕

這間售賣日本、北歐雜貨的店家猶如一間小型的博物館！店內可以買到各式優質有趣的裝飾品、文具、精品等，有別於一般的日系雜貨，店家的商品不只設計獨特，也十分實用，不少更是適合各位旅行愛好者的精品，買來收藏也不為過。

時 09:00-22:00、星期日及假期
   09:00-21:00
網 www.angers.jp
電 (81)03-5224-6336

↑pocket fan
¥2,640

WOW! MAP

233

全部的撻都是在店內即烤的

↑ The Cheese Souffle ￥1,296

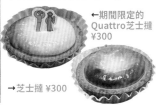
←期間限定的
Quattro芝士撻
￥300
→芝士撻 ￥300

1b 香濃芝士撻

BAKE CHEESE TART〔丸の内地下中央口改札〕

這間人氣的芝士撻專門店是嚴選北海道的芝士及牛奶來製造，其即烤的芝士撻外層鬆化帶有牛油香，中間的餡料是香濃的芝士，口感creamy也帶有奶香，流心般的芝士令人回味！而店內也不時會提供不同口味的芝士撻，同樣美味！

時 09:00-22:00、星期日及假期
09:00-21:00
網 cheesetart.com
電 (81)03-6259-1866

↑ 靜岡產
的掛川茶
￥2,160

↑ 東京站造型的夾
心餅 ￥1,300
→人氣的士多啤梨
果醬 ￥1,188

場內也有熟食和麵包

1c KINOKUNIYA entrée〔丸の内地下中央口改札〕

這個位於站內的紀ノ国屋超市可說是掃貨的好地方，店內有很多來自日本各地的醬油、零食、麵食和乾貨：靜岡茶葉、輕井澤果醬、溫泉饅頭、櫪木縣的得醬曲奇等，難怪每到放工時間都有當地人掃貨。

時 07:00-22:00
網 www.e-kinokuniya.com
電 (81)03-6259-1884

全部的食材都十分地道

10 來自意大利的食材

EATALY【丸の内地下北口改札】

一間主要售賣意大利食材及酒品的店家,店名真的取得很有趣:是ITALY加上EAT而來吧!店內劃分開餐廳、café及商店區,走進去就如一個小型市集般,有新鮮的芝司、香檳、酒品、甜品和零食,當然也有美食區瀰漫著PIZAA的香味!

→CAFFAREL 是意大利的朱古力名牌子¥756

↑店內設有用餐區,客人也可小酌一杯

MARITOZZO羅馬軟麵包 ¥580

時 08:00-23:00、星期日及假期
08:00-22:00(餐廳略有不同)
電 (81)03-3217-7070

用不同原材料製作的意大利粉

235

商場的設計混合了傳統的日式裝修

↑廣場有公園供小朋友放電

↑周末不定期有活動

② 東京火炬樓

香港首推

Tokyo Torch Terrace

Tokyo Torch Terrace將會是東京站另一新地標，因為預計於2027年完工的火炬樓將會成為全日本最高的建築物；而旁邊的常盤橋Tower和公園則剛於2021年夏天開幕，結集了多間餐廳、café以及店家，每到周末，公園更會不定期舉行各樣活動，可謂熱鬧非常。

MAP 別冊 **M11 B-1**

地 東京都千代田区大手町2-6-4
時 餐廳11:00-22:00、café 07:00-20:00、商店07:00-23:00(周末及假日略有不同)
休 各店不同
網 www.marunouchi.com/building/tokyotorchterrace/
電 (81)03-6262-7862
交 JR東京站日本橋出口步行約1分鐘；或東京Metro三越前站的B2出口步行約1分鐘

↑也有不少自家品牌售賣

↑不同味道的豆腐朱古力 ¥1,850

→Soy Latte ¥580

店內裝修簡約清新

2a 當豆腐遇上咖啡 **TOFFEE (1F)**

這間來自九州的café是一間特色的店家，店名是TOFU豆腐crossover COFFEE 咖啡的由來。店內提供健康的飲料，選擇眾多：豆乳Latte、豆乳蜜糖Latte和薑豆奶等，也有店家獨有的豆腐朱古力！加上店內環境舒適，給客悠閒的放假感，不知不覺就坐上一兩小時。

時 09:00-18:00、星期六日10:00-18:00
休 不定休
網 www.co193toffee.com/pages/toffee-tokyo
電 (81)03-6281-9000

WOW! MAP

喜歡日系雜貨的朋友必到

2b 來自年青人的品牌
アナザイ・キュウシュウ [1F]

這店家主要是售賣全日本47個都道府縣的地域產品，每期的企劃都會以期間限定的模式來售賣，而且大部份的產品都是由當地學生一手一腳創作、生產、宣傳的。他們不只參與其中，也會向客人介紹其獨特之處，可謂十分用心！而店內也有其他人氣的食品、傳統手工藝等，客人大可以一次過在東京買到不同縣的人氣紀念品。

→有趣的是店內可以找到東京下水道的水渠蓋

↑穿著舒適的軟屐 ¥8,250

→全店最受歡迎的富士山造型廁紙筒 ¥495

時 11:00-20:00
休 不定休
註 店家位於商場外對面建築的轉角位；不定期舉行的企劃，貨品也會不同

用上鹿兒島大島紬製成的扇子 ¥1,098

吉祥寺

池袋

上野

東京站

❸ 100年的紅磚建築
東京站

作為東京交通的樞紐中心，東京站在功能上很現代化，不過東京站的本身就是充滿古色古香、歷史悠久的建築。建於1914年的東京站是文藝復興風格的紅磚建築，當地稱之為赤煉瓦。

東京駅一番街

MAP 別冊 **M11 B-2**

地 東京都千代田区丸の內1-9
網 www.tokyoinfo.com
交 JR東京站

特製中華そば¥1,300
看不出是全素拉麵吧。素蛋和素叉燒的味道也很像真。

❸a 連續三年米芝蓮推介
ソラノイロ・NIPPON

平時去旅行，相信不是素食主義的你，都不會吃素食吧？想吃素的你，又想吃得有特色，就要來 ソラノイロ。她們連續三年得到米芝蓮推介的殊榮。不要看她們的拉麵有肉，就以為她是一般的拉麵，少年，你太年輕了!她一整碗都是素食。那一些肉，只是由素食偽裝出來。素拉麵吃下去跟葷的拉麵沒太大分別，肉的像真度超高，吃下去真的不覺得在吃素，就算不是素食者，這一家店都可以提供有肉吃的感覺。

MAP 別冊 **M28 D-3**

時 09:00-23:00(L.O22:30)
電 (81) 03-3211-7555

Tokyo City
TOURIST & BUSINESS INFORMATION

Tokyo City i **Tourist Information Center** 旅遊服務中心
Approx.1 min. walk from Tokyo Sta.
JR東京站出站步行約1分鐘

Multi-language EN 中

Tourist Information 旅遊咨詢服務
Free Wi-Fi 免費 Wi-Fi

Day-trip Tours 本地一日遊
SIM Card 售手機SIM卡

Arrangement for accommodation and transportation 預訂酒店及車票
Cafe 咖啡廳

Tokyo Subway Ticket Sales

tkts **Entertainment and exhibition tickets are available.**

KITTE B1 Floor

Tokyo International Forum

Marunouchi South Ex

JR TOKYO station

 Website URL : **https://zhtw.tokyocity-i.jp/**
Open Daily 8:00am-8:00pm / CAFE 7:00am-11:00pm (Except for Jan 1st and legal inspection day

古色古香的純白郵局外牆，有種樸實無華的美感，與JR Tower
摩登玻璃幕牆景觀衝突的美感，使KITTE成為東京站的新地標。

4 80年老郵局驚喜重生
KITTE

「KITTE」是日文郵票的讀音，因商場由1931年落成的老郵局
改建而得名。商場由日本建築大師隈研吾負責設計，完美演繹
了新舊交融的結合。B1至6樓共7層的商場有不少日本職人名
店，絕對夠潮又有特色！逛累了又可到天台花園休息，將古蹟
東京站的景色盡收眼底，影相靚絕！

MAP 別冊 **M11 B-2**

地	東京都千代田区丸の内 2-7-2
時	星期一至六及假期前夕11:00-21:00 (餐廳至23:00)；星期日及公眾假期 11:00-20:00 (餐廳至22:00)
休	1月1日　　網 jptower-kitte.jp
電	(81)03-3216-2811
交	丸ノ内線東京站地下道直達；JR東京站步行1分鐘

有不少人逛累了，直接走到屋上庭園休息。

4a 免費觀景地
屋上庭園KITTEガーデン [6F]

站在6樓的天台花園，可以遠眺東京的美景，包括東京站和JR
的穿梭。晚上時，四周一片霓
虹燈，在漆黑的夜空映照下，
格外美麗，同時又能感受東京
的繁榮。下午的時候，不少人
到此散步和欣賞東京的景色。

MAP 別冊 **M27 B-2**

時	星期一至六 11:00-23:00；星期日及公眾假期 10:00-22:00
休	1月1日及不定休

WOW! MAP

3　　4

六本木・東京鉄塔
Roppongi・Tokyo Tower

必見!
Little Darling
Coffee Roasters

鄰 近港區的六本木昔日是五光十色的夜生活區,可是近年成功轉形,除了匯聚了藝術館、高級精品店、高雅的餐廳外,也進駐了很多貼近大自然的 café 及甜品店,令這區增添上悠閒的生活氣息。

往來六本木・東京鉄塔交通

新宿站	都營大江戶線 約9分鐘 ¥220	六本木站
渋谷站	都營バス(巴士) 約14分鐘 ¥210	六本木站
新宿站	都營大江戶線 約14分鐘 ¥220	赤羽橋站 步行 約5分鐘	東京鉄塔

仿如置身花園中用餐

① 花花世界的浪漫

Flower market Tea house赤坂

就是被它的環境吸引著，心甘命抵的在門外排了半小時。甫踏進門口，已被它的花花世界所迷倒：坐在店內用餐就仿如置身溫室花園，到處都看到綠意盎然的植物，瀰漫著一股清新的氣息。點了一客賣相精緻的花造西多士，每片多士上面都點綴著顏色鮮艷的花朵或植物：甜的、微酸的⋯⋯每片的味道也不同，吃著美食，看著身的美景，不用喝酒也醉了！

→花かんむりのフレンチトースト ¥1,320

MAP 別冊 **M12 B-1**

地 東京都港区赤坂5-3-1赤坂Bizタワー1F
時 09:00-18:00(L.O.17:30)
網 www.afm-teahouse.com/Akasaka
電 (81)03-3586-0687
交 東京Metro赤坂站3a出口步行約5分鐘

↑餐廳旁邊就是一間鮮花店

↑碟子裡的花都是可以食用的，客人可以放心

餐廳的佈置優雅且充滿大自然氣息

1

室內的座位也很寬闊

② 只有一個目的
Little Darling Coffee Roasters

位於Share Green Minami Aoyama內的一間充滿外國風的café，Little Darling Coffee Roasters，店前就是一大片綠油油的草地，每到晴天或周末就會有客人自備野餐用具，在店內買一杯咖啡、漢堡包，悠閒的坐在草地上放空。店內的裝修簡約型格，淺綠色為主調，放著木枱木椅，偶爾在角落擺放著盆栽，給人貼近大自然的感覺。

↑ 每到周末就有一家大細到來
↓ 假日就要有排隊的心理準備

店內放著大型的咖啡豆機

偌大的草地，在寸金尺土的香港是不能想像的

點了一客凍咖啡和漢堡包，自家製的美式咖啡是需要點時間的，一邊喝著，一邊滲出淡淡的咖啡香氣；漢堡包的份量剛好，外層烤得焦香，中間的肉質厚且juicy，和著那片半溶的芝士，十分搭配。邊享受美食，邊看著那片晴天和草地，你就會把煩惱忘記得一乾二淨，來吧！一起放空吧！

↓↑有少量自家品牌的衣飾及精選咖啡豆

漢堡包 ¥1,150

→凍咖啡
¥460

MAP 別冊 **M12 A-1**

地 東京都港区南青山1-12-32 SHARE GREEN MINAMI AOYAMA
時 11:00-19:00(L.O.18:30)
休 不定休
網 www.littledarlingcoffeeroasters.com
電 (81)03-6438-9844
交 東京Metro乃木坂站5號出口步行約4分鐘；或六本木站7號出口步行約10分鐘

WOW! MAP

也有不少和花有關的衣飾

❸ 把美好的心情帶回去
all good flowers

就在Little Darling Coffee Roasters旁的一間小花店，內裡除了有各式各樣的花外，還有日系的花圍小雜貨：可以放到一盆花的手挽袋、花系TEE、飾物、衣飾等，不單顏色漂亮，外型也別幟一格，有些放在角落的花樽更是光看著，也可以為你帶來愉快的心情。

→設計時尚的放盆栽手挽袋 ¥4,400

↓店內瀰漫著陣陣花香

↑花TEE ¥3,300

MAP 別冊 **M12 A-1**

地址 東京都港区南青山12-1-13
時間 10:00-19:00
網址 all-good-flowers.com
電話 (81)03-6438-9487
交通 東京Metro乃木坂站5號出口步行約4分鐘；或六本木站7號出口步行約10分鐘

用色可愛的花樽

放植物的藤籃 ¥1,650

WOW! MAP

店內的位置不多

↓抹茶DX ¥1,100

↑女士們被刨冰澎湃的份量吸引，要打卡拍照。

④ 午夜刨冰 yelo

yelo刨冰店是六木本的人氣甜品店之一，早上營業至翌日的清晨仍然是人潮不斷。店內有多種不同的口味，招牌抹茶味道，使用了京都利招園茶舖最高級別的抹茶粉調校成醬，在刨冰的頂部加入了乳酪，乳酪帶有香濃的牛奶味並帶有微酸；抹茶味很濃，帶有甘香。

MAP 別冊 **M12 B-3**

地 東京都港区六本木5-2-11 パティオ六本木1F
時 11:00-05:00；星期日及公眾假期 11:00-24:00
網 yelo.jp
電 (81)03-3423-2121
交 六本木站步行約3分鐘

↑喫茶室設有坐位，可以點杯飲品坐下，靜靜閱讀。

MAP 別冊 **M12 A-3**

地 東京都港区六本木6-1-20 六本木電気ビル1F
時 09:00-20;00(L.O19:30)
休 不定休
金 ¥1,650 星期六、日及假期 ¥1,980
網 bunkitsu.jp
電 (81)03-6438-9120
註 店內絕大部分都是日文書籍，少量英文書籍。
交 六本木站步行約1分鐘

⑤ 書店新模式
Bunkitsu 文喫

推開透明的玻璃門，就是日本雜誌的閱讀區，而另一邊就是付款處。入場前付款後，就會有一個襟章及Wifi 密碼，遊人可以不限時的沉醉在這三萬本書之間。而店內最特別的地方是有一個喫茶室，提供咖啡及煎茶等飲料，還會有點心及其他的食物售賣。

WOW! MAP

4 5

245

⑥ 城市中的城市
Tokyo Midtown

位於六本木的Tokyo Midtown，原為日本防衛廳總部所在，經過7年的計劃及興建後，於07年3月30日重新登場，除了六個充滿話題性的建築物外，更以超巨型的綠化花園令Tokyo Midtown成為東京都內最豐富、最有藝術感、最能反映東京文化特色的複合城市。

MAP 別冊 **M12 A-2**

地 東京都港区赤坂9-7-1
時 店舖11:00-20:00; 食品/咖啡廳11:00-21:00; 餐廳11:00-23:00
網 www.tokyo-midtown.com
電 (81)03-3475-3100
交 都營大江戶線六本木站8號出口直達

---

⑥a 平田牧場 (B1F)

以自家牧場飼養的豬隻作食材的平田牧場，是一家日式豬排專門店，豬排炸得香脆之餘，肉香四溢，吸引不少人前來排隊，門外常見人龍。不想排隊的，可到隔鄰的外賣店舖，購買同樣非常香脆的炸豬排，價錢由¥400至¥1,000，視乎豬的質素而定。

↑日式炸豬排飯 ¥1,200
一客有前菜、味噌湯、飯和手磨芝麻。

時 11:00-21:00(L.O.20:30)
網 www.hiraboku.com
電 (81)03-5647-8329

⑥b GARDEN

在GALLERIA外的GARDEN，擁有豐富的花草樹木，除一大片的草坪外，更有銀杏樹、櫻花樹、樟樹等樹木，創造出令人心曠神怡的空間，假日更是一家大小遊玩及野餐的好地方，令大家一時間忘記了身處繁華Tokyo Midtown，置身於遠離東京都的另一個國度。

WOW! MAP

👣 **走遠一點點**

站於高250米的特別展望台景觀非常瞭闊

⑦ 著名地標

東京鐵塔

佇立於東京市中心的東京鐵塔，高333米，於1958年建成後一直是東京的象徵性地標，亦是東京最受旅客歡迎的景點之一。日與夜的東京鐵塔呈現截然不同的面貌，日間紅白雙色的鐵塔盡顯活力，晚上亮起燈光之後的鐵塔璀璨耀眼。從大展望台(高150米)和特別展望台(高250米)上可遠眺富士山、筑波山及東京都內的景色。

MAP 位置請參考封面裡地圖

地 東京都港區芝公園4-2-8
時 大展望台+特別展望台09:00-22:45
金 大人：大展望台￥2,800、特別展望台￥1,200、小童：大展望台￥2,600、特別展望台￥1,000
網 www.tokyotower.co.jp
電 (81)03-3433-5111
交 都營大江戶線赤羽橋站步行約5分鐘

↑東京鐵塔除了是旅遊聖地，亦是情侶拍拖的好去處。

↑從東京多處都可以看到東京鐵塔的身影。

↑The Sky販售東京鐵塔不同類型的紀念品。

→東京鐵塔造型水￥390

←↑Hello Kitty X東京鐵塔紀念幣￥600

走遠一點點

Fleur Universelle

8 鬧市中的樹屋café

《影視》
《Dear Sister》

Les Grands Arbres

有沒有想過在東京的鬧市中也會出現童話故事中的樹屋？位於廣尾站附近有一間超人氣的樹屋café－Les Grands Arbre，名字是法文大樹的意思，店如其名，門前有一棵大樹，樹上面設有一間小木屋，夢幻又可愛。日劇《Dear Sister》在此取景之後，聲名大嘈，吸引更多女生慕名而來。1至2樓是花店，3樓及天台則是café，以木色為主的環境裝潢，自然又舒適，更於室內栽種了不少植物，更添綠意。食物方面，因應季節而更換菜單，提供健康有機的營養套餐和手工甜品。

→Les Grands Arbre全木的環境給人乾淨又清新的感覺。

↑雞肉燉蘿蔔黃薑飯套餐 ￥1,340
雞肉燉煮蘿蔔絲清甜又美味，配上大量新鮮蔬菜和黃薑飯，健康無負擔。

←士多啤梨厚燒Pancake ￥700
Pancake非常厚身又鬆軟，充滿蛋香，與酸甜的士多啤梨、雲呢拿雪糕同食，幸福滋味洋溢口中。

地 東京都港区南麻布5-15-11 3/F
時 11:00-19:00 (L.O.18:00)
網 fleur-universelle.com
電 (81)050-5596-6941
交 日比谷線広尾站步行約2分鐘

WOW! MAP

8

↑位於地庫的紀念品店Souvenir from Tokyo by CIBONE

←美術館會與不同的藝術家合作，創造出獨特的展品。留意官網上發報的展覽資訊，方便安排參觀喜愛的藝術家展覽。

⑨ 最頂尖的法國料理與藝術
國立新美術館

國立新美術館，建築外型呈波浪形，由著名建築師黑川紀章負責，設計理念強調配合人與自然的融和，外牆以玻璃建成，除引入自然光之外，更能夠節約能源，玻璃外牆更令室內空間感十足。踏入館內，迎面便看到兩個倒立錐形大柱子，上闊下窄的大柱子上分別是兩間餐廳，位於較高的大柱子上的餐廳，就是鼎鼎大名的Brasserie PAUL BOCUSE Le Musée餐廳，這裡的主廚PAUL BOCUSE在法國料理界地位崇高，是米芝蓮3星名廚，位於美術館內的餐廳門外經常大排長龍。

MAP 別冊 **M12 A-2**

地時	東京都港区六本木7-22-2 美術館通常10:00-18:00、會期中的星期五10:00-20:00 (最後入場時間為閉館前30分鐘) 法國餐廳 午餐 11:00-16:00 (L.O.16:00)、晚餐 16:00-21:00(L.O.19:30)，星期五至22:00(L.O.20:30)
休	星期二、年始年末
網電	美術館www.nact.jp 法國餐廳www.paulbocuse.jp (81)03-5770-8161
交	Tokyo Metro千代田線木坂站6號出口直達；由Tokyo Midtown沿外苑東通步行約3分鐘。

Brasserie PAUL BOCUSE Le Musée

餐廳位於3樓，於居高臨下的環境下享餐，感覺非常之「爽」。

←午餐定食 ¥1,800-¥3,000 包括頭盤、主菜、甜品及咖啡，非常豐富美味。

影視 《Kill Bill》

⑩ Kill Bill電影場景復刻
KUSHI · SOBA權八

位於西麻布區的權八餐廳，主打爐端燒料理，在本地和海外可算是享負盛名。一串串的燒雞軟骨和燒鵝肝伴士多啤梨汁，令人回味無窮！西麻布的權八是由設計師佐藤茂一手創作，權八亦令他聲名大噪。

MAP 別冊 **M12 A-3**

地時網電交	東京都港区西麻布1-13-11 1F-2F 11:30-03:30 (L.O.02:45) www.gonpachi.jp (81)03-5771-0180 六本木站沿六本木通直行至西麻布路口約10分鐘

WOW! MAP

9　　10

249

東京TOKYO最新人氣酒店特集：
實地住宿報告

東京都的酒店選擇極多，加上在疫情過後，眾多的新酒店落成、不少酒店也藉機會翻新，以吸引海外遊人到來。以下是記者親身入住後的住宿報告，大家可以看看那一間是自己的心水呢！

大堂附設café，不少客人check in後都會在這裡Hea一會

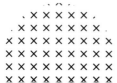

型格Design酒店
1 銀座

ザ・スクエアホテル銀座

喜歡獨特設計的型格酒店的客人，推介大家入住這間於2018年開業的The Square銀座酒店。酒店夥拍了LEE及SNOW PEAK的品牌營造出悠閒且型格的裝修，甫進入大堂，經過那café，就仿如感受到銀座那獨有的高雅而悠閒的味道。

▲ 房間簡約清新

◀ 大堂用色鮮明，令人印象深刻

▶大浴場內設有Dyson風筒

▲◀ 洗手間、淋浴間和梳洗間各自獨立

房間裝修簡約而清新，以木色及卡奇色為主調，多用途的小型傢俬擺設，增加了空間感，而位於二樓的大浴場，內裡乾淨整齊，黑色的裝修給人很有格調且私隱度高的感覺，脫衣所處備有Dyson風筒及各式的護膚用品，十分貼心。

MAP 別冊 **MO2 B-2** ▶▶▶▶▶

地 東京都中央区銀座 2-11-6
金 2人一房包早餐，每房¥11,800起
網 www.the-squarehotel.com/sgi
電 (81)03-3544-6811
交 東京Metro銀座一丁目站 11號出口步行約1分鐘；或東銀座站A2出口步行約5分鐘

入住報告：
☑ 客室裝修簡潔清新
☑ 大堂附設café
☑ 適合喜歡Design酒店的朋友
☑ 四周名店、商店立林

自家品牌的小雜貨

WOW! MAP

251

人工光明石大浴場

入住報告：
☑ 新開業的酒店
☑ 客室備品齊全
☑ 和風系令人感覺溫馨優雅
☑ 都市少見的人工溫泉

2 日暮里
新開都市型舒適酒店
香港首推

アルモントホテル日暮里

距離東京站約20分鐘車程的Almont Hotel 佇立於日暮里站東口，於2021年開業，交通便利，帶有和風的優雅的大堂、備有洗衣設備、設於三樓的人工光明石溫泉更能令客人忘卻壓力，泡湯過後客人可以在休息處放鬆一下身心。房間則精緻摩登，設備齊全：為客人泡湯而準備的小籃子、作務服及毛巾等都十分整潔。

▲ 脫衣處裝修雅緻

▶ 枱頭有一隻可愛的小紙鶴

單人房尚算寬敞

▼ 大堂明亮帶和風的優雅

地 東京都荒川区東日暮里5-47-1
金 2人一房包早餐，每房¥9,800 起
網 www.almont.jp/nippori
電 (81)03-5615-3431
交 JR日暮里站東口步行約5分鐘

WOW! MAP
2

入住報告：

☑ 下北沢的秘密型格酒店

☑ 房間備有黑膠唱碟機

☑ 牙刷等梳洗用品可自備
或在前台購買¥300/套

☑ 新開業的酒店

▲ 難得一見
的黑膠唱碟機

▲ 客人可在前台免費租借黑膠唱片

▼ 酒店設有露天座位，晴天時可放鬆一下

③ 下北沢 新式型格的酒店獨享音樂空間 **香港首推**

MUSTARD HOTEL 下北沢

這間剛於2021年9月新開幕的型格酒店MUSTARD HOTEL可說十分有特式。它的大堂附設café，給客人敞大的休憩空間，房間簡約帶優雅，全酒店只有60間房，全以洋室為主，房間擺放著一台現代少見的黑膠唱碟機，客人check in後可到前台租借喜歡的黑膠唱片，在房間一邊休息，一邊聆聽悠揚的音樂。

▲ 大堂附設有café

地 東京都世田谷区北沢 3-9-19
金 2人一房包早餐，每房¥12,000起
網 mustardhotel.com/
　 shimokitazawa
電 (81)03-6407-9077
交 小田急東北沢站步行約1分鐘；
　 或京王井の頭線下北沢站步行約
　 5分鐘

WOW! MAP

房間還是新簇簇的氣味

入住報告：
- ☑ 鄰近羽田空港
- ☑ 全新酒店
- ☑ 行2分鐘有超市
- ☑ 設有微波爐、洗衣間

交通便利全新酒店

4 品川

京急EXイン 京急蒲田駅前

香港首推

大家如果想方便在羽田空港出入，推介大家入住這間距離羽田空港只有8分鐘車程的京急EXイン，它剛於2022年4月開幕，配套新淨、整齊，房間寬敞，淋浴間和梳洗的空間分開，就算一家大小入住也很方便；加上酒店附設大浴場，客人可以放鬆身心。

地 東京都大田区蒲田4丁目45-3
金 2人一房包早餐，每房¥8,200起
網 www.keikyu-exinn.co.jp/hotel/keikyu-kamata
電 (81)03-5703-3910
泊 有(付費)
交 京急蒲田站步行約3分鐘

▲ 大浴場整潔乾爽

▲ 浴室是淋浴間

▲ check in後客人可隨意享用

大堂光潔明亮

WOW! MAP
4

戶外吧位可看到秋葉原入夜景色

▲ 房間整齊舒適

▲ 大浴場是天然溫泉

平日的Bar time客人不多

▼ 大堂有多款備品供客人免費租借

免費酒品的Bar Time

5 秋葉原

香港首推

スーパーホテルPremier

剛於2019年10月開業的Super Hotel Premier秋葉原有別於大家對Super Hotel的印象。這間新簇簇的酒店給了客人足夠的空間感，當天揀選了專為女士而設的Ladies' Plan，全層均為女士入住、房間有粉色系的枕頭。而大浴場是天然溫泉。當然最期待的是黃昏後的Bar Time(18:00- 22:00)，客人可免費享用咖啡、梅酒、汽水等，大家可以揀選露天的座位，一邊欣賞河旁夜景，一邊愜意的小酌一杯。

▶早上有可愛的機械狗狗迎接大家吃早餐

MAP 別冊 **M23 B-3**

地 東京都千代田区神田須田町2-25-8
金 2人一房包早餐，每房¥8,500起
網 www.superhotel.co.jp/s_
　 hotels/p_akiba
電 (81)03-6671-9000
泊 有(付費)
交 東京Metro秋葉原站5號出口步行約2分鐘；或JR秋葉原站昭和通り出口步行約4分鐘

WOW! MAP

客人check in後不妨在這裡休息一下

⑥ 渋谷

展望大堂 飽覽市景 **香港首推**

三井ガーデンホテル五反田

距離涉谷和新宿只有數站的五反田三井花園酒店於2018年開業，位於15樓的大堂、高踞臨下，可以飽覽市中心的繁華景色。房間明亮整齊，設有衣櫃、熨斗、空氣清新機等；酒店內亦有洗衣間、微波爐，十分方便。大浴場設有露天風呂，男士那邊更可以看到街景呢！

地 東京都品川区東五反田2-2-6
金 2人一房包早餐，每房¥12,800起
網 www.gardenhotels.co.jp/gotanda
電 (81)03-3441-3331
交 JR五反田站步行約3分鐘

▲ 雙牀房大約24平方米

▲ 大堂附設半露天的座位

▲ 浴室企理清爽

大浴場設有露天風呂

WOW! MAP
6

入住報告：

- ☑ 鄰近商店街
- ☑ 建議選擇本館較方便
- ☑ 不提供早餐
- ☑ 價錢親民

鄰近アメ横丁的都市型酒店

7 上野

香港首推

センチュリオンホテル＆スパ 上野駅前

這間鄰近繁華街的Centurion Hotel and Spa於2017年開業，它的裝修別幟一格，隱隱帶點中世紀的風格；酒店有本館和別館：別館位於本館的對面，若果客人要泡溫泉的話就要步行到本館，房間有和式、洋式及附設私人風呂可揀選，大浴場內設有免費的按摩椅。周邊有眾多食店及商店街，喜歡逛街的朋友定必喜歡。

▲ 房間也很有空間感

▲ 大浴場寬敞整潔

設有免費按摩椅

MAP 別冊 **M22 B-2**

地 東京都台東区上野6-8-16
金 2人一房，每房¥6,200起
網 www.centurion-hotel.com/ueno-sta/#ueno-sta
電 (81)03-5846-8560
交 JR、東京Metro上野站步行約2分鐘；或京成上野站步行約4分鐘

WOW! MAP

257

7

入住報告：
- ☑ 鄰近羽田空港
- ☑ 新開酒店，明亮新淨
- ☑ 大浴場營業至凌晨

寧靜型格新酒店 **香港首推**

(8 品川) ワイヤーズホテル 品川シーサイド

這間剛於2020年夏天開業的Wires酒店位處住宅區，環境寧靜優雅，大堂的裝修明亮新淨，附設一間開至晚上22:00的café。酒店附設洗衣間及微波爐，房間則以洋式為主，部份設有榻榻米的休憩空間，寬敞舒適；位於9樓的大浴場營業至深夜2時，裝修簡約，讓客人可以好好放鬆一下。

▲▼ 房間備有空氣清新機和工作枱

▲ 大堂還有新簇簇的感覺

客人可自由取用大堂的客室備品

大浴場設有小小的半露天風呂

地	東京都品川区東大井1-9-37
金	2人一房包早餐，每房¥11,500起
網	www.wires-hotel.com/shinagawa-seaside
電	(81)03-6433-1330
泊	有(付費)
交	りんかい線 品川シーサイド站B出口步行約5分鐘；或京浜急行鮫洲站或青物橫丁站步行約7分鐘

WOW! MAP
8

入住報告：
- ☑ 鄰近築地市場
- ☑ 房間設有洗衣機及微波爐等設備
- ☑ 交通方便
- ☑ 早餐可選擇到不同食店享用

築地場外市場旁的住宅型酒店

⁹ 銀座築地 **東急ステイ築地**

位於築地場外市場旁的東急Stay酒店於2016年翻新後，每房均加設了備有乾衣功能的洗衣機和微波爐，方便家族旅行的客人，酒店的房間以洋式為主，如果預訂住宅型的房間，更附設迷你廚房。特別的是雖然酒店沒有附設早餐，可是客人可以在附近的6間食店內進食早餐，每份早餐為¥800。

大堂乾淨明亮

◀ 有提供免費飲料供客人享用
▼ 房門旁設有洗衣機及微波爐

MAP 別冊 **M02 C-3**

地 東京都中央区築地4-11-5
金 2人一房包早餐，每房¥9,600起
網 www.tokyustay.co.jp/hotel/HIG/
電 (81)03-5551-0109
交 東京Metro築地站1號出口步行約4分鐘；或東銀座站6號出口步行約5分鐘

WOW! MAP

259

9

浴場分為室內及露天兩個浴池。

▲ 房間四正，裝潢明亮清新。

10 新橋

舒適的露天浴場

カンデオホテルズ 東京新橋

於2018年1月開幕的Candeo，距離JR新橋站只有4分鐘的距離，十分便利。Check in時會按照性別提供不同顏色的房卡，房間以綠色及白色為主，感覺清新又舒適。客人絕不能錯過位於頂層的sky spa，可以一邊泡湯、一邊欣賞東京的美景，疲勞盡消。早餐以自助的形式，有和式、西式及中式的選擇，非常多元化。

▲ 早餐非常豐富

MAP 別冊 **M02 A-3**

地 東京都港区新橋3-6-8
金 二人一房包早餐，每晚 ¥22,800/起
網 www.candeohotels.com/shimbashi
電 (81) 03-5510-3400
交 JR新橋站步行約4分鐘

▲ 早餐用餐的地方不太，人多的時候可能要稍等。

房間內能欣賞到銀座的美景。

▲ 房間設計舒適，讓人有回到家的感覺。

▲ 浴室非常寬闊。
▼ 衣帽間設有化妝枱，女生們的加分位。

⑪ 銀座

五星級的奢華

The Peninsula Tokyo

座落在黃金地段的東京半島酒店，不論是銀座、皇居、還是地鐵站都是咫尺之遙。一踏入大堂，遊人就能感受到老牌著名酒店的那種氣勢，挑高的樓底掛上模仿煙火盛放的吊燈，配上藝術作品，盡顯氣派。酒店會安排在房間check in，私隱度十足。房間內設有衣帽間，並放置了一張很大的梳妝台，是女生的最愛。在客廳中央有一張很大的沙發，使人有種放鬆回家的感覺。

▶ 酒店的早餐有多種不同的選擇，這次分別選擇了鬆餅及日式早餐。

MAP 別冊 **M02 A-1**

地 東京都千代田区有楽町1-8-1
金 二人一房包早餐，每晚¥68,000/起
網 www.peninsula.com/en/tokyo/5-star-luxury-hotel-ginza
電 (81)03-6270-2888
交 JR有樂町站步行約2分鐘

WOW! MAP

13樓的大堂氣勢不凡，一大片的落地玻璃可以完整的看到晴空塔。

12 淺草

眺望晴空塔

THE GATE HOTEL Kaminarimon by HULIC

選擇酒店的時候，有不少的遊人都會選擇一些鄰近車站的酒店。這間不但靠近淺草站，與著名景點雷門只是近在咫尺的距離。步上位於13樓的大堂，整片的落地大玻璃能看到整座晴空塔的美景，非常壯麗。房間以黑色為主，非常型格舒適。到了晚上，住客必定要到B bar，在這裡點著一杯調酒，眺望晴空塔在晚上不停地轉換顏色，讓人感到非常放鬆。

▲ 房間以黑色為主，時尚型格。

▶早餐是半自助形式，非常豐富。

▼ 餐廳同樣有落地大玻璃，一邊吃早餐，一邊欣賞美景。

MAP 別冊 **M05 A-2**

地 東京都台東区雷門2-16-11
金 二人一房，每晚¥22,900/起
網 gate-hotel.jp
電 (81)03-5826-3877
交 銀座線淺草站步行約2分鐘

WOW! MAP
12

頂層的Premium Lounge觀看夜景一流，但只供套房住客使用。

13 銀座

摩登時尚的高貴

THE GATE HOTEL TOKYO by HULIC

於18年底開業的THE GATE HOTEL TOKYO by HULIC，不但地理位置優越，而且房間非常寬敞，沒有想過在東京的市區也能入住那麼寬敞的房間，即使房內有L型的沙發也不會覺得侷促。酒店在頂層設有Premium Lounge，讓住客小酌一杯的同時觀賞銀座的夜景。

▲ 餐廳挑高的設計，時尚及空間感十足。

▲ 座落在東京市中心，罕有的寬敞房間。

▲ 酒店設有露天Lounge，住宿客人24小時都可利用。

MAP 別冊 M02 A-2

地 東京都千代田区有楽町2-2-3
金 二人一房，每晚¥32,670/起
網 gate-hotel.jp
電 (81)03-6263-8233
交 東京メトロ日比谷線日比谷駅步行
約1分鐘；JR樂町站步行約3分鐘

早餐是半自助式，設有多個不同的選擇。

WOW! MAP

13

263

Check in 大堂樓底極高，極其氣派。

▲ 房間寬敞舒適，空間感很大，令遊客倍感放鬆。

▲ 早餐選擇眾多，適合不同口味的住客。另外，還有即場的蛋料理，即時為住客烹調。

入住報告：

- ☑ 房間寬敞舒適
- ☑ 鄰近東京站
- ☑ 很有庭園風格的城市酒店

14
東京站

令人難以忘懷

アスコット 丸の内東京

2017年開業的 Ascott Marunouchi Tokyo，位處鄰近大手町站，交通方便。接待處位於22樓，可以在等候Check in的期間可以俯瞰東京的美景。酒店內有不同的設施供住客享用，有健身室、游泳池，建議花點時間享用酒店的設施。另外，住客更可以在每個星期三早上，參加瑜珈班，在美好的一天伸展身心。

MAP 別冊 **M11 A-1**

地 東京都千代田区大手町1-1-1大手町パークビルディング 22F-29F
金 二人一室包早餐，每房¥25,200起(連稅)
網 www.ascott.com
電 (81)03-5208-2001
交 大手町駅步行約1分鐘；東京駅步行約12分鐘

夜貓子必選

Citadines Central Shinjuku Tokyo

這一家酒店位於新宿的歌舞伎町附近，靜中帶旺，附近有不少的藥妝店、食店及激安殿堂，超方便！酒店的房間乾淨舒適，有足夠的位置放置一個30吋的行李箱，而且價錢相宜。酒店設有自助的洗衣乾衣機，同時亦為了方便商務的旅客，更設有會議室以供使用，會議室內放有按摩椅，住客可以免費使用，十分貼心。

▲ 酒店設有自助的洗衣乾衣空間。

MAP 別冊 **M17 C-1**

地 東京都新宿区歌舞伎町1-2-9
金 二人一房，每晚¥7000/起
網 citadines.com
電 (81)03-3200-0220
交 都營大江戶線東新宿站步行約8分鐘；
　 JR新宿站步行約6分鐘

▼ 房間寬大，有足夠的位置放30吋的行李箱。

▼ 會議室設有按摩椅，住客可以免費使用。

早餐的種類選擇繁多，以照顧不同口味、不同需要的住客。

▲ 充滿時代感的 Check in 大堂，職員都非常親切友善。

Shopping超方便

Millennium Mitsui Garden Hotel Tokyo

座落於銀座區，附近就是大型的購物中心，就連 Ginza Six都咫尺之間，Shopping後把戰利品放回酒店亦十分方便。客房都使用現代化的電器，十分時尚。另外，在每個房間都有提供一部智能電話，供住客使用，有連接無線數據，可以充當wifi使用。住客都可以拿出外使用，但緊記要帶回酒店。

MAP 別冊 **M02 A-3**

地 東京都中央区銀座5-11-1
金 二人一室包早餐，每房¥27,000起
（未連稅）
網 www.gardenhotels.co.jp/
millennium-tokyo
電 (81)03-3549-3331
交 東銀座站步行約1分鐘
銀座站步行約2分鐘

WOW! MAP
16

嚴選 東京周邊 Factory Outlets

1

鄰近成田機場 SHISUI PREMIUM OUTLETS

距離成田機場只有 15 分鐘車程的 SHISUI PREMIUM OUTLETS，是東京最方便的 Outlet，23 萬平方呎內有超過 120 間店舖，最適合上機前血拼。其中 Barnyardstorm、Hanes、Alfredobannister、Rebeccaminkoff 等品牌更是首次在東京 Outlet 出現，絕對值得一逛。Outlet 不設中央退稅服務，需要逐間退，自遊人要預留時間。

BARNYARDSTORM

日本品牌，首次出現在東京outlet，是必訪之地。服裝主要售賣OL極喜歡的簡約款式，多是淨色，易於配襯，要在這裡挑選幾套衣服，簡直極容易！同時，亦有鞋、手袋、皮帶等可供選擇。

McGregor

英國運動品牌，男裝、女裝、小童、袋均有發售，服飾多有方格紋、王冠、徽章等特有圖案，極具英倫味道。

地 千葉縣印旛郡酒々井町飯積2-4-1
時 10:00-20:00
休 2月第3個星期四
網 www.premiumoutlets.co.jp/cht/shisui
電 (81)043-481-6160

精選Brand List：

男女時裝
AS KNOW AS
Agnès B. Voyage
DIESEL
Dou Dou
earth music & ecology
Ete
GALLARDAGALANTE
LOWRYS FARM
McGregor
mercibeaucoup,
Né-net
Tommy Hilfiger
Samantha Thavasa
Studio Clip
URBAN RESEAHCH
Vans
Vendome Aoyama

運動品牌
Columbia Sportswear
Marmot
New Balance
Nike
Puma

雜貨
Francfranc
Lego
Staub

往來SHISUI PREMIUM OUTLETS交通

東京站(八重洲口)	高速直達巴士"Outlet express Shisui" 約50分鐘 ¥1,200	SHISUI PREMIUM OUTLETS
成田機場 第1大樓/第2大樓	Outlet Shuttle 約15分鐘 ¥360	

WOW! MAP

池袋45分鐘即達
入間
MITSUI OUTLET PARK

在關東已有兩個outlets（包括橫浜Bayside Mitsui Outlet Park及幕張Mitsui Outlet Park）的三井不動產建設公司，於2008年4月在東京開了一個關東地區最大的outlet。Outlet位於西武鐵道上，由池袋乘西武池袋線不過半小時左右的車程，比起御殿場，近得多。Outlet的環境較其他兩個outlets摩登，建築採用開放式的設計，以大自然為主題，在outlet內隨處可見到樹葉及樹幹造型的座椅，還有在盆栽之中的白色小兔，為瘋狂shopping的你帶來一點輕鬆的氣氛。兩層高的建築物內有180多間店舖，本土與外國品牌各佔一半，有些店舖是其他MITSUI OUTLET PARK沒有的，例如有來自法國的COMPTOIR DES COTONNIERS、日本嬰兒用品Combi mini、Vivienne Westwood男裝及捲土重來的Fred Perry等等，足以讓你逛一整天。

Vivienne Westwood MAN

英國著名的時裝品牌，設計玩味十足，這裡專賣男裝系列，不是每個outlets都有。

Fred Perry

傳統英國時裝品牌，近年努力擺脫其「老牌」形象，例如與Comme des Garcons crossover，成功再次打入潮流的行列，這店的貨品折扣不是太多，只有7折左右。

Combi mini

日本品牌，成立於1957年，是全世界嬰兒產品最大生產商之一，售賣鞋、玩具、餐具、衣飾等，全通過安全測試，媽媽們可以放心購買。

往來入間 MITSUI OUTLET PARK交通

 池袋站 　西武池袋線急行 約40分鐘 ¥440　→　 入間市　西武巴士 約15分鐘 ¥200　→　**Mitsui Outlet Park**

精選Brand List：

女裝	男裝	男女裝		鞋履手袋首飾		運動品牌	雜貨
As know as	Vivienne Westwood Men	Beams Outlet	Tommy Hilfiger	Coach	Folli Follie	adidas	Franc Franc Bazar
Pageboy		Diesel	Edwin	Furla	Citizen	Reebok	Dr.Ci:labo
Ray Cassin		Fred Perry	Lee	Tumi	G-Shock	Onitsuka	
		Theory	Levi's			Roxy	

地 東京都埼玉縣入間市宮寺3169-1
時 商店10:00-20:00/餐廳平日 11:00-21:00/
星期六、日假期11:00-22:00/food court 10:30-21:00
網 mitsui-shopping-park.com/mop/iruma/

休 不定休
電 (81)04-2935-1616

位於 Rose Court 及 Tulip Court 對面的 Park Side，是一個室內的購物區，佈置也充滿大自然氣息。

以田園綠野為主題的幕張MITSUI OUTLET PARK，分為Rose Court、Tulip Court和Park Side 3個主區，除多個屬outlet指定動作的大路品牌外，更破天荒集合多個日本潮流品牌的outlet在裝修得甚富型格的Park Side內，一改大家對outlet只賣大路貨的形象。加上位於東京都心的海浜幕張站，鄰近臨海都心 - 台場及東京迪士尼，位置便利，精彩的shopping label，令這outlet成為東京潮人搜購心頭好的好去處。各位愛東京、愛購物、並以做個精明消費者為傲的自遊人，請帶備足夠彈藥，將心頭好帶回家。

agnès b.

在日本outlets很難會發現agnès b.的蹤影，位於幕張這間b仔outlet shop就有齊男女童裝、agnès b. VOYAGE及LOLITA女裝。

精選Brand List：
男女時裝
Nice Claup
As Know As
agnès b.
nano・universe
Levi's
Edwin
Beams Outlet

鞋履配飾
Kate Spade
Coach
Citizen

運動品牌
Nike
Adidas
NewBalance
Le coq sportif

雜貨
FrancFranc BAZAR

Kate Spade

重新包裝後而成為渋谷型人至愛的Kate Spade，有齊多個不同系列的袋子供大家選擇，由花花pattern，到平實的上班用袋子都有。最便宜一個袋只售¥5,000，絕對是不能怠慢！

New Balance

大量日本版的波鞋，售價比一般波鞋店便宜一點。

地 千葉県千葉市美浜区ひび野2-6-1
時 商店10:00-20:00
休 不定休
網 mitsui-shopping-park.
電 com/mop/makuhari
(81)043-212-8200

日本資訊

日本位於亞洲的東北部，主要分為九州、四國、本州和北海道。日本全國面積約為380,000平方公里，人口超過1.27億，是世界排第十位。而東京（東京都）是日本的首都，人口約有1,300萬，佔日本人口約10%，是日本最大的城市，工商業非常發達。

北海道
仙台
東京
京都
神戶
福岡
名古屋
大阪

年曆對照

2018年 = 平成30年
2023年 = 令和5年

語言

官方語言為日語，英文不算通用，東京市內的百貨公司、大型商場漸多懂普通話的員工。

英語
漢語
日本語

國定假期

日本國定假期每年或會有改動，以下是一般會列為國定假期的日子：

1月1日	元旦
1月的第二個星期一	成人節
2月11日	建國紀念日
2月23日	天皇誕辰
3月21日	春分節
4月29日	昭和之日
5月3日	憲法紀念日
5月4日〔若這天不是星期日就會定為國定假期，好讓國民有長假期〕	綠之日
5月5日	兒童節
7月的第三個星期一	海之日
8月11日	山之日
9月的第三個星期一	敬老節
9月23日	秋分節
10月的第二個星期一	體育之日
11月3日	文化之日
11月23日	勞動感謝之日

❶ 當國定假日適逢星期天時，翌日補假一天。

❷ 夾在兩個國定假日之間的平日會成為假日。（星期天和補假除外）

❸ 12月25日（聖誕節）不是日本的節日

❹ 12月29日到1月3日期間（年末年始）日本的政府機關和企業都不辦公。

時差

日本時間是GMT+9，而香港及台灣是GMT+8，即日本時區比香港及台灣快1小時。日本方面並沒有分冬夏令時間。

02:00　　03:00

香港 / 台灣　　日本

電壓

日本使用100V兩腳插頭。與香港不同，香港遊人請帶備變壓器及萬能插頭。台灣地區插頭和電壓基本上與日本通用。

X　≠　✓

日本買電器注意事項：

* 日本電器有效使用範圍只限日本國內，購買前要注意是否有國際電壓。

* 部分熱門電器針對旅客推出100V-240V國際電壓的電器，適用於全球國家。

* 日本的電器電壓為110V，旅客需另購變壓器避免發生短路

日本本土旅遊旺季

在以下日子期間，日本本土的交通和酒店住宿會較緊張，請盡早預訂。

12月29日 - 1月6日	日本新年
2月5日 - 2月20日	日本大學入學試
4月29日 - 5月5日	日本的「黃金週」
8月中旬	中元節
12月25 - 31 日	聖誕假期

自來水

酒店內如列明有「飲用水」的自來水可以直接飲用。

地震

日本位處地震帶，發生小型地震時，酒店會發出有關廣播並暫時停用電梯，客人應暫時留在酒店內。如不幸遇上大型地震，請保持鎮定並跟隨本地人到指定的安全地方暫避。

貨幣

日本貨幣為YEN

貨幣兌換率

円 ￥

硬幣 ▼

￥1　￥5　￥10

￥50　￥100　￥500

紙幣 ▼

￥1,000
￥2,000
￥5,000
￥10,000

日圓兌換

出發前找換地點

＊香港各大銀行

　（匯豐旺角分行可直接提領日圓）

＊持牌找換店

＊香港機場出境大堂找換店

❶ 部分銀行及本港找換店需時先預訂日圓，宜先致電查詢。

日本自動櫃員機提款

＊便利店大部份設有自動櫃員機

＊只要提款卡上印有UnionPay、Plus就可提款。

＊每次提款均需服務費，兌換率則以當日的匯率為準。

＊櫃員機更設中文介面，方便易用。

❶ 2013年3月1日起，要先在香港啟動提款卡的海外提款功能，才可在海外提款。

日本兌換

＊日本各大銀行及郵局

＊日本部份大型電器店

＊當地高級酒店

免稅

＊在日本購物需付上相等於貨物價值10%的消費稅，只可於貼有「Japan. Tax-free Shop」標誌的店舖才可享有退稅服務。

＊辦理退稅者須持有效旅遊證件及購物單據，並於店家提供的「購買者誓約書」上簽名即可。

＊在日本工作的人員及停留期間為6個月以上的外國人不能享有免稅優惠。

＊自2018年4月起，遊人可以不限類別，只要合計買滿 ￥5,000 或以上就可以免稅。

＊2021年4月1日開始，日本全國商品的價格必須一律標示為含稅價格。

Japan.
Tax-free
Shop

Wifi & 通訊

AIRSIM無國界上網卡

如果分頭行動，建議使用SIM卡。最近很受歡迎的AIRSIM漫遊儲值SIM卡很值得推薦。日本5日1GB數據HK$50，2GB都只係$70。兼送30分鐘通話，可打電話返香港／台灣，打去當地預訂餐廳、酒店又得。香港用戶飛線後更可接聽來電。

上網　　通話
享受4G極速上網　聽電話打電話

AIRSIM無國界上網卡

- 熱門地區低至 $8/日。
- 只需出發前到 **AIRSIM ROAM APP** 選購目的地數據套餐及選擇使用日數，到埗插卡，等3分鐘，便可上網。
- 覆蓋日本/台灣/韓國等100多個地區，下次旅行可循環再用。
- 每次購買數據套餐，均送30分鐘通話，可以打電話（當地及出發地，包括固網電話）、接聽來電。
- 於APP內以信用卡、PayPal、Apple Pay、Google Pay 直接付款，方便快捷。

* **特設 24/7 客戶服務支援專人接聽。**

AIRSIM

地 於全線7-Eleven、Circle K便利店及豐澤有售

網 www.airsim.com.hk | www.airsim.com.tw

中國聯通
- 4G日本7日5GB上網卡(HK$128)
- 於官網購買，可送到府上；另可到深水埗鴨寮街店舖購買，價格可便宜一截。(約HK$88)

網 www.cuniq.com

租用Pocket WIFI

香港及台灣都有多間公司提供Pocket WiFi租借服務，一日租金約港幣80元，可同時供多人使用，適合需要隨時隨地上網及打卡的自遊人。

- 按日收費
- 多人共享
- 隨時上網

Telecom

網 www.telecomsquare.co.jp

免費WIFI打電話

有WIFI，裝Apps就可以免費打／聽電話，不必特地買SIM卡，激慳！

Line　　skype

WhatsApp　FaceTime

日本電話撥打方法

8　1　　5　　8　8　8　8　8　8　8
日本
國家號碼　區域碼　　　　電話號碼

從香港/台灣致電日本

9:45

0　5　　8　8　8　　8　8　8　8
區域碼　　　　電話號碼

從日本境內致電其他區/市

免費WIFI

日本很多地方有免費WIFI提供，只要先上網申請成為會員，就可以在有熱點的地方使用。不過網速不一，也只能在定點使用，適合上網需求不大者。

Lawson free wifi
在日本超過9,000間Lawson便利店，都會提供免費wifi，遊人只要在網站填寫簡單資料就可使用。

網 www.lawson.co.jp/service/others/wifi/

Japan Connected-free Wi-Fi
在日本有15萬個熱點，覆蓋多個旅遊熱點，包括東京Metro地鐵站，只要下載Japan Connected-free Wi-Fi App並登記資料就可使用，支援多種語言，十分方便。

網 www.ntt-bp.net/jcfw/ja.html

JR-EAST Free Wi-Fi
JR東日本的主要車站、山手線所有車站、羽田機場第3航廈站、成田機場站、成田機場的「JR東日本旅行服務中心」皆可使用。

網 www.jreast.co.jp/e/pdf/free_wifi_02_e.pdf

通訊大比拼

	優點	缺點
免費Wifi	・免費 ・很多商場、車站、便利店都有供應	・需要定點使用 ・網速不穩定 ・下載App或事先登記才能使用
3G/4G Sim卡	・提供多款彈性數據套餐，價錢相宜 ・一人一卡，走散了也不怕失聯 ・附送的30分鐘 AIRTALK 可致電本地及目的地，包括固網號碼	・不支援SMS ・要安裝AIRTALK APP後才能打出及接聽電話
Wifi蛋	・一個Wifi蛋可多人使用	・Wifi蛋需要充電，要留意剩餘電量 ・分開行動就無法使用
國際漫遊	申請快捷方便	・費用最貴

使用日本公共電話

日本公共電話要附有「國際及國內電話」字樣者，方可撥打國際電話，否則只可撥打國內電話。

・付款方法：¥10及¥100硬幣、信用卡、電話卡
・收費：¥10/分鐘

・電話卡可在酒店、便利店及自動販賣機購買。因應出卡公司不同，撥打方法各異，請參考卡背指示。

漫遊及數據收費

電訊公司一般都有提供漫遊服務，分為日費計劃及按量收費。收費因應電訊公司而不同，實際收費可向各電訊公司查詢。

漫遊服務	收費 (HK$)
致電香港號碼	$13-28.26/分
打出（市內）	$5.87-18.84/分
接聽所有來電	$15.5-20/分
發出短訊	$2.3-11.4/個
數據	$0.14/KB

準備出發

氣候及衣物

春季(3月至5月)▼
適合帶備長袖襯衣及薄外套

 14.5℃

夏季(6月至8月)▼
適合穿T-shirt及較輕便衣服，記緊帶備雨具。

 27.7℃

秋季(9月至11月)▼
帶備冬天衣物

 18.8℃

冬季（12月至2月）▼
必備厚毛衣及羽絨，記緊帶手套及頸巾。室內地方有暖氣設備，可穿薄襯衣外加大褸或羽絨等可簡便穿脫的衣物。

7.6℃

東京天氣

東京全年氣溫及降雨量圖▼

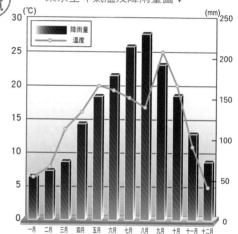

日本天氣預報▼
出發前可參考以下網址，查看日本各地的最新天氣情況及未來四天的天氣預報，如有必要可因應情況更改行程。

網 www.jma.go.jp/jp/week

全天候準備行李清單

明白收拾行李之難，WOW！特別為讀者準備了一份極詳細的行李清單，適用多種不同性質和目的之旅行（自助、半自助、跟團、 觀光、 商務、渡假、歷奇），可到WOW！的網頁下載。

網 goo.gl/wVqkkf

全天候準備行李清單

日本旅遊簽証

特區護照、英國國民（海外）護照（即BNO）及台灣護照的持有人可免簽証到日本旅遊，最多可逗留90天。如持有未獲免簽待遇證件者或需要逗留多於90天者可向香港或台灣日本國總領事館（簽證部）查詢。

免簽證
逗留
90天

日本國總領事館▼

- **地** 中環干諾道中8號交易廣場一座46-47樓
- **時** 09:30-12:00/13:30-16:45
- **休** 星期六、日、公眾假期及特定假期
- **網** www.hk.emb-japan.go.jp
- **電** 2522-1184

日本簽證申請中心▼

自2016年12月起於香港島北角設置了日本簽證申請中心，需要申請日本簽證的遊人可以先在網站預約時間，然後帶備所需文件前往辦理便可。大家要留意不同的簽證，所需的申請文件及費用亦不同，例如：幫工人姐姐申請日本的旅遊簽証，通常都是一次有效之短期逗留簽證，所需審批時間約為十個工作天。

*前往沖繩、宮城縣、福島縣、及岩手縣的遊人可免繳簽証費

- **地** **日本簽證申請中心地址：**香港北角電氣道148號16樓3室
- **網** **預約網站：** www.vfsglobal.com/japan/Hongkong
- **電** (852)3167-7033　**電郵：** info.jphk@vfshelpline.com
- **註** *建議先在網上進行預約

台灣當地辦理日本旅遊簽證▼

財團法人交流協會台北事務所

- **地** 臺北市慶城街28號一樓（通泰商業大樓）
- **時** 星期一至星期五上午09:15-11:30/14:00-16:00(星期五下午不受理簽證申請，僅辦理發証服務。)
- **休** 星期六、日、公眾假期及部分特定假期
- **網** www.koryu.or.jp/taipei-tw/
- **電** 02-2713-8000
- **傳** 02-2713-8787

財團法人交流協會高雄事務所

- **地** 高雄市苓雅區和平一路87號南和平大樓10F
- **時** 星期一至星期五09:15-11:30/14:00-16:00(星期五下午不受理簽證申請，僅辦理發証服務。)
- **休** 星期六、日、公眾假期及部分特定假期
- **網** www.koryu.or.jp/kaohsiung-tw
- **電** 07-771-4008
- **傳** 07-771-2734
- **註** 管轄範圍：雲林縣、嘉義縣、台南市、台南縣、高雄市、高雄縣、屏東縣、台東縣、澎湖縣。

旅遊服務中心

旅遊諮詢中心(TIC)▼

成田機場

- **地** Terminal 1及 Terminal 2到達層內
- **時** 09:00-20:00（全年無休）
- **電** Terminal 1 0476-30-3383 Terminal 2 0476-34-6251

羽田機場

東京觀光信息中心▼
- **地** Terminal 1. 1/F
- **時** 09:00-22:00

旅行中心▼
- **地** Terminal 2. 1/F
- **時** 10:00-18:00

東京區內

- **地** 千代田區有樂町2-10-1 東京交通會館10樓
- **時** 星期一至五09:00-17:00 星期六09:00-12:00
- **電** 03-3201-3331

新宿站

小田急旅遊服務中心▼
- **地** 小田急新宿站西口一樓（新宿地圖P.159）
- **時** 08:00-18:00（全年無休）
- **網** www.odakyu-group.co.jp
- **電** 03-5321-7887

實用交通

- 羽田機場交通 -

台灣飛機

台北<>東京羽田機場▼

台北出發的話可從台灣松山國際機場直達東京羽田機場，機程約2小時30分鐘，另有虎航及Scoot等直飛東京。

航空公司	網址	查詢電話
EVA AIR長榮航空(BR)	www.evaair.com	886-2-25011999 (台灣)
Japan Airlines日本航空(JL)	www.jal.co.jp	86-021-5467-4530 (台灣/中國)
CHINA AIRLINES中華航空(CI)	www.china-airlines.com	886-412-9000 (台灣)
ANA全日本空輸航空(NH)	www.ana.co.jp	81-3-6741-1120 (國際)
PEACH 樂桃航空(MM)	www.flypeach.com	852-3013-4668 (香港)

香港飛機

香港<>東京羽田機場▼

香港出發的話可從香港國際機場直達東京羽田機場，機程約5小時。

航空公司	網址	查詢電話
ANA全日本空輸航空（NH）	www.ana.co.jp	81-3-6741-1120(國際)
HK Express香港快運（UO）	www.hkexpress.com	852-3902-0288(香港)
Japan Airlines日本航空（JL）	www.jal.co.jp	852-3919-1111(香港)
CATHAY PACIFIC國泰航空（CX）	www.cathaypacific.com	852-2747-3333(香港)

WELCOME! Tokyo Subway Ticket

24hrs, 48hrs或72hrs地鐵Metro任乘券羽田機場國際線航廈站至泉岳寺站的京急線單程或者來回的套票。

羽田機場國際線航廈站2樓京急旅客資訊中心

🌐 www.tokyometro.jp/tcn/ticket/value/airport_bus/index.html

羽田交通通票	大人	小童
京急線來回 + 24hrs Metro地鐵任乘券	¥1,360	¥680
京急線來回 + 48hrs Metro地鐵任乘券	¥1,760	¥880
京急線來回 + 72hrs Metro地鐵任乘券	¥2,060	¥1,030

利木津巴士 + Subway通票

單程利木津巴士 + 24hrs東京Metro地鐵任搭、來回利木津巴士 + 48/72hrs東京Metro地鐵任搭

羽田機場入境大廳、利木津巴士售票處、東京Metro地鐵月票售票處

🌐 www.tokyometro.jp/tcn/ticket/value/airport_bus/index.html

羽田交通通票	大人	小童
利木津巴士單程 + 24hrs Metro地鐵任乘券	¥1,800	¥900
利木津巴士來回 + 48hrs Metro地鐵任乘券	¥3,200	¥1,600
利木津巴士來回 + 72hrs Metro地鐵任乘券	¥3,500	¥1,750

火車

東京モノレール(Tokyo Monorail)▼
- 直達浜松町
- 約4-12分鐘一班

✓ 轉乘山手線
✓ 適合東京、上野方向

網 www.tokyo-monorail.co.jp/

京浜急行空港線（京急空港線）▼
- 直達品川：途經押上、淺草
- 約3-10分鐘一班

✓ 最便宜

網 www.haneda-access.com/

巴士

利木津巴士▼
- 到達新宿、池袋等旺區
- 約30分鐘至60分鐘一班

✓ 適合渋谷、新宿、池袋、橫浜方向
✓ 最舒適

網 www.limousinebus.co.jp/

Keihin Kyuko Bus▼
- 開往六本木新城、渉谷地區、二子玉川鐵路站
- 只有00:50和02:20兩班車

✓ 深宵交通

網 www.keikyu-bus.co.jp/

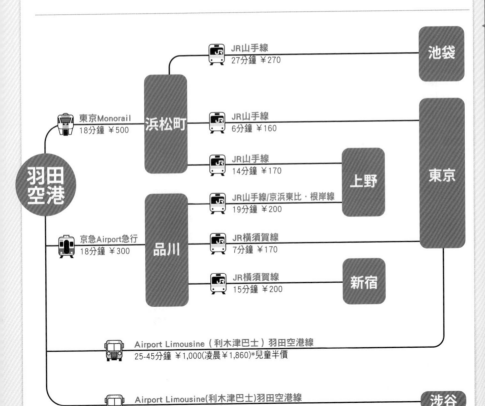

羽田空港

東京Monorail
18分鐘 ¥500

浜松町

JR山手線
27分鐘 ¥270 → 池袋

JR山手線
6分鐘 ¥160

JR山手線
14分鐘 ¥170 → 上野

JR山手線/京浜東比・根岸線
19分鐘 ¥200

東京

京急Airport急行
18分鐘 ¥300

品川

JR横須賀線
7分鐘 ¥170

JR横須賀線
15分鐘 ¥200 → 新宿

Airport Limousine（利木津巴士）羽田空港線
25-45分鐘 ¥1,000(凌晨¥1,860)*兒童半價

Airport Limousine(利木津巴士)羽田空港線
25-30分鐘 ¥1,100 *兒童¥550 → 渉谷

- 成 田 機 場 交 通 -

香港飛機

香港＜＞東京成田機場▼
香港每天都會有航班由香港國際機場直達東京成田機場，機程約4小時10分鐘。

航空公司		網址	查詢電話
CATHAY PACIFIC國泰航空(CX)	CATHAY PACIFIC	www.cathaypacific.com	852-2747-3333(香港)
Hong Kong Airlines香港航空(HX)	HONG KONG AIRLINES 香港航空	www.hkairlines.com	852-3916-3666(香港)
Japan Airlines日本航空(JL)	JAPAN AIRLINES	www.jal.co.jp	852-3919-1111(香港)
ANA全日本空輸航空（NH）	ANA	www.ana.co.jp	81-3-6741-1120(國際)
HK Express香港快運（UO）	HKexpress	www.hkexpress.com	852-3902-0288(香港)

台灣飛機

台北＜＞東京成田機場▼
台北出發的話可從台灣桃園國際機場直達東京成田機場，機程約3小時10分鐘。

航空公司		網址	查詢電話
Japan Airlines日本航空(JL)	JAPAN AIRLINES	www.jal.co.jp	86-021-5467-4530(台灣/中國)
CHINA AIRLINES中華航空(CI)	中華航空 CHINA AIRLINES	www.china-airlines.com	886-412-9000(台灣)
EVA AIR長榮航空(BR)	EVA AIR	www.evaair.com	886-2-25011999(台灣)
ANA全日本空輸航空（NH）	ANA	www.ana.co.jp	81-3-6741-1120(國際)

火車

JR Narita Express (N'EX)▼
2015年3月14日開始於成田機場「JR東日本旅行服務中心」和「JR售票處」發售特價N'EX東京去回車票，大人￥4,070、小童￥2,030，有效期為14天。到達東京站約30分鐘一班。

✓ 最準時
✓ 最快速
✓ 最舒適
✓ 市區直達站最多

網 www.jreast.co.jp/tc/pass/nex_round.html

JR成田線▼
到東京站約1小時一班。

✓ 不設劃位

電鐵

京成電鐵▼
京成電鐵分京成本線、Skyliners及京成Access。

 www.keisei.co.jp

Skyliners
✓ 行車時間短

到達京成上野，約10-20分鐘一班。

京成Access
直達淺草、東銀座、品川約20分鐘一班。

✓ 不需另加特急費

京成本線
到達京成上野約10-20分鐘一班。

✓ 最慳錢
✓ 班次密
✓ 中途站多

巴士

リムジンバス (Airport Limousine)▼
途經市中心各站，約半小時至1小時一班。

✓ 路線最多
✓ 直達酒店，不用搬行李
✓ 方便之選
✓ 要留意塞車

網 www.limousinebus.co.jp

AIRPORT BUS TYO-NRT▼
Tokyo Shuttle和The Access Narita已經合併，來往東京站、銀座約20分鐘一班。

由於疫情影響，運行情況請先查詢網站。

✓ ￥1,300單程
✓ 慳錢
✓ 班次密

網 TYO-NRT.com

京成Skyliner +Tokyo Subway Ticket

- 單程或來回Skyline + 24/48/72hrs東京Metro 地鐵及都營地下鐵任 乘券

成田機場站及機場第2大樓站的售票處

網 www.tokyometro.jp/tcn/ticket/value/ airport_bus/index.html

成田交通通票	大人	小童
Skyliner單程 + 24hrs Metro地鐵任乘	￥2,890	￥1,450
Skyliner單程 + 48hrs Metro地鐵任乘	￥3,290	￥1,650
Skyliner單程 + 72hrs Metro地鐵任乘	￥3,590	￥1,800
Skyliner來回 + 24hrs Metro地鐵任乘	￥4,880	￥2,440
Skyliner來回 + 48hrs Metro地鐵任乘	￥5,280	￥2,640
Skyliner來回 + 72hrs Metro地鐵任乘	￥5,580	￥2,790

利木津巴士 + Subway通票

- 單程利木津巴士 + 24hrs東京Metro地鐵任搭、 來回利木津巴士 + 48/72hrs東京Metro地鐵任搭

成田機場入境大廳、利木津巴士售票處、東京Metro 地鐵月票售票處

網 www.tokyometro.jp/tcn/ticket/value/airport_bus/index.html

成田交通通票	大人	小童
利木津巴士單程 + 24hrs Metro地鐵任乘券	￥3,400	￥1,700
利木津巴士來回 + 48hrs Metro地鐵任乘券	￥5,700	￥2,850
利木津巴士來回 + 72hrs Metro地鐵任乘券	￥6,000	￥3,000

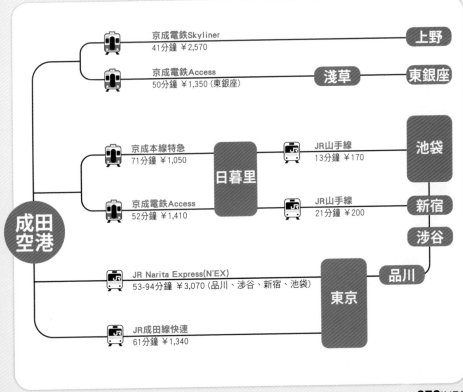

出發車站 \ 到達車站	東京	舞浜	台場	上野	浅草	銀座
東京						
舞浜 (迪士尼度假區)	JR京葉線 16分鐘	–	JR京葉線 →新木場站→ 東京Metro有楽町線 →豊洲站→ ゆりかもめ 43分鐘	JR京葉線 →東京站→ JR山手線 36分鐘	JR京葉線 →小丁崛→ 東京metro日比谷線 →都営浅草線→ 人形町 37分鐘	JR京葉線 →小丁崛→ 東京metro日比谷線 28分鐘
台場						
上野	JR上野東京線 5分鐘	JR上野東京線 →東京站→ JR京葉線 35分鐘	東京metro銀座線 →新橋站→ ゆりかもめ 38分鐘	–	東京Metro銀座線 5分鐘	東京Metro銀座線 12分鐘
浅草						
銀座	東京Metro 丸ノ內線 3分鐘	東京Metro日比谷線 →八丁堀站→ JR京葉線 26分鐘	東京Metro銀座線 →新橋站→ ゆりかもめ 24分鐘	東京Metro銀座線 11分鐘	東京Metro銀座線 17分鐘	–
渋谷						
原宿	JR山手線 26分鐘	JR山手線 →東京站→ JR京葉線 59分鐘	JR山手線 →新橋站→ ゆりかもめ 47分鐘	JR山手線 30分鐘	JR山手線 →上野站→ 東京Metro銀座線 42分鐘	明治神宮前站→ 東京Metro千代田線 →日比谷站→ 東京Metro日比谷線 22分鐘
新宿						
池袋	東京Metro 丸ノ內線/JR山手線 17分鐘 ¥199/	東京メトロ丸ノ內線 →東京站→ JR京葉線 49分鐘	JR山手線 →新橋站→ ゆりかもめ 55分鐘	JR山手線 16分鐘	JR山手線 →上野站→ 東京Metro銀座線 29分鐘	東京Metro 丸ノ內線 19分鐘
横浜						
羽田機場	東京モノレール →浜松町站→ JR京浜東北・ 根岸線 31分鐘	京急本線→ 京急蒲田 →JR東海道本線→ 東京站→ JR京葉線 60分鐘	浜松町站 →JR山手線→ 新橋站→ ゆりかもめ 52分鐘	東京モノレール →浜松町站→ JR山手線 35分鐘	東京モノレール →浜松町站→ 都営浅草線 42分鐘	東京モノレール →浜松町站→ JR山手線→ 新橋站→ 東京metro銀座線 34分鐘

● 以上交通表只作參考，遊人可自由靈活運用其他組合

渋谷	原宿	新宿	池袋	横浜	羽田機場
JR山手線 24分鐘	JR中央線→新宿 26分鐘	JR中央線 ¥198/東京Metro丸ノ内線 15/18分鐘	東京Metro丸ノ内線 17分鐘 ¥199 JR丸ノ内線 24分鐘	JR東海道本線/横須賀線 24分鐘	京浜東北線→浜松町站→東京モノレール 31分鐘
JR京葉線→新木場→東京metro有楽町線→東京Metro半蔵門線 42分鐘	JR京葉線→東京站→JR山手線 59分鐘	JR京葉線→東京站→JR中央線 45分鐘	JR京葉線→東京站→東京Metro丸ノ内線 45分鐘	JR京葉線快速→東京站→東海道本線 58分鐘	JR京葉線→東京站→東海道本線→京急蒲田→京急本線 63分鐘
ゆりかもめ→新橋站→東京Metro銀座線 37分鐘	ゆりかもめ→新橋站→JR山手線 49分鐘	ゆりかもめ→汐留站→都営大江戸線 41分鐘	ゆりかもめ→新橋站→JR山手線 55分鐘	ゆりかもめ→新橋站→JR東海道本線 47分鐘	ゆりかもめ→新橋站→JR山手線→浜松町→東京モール 52分鐘
東京Metro銀座線 27分鐘	JR山手線 30分鐘	JR山手線 26分鐘	JR山手線 17分鐘	JR上野東京線→東京站→JR東海道本線 30分鐘	JR山手線→浜松町→東京モール 35分鐘
東京Metro銀座線 32分鐘	東京Metro銀座線→上野站→JR山手線 42分鐘	東京Metro銀座線→神田站→JR中央線 29分鐘	東京Metro銀座線→上野站→JR山手線 29分鐘	都営浅草線→泉岳寺→京急本線 42分鐘	都営浅草線→浜松町→東京モール 42分鐘
東京Metro銀座線 16分鐘	東京Metro日比谷線→日比谷站→東京Metro千代田線→明治神宮前站 19分鐘	東京Metro丸ノ内線 16分鐘	東京Metro丸ノ内線 20分鐘	東京Metro銀座線→新橋站→JR東海道本線 29分鐘	東京Metro銀座線→新橋站→JR山手線→浜松町 34分鐘
-	JR山手線 2分鐘	JR山手線 7分鐘	JR山手線 16分鐘	東急東横線 27分鐘	JR山手線→浜松町站→東京モノレール 45分鐘
JR山手線 2分鐘	-	JR山手線 5分鐘	JR山手線 14分鐘	JR山手線→渋谷站→湘南新宿線 39分鐘	JR山手線→品川站→京急本線 45分鐘
JR山手線 6分鐘	JR山手線 4分鐘	-	JR山手線 9分鐘	JR湘南新宿線 30分鐘	JR山手線→品川站→京急本線 40分鐘
JR山手線 15分鐘	JR山手線 13分鐘	JR山手線 9分鐘	-	JR湘南新宿線 37分鐘	JR山手線→品川站→京急本線 47分鐘
東急東横線 27分鐘	東急東横線→渋谷站→JR山手線 39分鐘	JR湘南新宿Line 34分鐘	JR湘南新宿線 43分鐘	-	京急本線Airport 27分鐘
京急空港線→品川站→JR山手線 36分鐘	京急空港線→品川站→JR山手線 38分鐘	京急空港線→品川站→JR山手線 43分鐘	京急空港線→品川站→JR山手線 51分鐘	京急空港線→京急蒲田→京急本線 24分鐘	-

車票售賣機

從售票機上方的路線圖上找出目的地車站及價錢,再到售賣機購買車票便可。如途中需要轉車,而地圖有顯示目的地及價錢,只需購買一張單程票便可。

精算機

精算機即補票機。如所買車票面額不足,可到精算機放入車票,它便會自動計算出所需補票價錢,然後再發一張新車票以供出閘。

Metro、都營地下鐵通票

東京Metro 24小時車票

· 可於24小時內自由搭乘東京Metro地鐵全線的車票,有預售票和當日票。

地 東京Metro地鐵月台售票處或售票機
金 大人￥600、小童￥300
網 www.tokyometro.jp/tcn/ticket/value/1day/index.html
註 於車票背面記載的有效期限內,從開始使用時間起計24小時以內有效

東京都市地區通票

· 一日內任搭東京23區內所有JR普通列車

地 JR東日本車站內指定座席售票機、JR售票處
金 大人￥760、小童￥380
網 www.jreast.co.jp/tc/pass/tokunai_pass.html

東京環游通票

· 一日內任搭東京Metro、都營地鐵、都電、都營巴士、日暮里/舍人線及JR線東京都內區間

地 東京Metro及都營地鐵月票售票機或售票處
金 大人￥1,600、小童￥800
網 www.tokyometro.jp/tcn/ticket/value/1day/index.html

都營一日乘車券(都營通票)

· 一日內可自由任搭都營地鐵、都營巴士、都電荒川線及日暮里-舍人線。

地 都營地鐵站自動售票機、都營巴士與都電的車廂內等
金 大人￥700、小童￥350
網 www.kotsu.metro.tokyo.jp/ch_h/tickets/value.html

24/48/72小時地鐵通用票

· 可於24/28/72小時內搭乘東京Metro和都營地下鐵

地 羽田機場國際線觀光情報中心、成田機場京成巴士售票處、東京Metro地鐵(上野站、銀座站、新宿站、表參道站)旅客服務中心
時 羽田機場國際線觀光情報中心05:30-25:00、成田機場京成巴士售票處09:00-22:00、東京Metro旅客服務中心09:00-17:00
金 24小時票 大人￥800、小童￥400
48小時票 大人￥1,200、小童￥600
72小時票 大人￥1,500、小童￥750
網 www.tokyometro.jp/tcn/ticket/value/travel/
註 於車票背面記載的有效期限內,從開始使用時間起計24/48/72小時以內有效

Suica IO Card

Suica IO Card
（スイカIOカード）▼

東京使用的電子貨幣儲值卡，相當於香港的八達通或台灣的悠遊卡。可增值，使用時拍卡感應即可。除了乘車外，有Suica卡LOGO的商舖亦可用Suica卡付款。

Suica IO Card 購票方法▼

Suica IO Card 每張售價￥2,000（面值￥1,500加上按金￥500），可到站內售票窗口，或有Suica標誌的自動售票機購買。持票者可以隨時到各車站內的售票處（みどりの窗口）退卡及取回按金。

JR TOKYO Wide Pass▼

適用於富士山、伊豆、輕井澤、GALA湯澤等著名的觀光地。可在3天裡不限次數乘坐以下路線：JR東日本線、東京單軌電車、伊豆急行線全線、富士急行線全線、上信電鐵全線、東京臨海高速鐵道線全線特急（包新幹線）及部分近郊地區鐵路等，急行列車和普通列車（包括快速列車在內）的普通車廂指定座席和自由座席。

🄿 成田機場JR售票處及JR東日本旅行服務中心，羽田機場、新宿和池袋的JR東日本旅行服務中心

🄰 大人￥10,180、小童￥5,090

🄼 www.jreast.co.jp/tc/tokyowidepass/

巴士　東京的巴士服務主要由東京市交通局經營，名為都バス，大部份路線車費一律￥200，而都バス一日乘車券（￥500）、都電・都バス・都營地下鐵一日乘車券（￥700）等優惠車票都適用。乘客只需於上車時付款，以及留意車廂內的目的地指示牌，於下車前按鐘便可。都バス路線遍佈東京各區，能夠彌補JR及地鐵的不足，加上能夠欣賞沿途風光，如時間許可，乘坐巴士遊東京將會是一個不錯的選擇。

🄼 www.kotsu.metro.tokyo.jp/bus/

的士　的士分三種▼

中型的士	小型的士	Wagon Taxi
收費首2,000米￥670，之後每250米或90秒￥80，最多可載6名乘客。	收費首2,000米￥710，之後每290米或105秒￥90-95，最多可載5名乘客。	設有較寬闊的行李箱，收費與中型的士相若，一般前往機場，且必須預約，最多可載7名乘客。

乘坐的士小貼士

- 所有的士接受現金及信用咭付款，不收取小費
- 中、小型的士於深夜時份 (23:00-05:00)會收取額外30%附加費
- 車費￥9,000以上的車程有10%優惠
- 由成田機場往新宿區車費約￥30,900、東京站約￥28,800
- 如擔心言語不通，可以要求酒店或餐廳代召的士
- 如在車上遺留物件，可致電03-3648-0300 或到東京乘用旅客自動車協會網頁查詢
  www.tokyo-tc.or.jp/index.cfm

救急錦囊

❶ 掛號登記
首次登記需要表示「外國觀光遊客」，若不懂得日語的需表明只能用英語。然後填寫個人資料（來自何處、到本區多少日、有何不適等等），並出示護照以核實身份。醫院會發出「診察券」（診療卡）用以紀錄病人資料。

❷ 探熱

日本常用的是玻璃口探探熱針，對幼兒未必合用。父母應於出發往日本前帶備電子探熱針。未能口探便會以腋下探熱。首次登記者或有可能要求驗小便。完成後把探熱針及小便樣本交給護士便可。

❸ 見醫生

護士會帶往磅重及量度高度，才引見醫生，問診後才開藥方。如有必要覆診，醫生亦會安排預約時間。

❹ 付款

診所及療養院多於領藥時付款，多數只收現金。醫院則可以信用卡付款。

❺ 取藥

付款及領收據後可往藥房取藥。緊記保留藥包方便保險索償。

普通的病症可於藥房購買成藥，而較嚴重的可到診所或醫院就醫。若要就診可先問問酒店，有否就近和懂得以英文溝通的診所或醫院，上網找資料也可。日本醫生多只能用簡單英語，而藥物名稱則沒問題。若是一般小病可往診所（クリニック）、診療所（医院）；而較嚴重或急症，便需要往醫院（病院），甚至是致電119叫救護車。

東京衛生病院
🏠 東京都杉並区天沼3-17-3
☎ 03-3392-6151

聖路加病院
🏠 東京都中央区明石町9-1
☎ 03-3541-5151

日本紅十字社醫療中心
🏠 東京都渋谷区広尾4-1-22
☎ 003-3400-1311

普通的病症可於藥房買成藥便可，日本人也是如此。

傷風感冒藥	腸胃藥	止痛藥
（大正製藥 パブロン）	（胃腸藥 新キャベジンコーワS）	（EVE A）

在日本，保險公司會直接支付國民的醫療費用，醫生不會給予任何診症文件。「外國觀光遊客」則要付全費。因此必須在醫院的會計部繳費時，向職員申請有關文件，以便回港後向保險公司索償。申請須填寫表格及付上額外費用（請填上英文資料及註明要英文文件），醫院會按所填的郵寄地址寄出文件，約一個月便能收到有關報告。部份香港保險公司會接受憑藥袋及收據資料申請保險索償，因此要妥善保存所有藥袋及收據。

緊急或重要電話

警局：110(日語) 3501-0110(英語)
警局外國人查詢：(03)3503-8484
火警及救護：119
醫療情報諮詢服務：(03)5285-8181(日 / 英 / 中 / 韓)
電話號碼查詢：104
札幌新千歲機場航班詢問：(0123)23-0111 (日 / 英語)
日本旅遊咨詢：(0088)22-4800

駐日本中國大使館

地 東京都港区元麻布3-4-33
網 www.china-embassy.co.jp
電 (03)3403-3388
交 從六本木Hills沿テレビ朝日通り向南步行7分鐘

❶ 打公共電話時，不需要付費，按下緊急用免費服務的紅色按鈕後，再撥110/119即接通。

❷ 日本各地皆有警局，迷路或有麻煩時可向警察求助。

❸ 有急病或受傷時，請向警局呼叫救護車，呼叫救護車是免費的。

遺失證件

為安全起見，隨身攜帶護照及身份證之餘，也應準備一份護照及身份證的影印本。如有遺失，憑影印本可加快補領時間。倘若在國外遺失金錢、護照或其他物品，應先向當地警方報案，索取失竊證明，並即時向中國大使館報告有關情況並請求協助。如有需要可聯絡特區政府入境事務處。

入境處港人求助熱線

網 www.immd.gov.hk
電 (852)2829-3010(辦公時間)
　 (852)2543-1958(非辦公時間)
　 (852)1868(24小時)

澳門人在海外遇上證件問題服務

網 www.fsm.gov.mo/psp/cht/psp_left_4.html#left_3_5
電 (853)2857-3333

台灣外交部領事事務局總機電話

網 www.boca.gov.tw/mp.asp
電 (886)02-2343-2888

報失信用咭

VISA：
0120-133-173(免費)/
00531-44-0022(24小時免費)

MASTER：
00531-11-3886(24小時免費)

AMERICAN EXPRESS：
0120-020-020(24小時免費)/
(03)3220-6100

DINERS CLUB：
0120-074-024(24小時免費)

❶ 如在都內致電不用撥 "03"

❷ 在公用電話不需投幣可致電110及119緊急電話

TIPS

親子

若與小朋友外遊，出發前可到自己相熟的診所，購買旅行用藥包，並帶備自己的電子探熱針及食藥用針筒。要留心，若是發燒便不能離境。

❶ 日本使用玻璃針筒，不宜用於給幼兒餵藥。塑膠針筒一般藥房不會有售，因此切記帶備塑膠針筒。

❷ 小童藥物必須帶齊

❸ 問清楚酒店英文醫院的地址，及有否小兒科，提防小兒因發燒而不能出境。

❹ 塞肛用退燒藥效用強，但比較難買，因此要自己帶備。

❺ 日本醫生多只懂簡單英語，但大多數也懂得藥物名稱。

實用
知識

日本郵便服務〒

基於寄艙行李只限20公斤的關係，自遊人(尤其是掃貨一族)有時需要利用郵便服務，分為國際郵包及國際Speed郵便(EMS)兩大種類。

Tips!
郵局有售不同尺寸的紙箱，
售價¥100至¥370不等
包裹最重可寄30kg

郵局位置

時 平日09:00-17:00
休 星期六日及公眾假期
網 map.japanpost.jp/p/search/

國際Speed郵便(EMS)	國際郵包
EMS是最方便快捷的郵寄方法，包裹寄到世界各地共121個國家，但郵費最貴。郵費按包裹重量和目的地計算，若從沖繩寄返香港，1kg收費約為2,100日圓	**＊船郵** 郵費最平，但需時最耐，一般要一至三個月時間。 **＊SAL** 國內包裹以船運，國際亦用空運，比船郵快，亦比空郵平。 **＊空郵** 郵費最貴，時間最快只需3至6天

減價月份
一般的商店及百貨公司會分兩次減價，夏季減價期為七月，而冬季期則在一月初。

7月 **1**月

小費
一般而言，餐廳和酒店已把10%-15%的服務費加在帳單上，客人不需要另外給小費。

輕鬆
入境

日本入境

由於日本及各國對入境條件和檢疫體制不斷變化，從2022年11月14日起，可以在Visit Japan Web（https://vjw-lp.digital.go.jp/zh-hant/）填寫及申報入境資料。入境手續不停變化，請留意wow.com.hk的最新資料更新。

＊由2019年1月7日開始，日本政府將徵收每位旅客（2歲以上）¥1,000離境稅。

機場出境保安規定

❶ 手提行李內每支液體容量不得超過100毫升。任何容量大於100毫升的容器，即使並未裝滿，也不能通過保安檢查。

❷ 所有盛載液體、凝膠及噴霧類物品的容器，必須放在一個容量不超過1公升並可重複密封的透明塑膠袋內，而且不顯得擠迫。塑膠袋應完全封妥。

❸ 其他協定請向航空公司了解。

日語速成

問路篇

一番近い（　　　）はどこですか？
ichiban chikai（　　　） wa do-ko desu ka ?
最近的（　　　）在哪裡？

ここはどこですか？
ko ko wa do ko desu ka ?
我在哪？

| yak-kyo-ku 薬局 藥房 | byo-u-in 病院 醫院 | ho-te-ru ホテル 酒店 | su-pa スーパー 超級市場 |
| toi-re トイレ 廁所 | konbini コンビニ 便利店 | eki 駅 火車站 | ba-su-tei バス停 巴士站 |

餐廳篇

喫煙席／禁煙席をお願いします、（　　　）で。
kitsu-en-seki／kin-en-seki wo o negai shimasu, （　　　）de。
請給我 吸煙區／禁煙區，（　　　）位。

すみません、注文お願いします。
sumimasen, chuu-mon o negai shi masu。
麻煩落單。

（　　　）をください。
（　　　） wo kudasai。
請給我（　　　）。

futari 二人	san-nin 三人
Me nyu メニュー 菜單	o-kanjou お勘定 埋單	go-nin 五人	yo-nin 四人
mizu 水 水	sashimi サシミ 刺身	raa-men ラーメン 拉麵	gohan ご飯 白飯

酒店篇

予約した（　　　）です。
yoyaku shi ta （　　　） desu。
我已預約，名字是（　　　）。

荷物を預かってもらえませんか？
nimotsu wo azukat-te mora-e masen ka ?
可以寄放行李嗎？

部屋はWIFIを使えますか？
heya wa wifi wo tsu ka e masu ka ?
房間有WIFI嗎？

resutoran レストラン 餐廳	chou-shoku 朝食 早餐
yuu-shoku 夕食 晚餐	chuusha jyou 駐車場 停車場
puru プール 泳池	furo 風呂 浴場

緊急情況篇

病院へ連れて行てください。
byou-in e tsurete-i-te ku da sai。
請帶我去醫院。

| pasupooto パスポート 護照 | nusumareta 盗まれた 被偷竊 |

（　　　）をなくしました。
（　　　） wo na-ku shima shita。
（　　　）不見了。

警察を呼んでください。
kei-sa-tsu wo yon de ku da sai。
請幫忙報警。

| kouban／hashutsujyo 交番／派出所 警局 |

| saifu 財布 錢包 | nimotsu 荷物 行李 | kaze 風邪 傷風感冒 | hara-ga-itai 腹が痛い 肚痛 | atama-ga-itai 頭が痛い 頭痛 | ne-tsu 熱 發燒 |

WOW! 達人天書系列

日本系列

韓國系列 — 台灣系列 —

東南亞系列

更多新書敬請期待…

誠徵作者

愛自遊行的您，何不將旅行的經歷、心得化成文字、圖片，把出書的夢想變為真實，請將簡歷、blog文章、電郵我們，或者從此你會成為一位旅遊作家呢！立即以電郵與我們聯絡。

wowmediabooks@yahoo.com

多謝您的貼士！

如本書有任何錯漏之處，或有旅遊新料提供，歡迎電郵至：wowmediabooks@yahoo.com你的「貼士」是我們加倍努力的原動力，叫我們每天都做得更好一點！！

wow.com.hk

Wow!Media編輯部致力搜集最新的資訊，惟旅遊景點、價格等，瞬息萬變，一切資料以當地的現況為準。如資料有誤而為讀者帶來不便，請見諒。本公司恕不承擔任何損失和責任，敬希垂注。

自遊達人系列3

東京達人天書

文、編	卡兒、Kass
攝影	Kass、Wow!攝影組
創作總監	Jackson Tse
編輯	Kar、Wow!編輯部
美術設計	Endy
出版者	Wow Media Limited Flat 01C, 2/F, Block C, Hong Kong Industrial Centre, 489-491Castle Peak Road, Kowloon, Hong Kong.

廣告熱線
広告のお問い合わせ

(852)2749 9418
歡迎各類廣告 / 商業合作
wow.com.hk@gmail.com

網址	wow.com.hk
f	facebook.com/wow.com.hk
⊙	wow_flyers
電郵地址	wow.com.hk@gmail.com
發行	港澳地區 - 書局 **香港聯合書刊物流有限公司** 荃灣德士古道220-248號 荃灣工業中心16樓 查詢/補購熱線: (852) 2150 2100
	台灣地區 **永盈出版行銷有限公司** 231新北市新店區中正路 499號4樓 查詢/補購熱線: (886)2 2218 0701 傳真: (886)2 2218 0704
定價	港幣HK$128元　新台幣NT$499
革新版	2015年5月
23年全新96版	2023年1月

版權所有　翻印必究
(c) 2023 Wow Media Ltd. All rights reserved.
版權所有，未經出版者書面批准，不得以任何形式作全部或局部之翻印、翻譯或轉載。

ISBN-13: 978-988-74495-1-5
定價：港幣HK$128 新台幣NT$499